法藏知津

三編：佛教文學與藝術研究專輯

杜潔祥 主編

第15冊

「敦煌舞」的佛教藝術思想研究(下)

陳宜青 著

花木蘭文化出版社

國家圖書館出版品預行編目資料

「敦煌舞」的佛教藝術思想研究（下）／陳宜青 著 — 初版 —
新北市：花木蘭文化出版社，2015〔民104〕
目 4+190 面；19×26 公分
（法藏知津三編：佛教文學與藝術研究專輯　第 15 冊）
ISBN 978-986-322-944-5（精裝）
1.佛教藝術 2.敦煌學 3.敦煌舞譜
030.8　　　　　　　　　　　　　　　　103014786

ISBN-978-986-322-944-5

9 789863 229445

法藏知津三編：佛教文學與藝術研究專輯
第十五冊　　　　　　　ISBN：978-986-322-944-5

「敦煌舞」的佛教藝術思想研究（下）

作　　者　陳宜青
主　　編　杜潔祥
副總編輯　楊嘉樂
編　　輯　許郁翎
出　　版　花木蘭文化出版社
社　　長　高小娟
聯絡地址　235 新北市中和區中安街七二號十三樓
　　　　　電話：02-2923-1455／傳真：02-2923-1452
網　　址　http://www.huamulan.tw 信箱 hml810518@gmail.com
印　　刷　普羅文化出版廣告事業
初　　版　2015 年 5 月
定　　價　三編 15 冊（精裝）新台幣 25,000 元
版權所有·請勿翻印

「敦煌舞」的佛教藝術思想研究（下）

陳宜青　著

目

次

第四章　以舞說法——敦煌舞姿中的佛教思想

　　在臺灣，以佛光山為例，每年的大型活動（如：春節正月新春祈福法會）、法會（如：年初、北中南、禪淨密三修）都排有「敦煌舞」的表演可知，「敦煌舞」的功能是「以舞說法」，以「敦煌舞」宣揚佛法，是人間佛教弘法的方便法門之一。編舞者、舞者，以及安排此項表演的常住，都知道這是修己度人的法門。以藝術弘法者，古代至今有畫佛像畫，近代弘一大師就是以音樂弘法，其弟子豐子愷承師訓亦以藝術弘法，以音樂，以《護生畫集》水墨畫冊提倡不殺生要放生。「欲知前生世，今生受者是」，以藝術弘法者，應是在過去生中已然，延續至今，可見得發心立願有多重要！心有多大，量就有多大。

　　菩薩在修行時發願「成佛時要創造的淨土」，這類的誓願叫做「本願」。「本願」又分為「總願」和「別願」；﹝註1﹞「總願」是一切菩薩共同的本願，主要是「四弘誓願」：「眾生無邊誓願度、煩惱無盡誓願斷、法門無量誓願學、佛道無上誓願成。」﹝註2﹞，而「阿彌陀佛四十八願」、「藥師佛十二願」、「觀

﹝註1﹞　善導大師：《觀經疏》（《善導大師全集》，頁317）：「望佛本願，意在眾生，一向專稱，彌陀佛名。」本願：有總願、別願，有因本、根本。

﹝註2﹞　【四弘誓願】（術語）梵語僧那，譯曰誓願。諸佛有總願別願，「四弘誓願」為總願，一切菩薩初發心時，必發此願。以所願廣普故曰弘，自製其心故曰誓，志求滿足故曰願。緣四真諦而發此四願也。《止觀大意》謂一眾生無邊誓願度，是緣苦諦而度無邊眾生之願也。二煩惱無數誓願斷，是緣集諦，而斷無盡煩惱之願也。三法門無盡誓願學，是緣道諦，而學無盡法門之願也。四佛道無上誓願成，是緣滅諦，而成無盡佛道之願也。《往生要集上末》曰：「一

音菩薩十二願」、「普賢十大願」是別願。

　　每位菩薩都要實現「總願」四弘誓願，但又以不同的「別願」來殊途同歸，成就佛道。「本願」不是今世發願今世成就，而是生生世世長期修行所成就的誓願。說到某位佛菩薩的本願時，通常都是指「別願」而言，眾所周知的有：阿彌陀佛的「西方極樂世界」、藥師琉璃光如來佛的「東方琉璃淨土」、彌勒佛的「兜率內院」。

第一節　西方淨土變

　　石窟經變圖中的〈西方淨土變〉畫出阿彌陀佛的本願「西方極樂世界」，阿彌陀佛的本願在佛教傳承的過程中，開枝散葉擴展成「淨土宗」。

一、淨土宗思想

　　根據淨空法師之說〔註3〕，淨土宗的思想原本是「三經一論」〔註4〕後來增添為「五經一論」〔註5〕：

　　經一、《無量壽經》，是淨土宗的概論，詳細介紹西方極樂世界的狀況，內涵包括佛教教學，其中有許多寶貴的教訓是做人做事的基礎，能幫助我們在這一生中得到幸福快樂、家庭美滿、事業成功、社會祥和、世界大同。

　　經二、《觀無量壽佛經》，主要涵蓋三個重點：淨宗的理論、修學的方法、說明九品因果的關係。

　　其中修學的方法，專指往生極樂世界的方法。淨空法師翻譯「往生」為「移民」，眾生唸佛修行，期望於今生移民極樂淨土。

　　經三、《佛說阿彌陀經》。佛在這部經中，四次勸導我們移民到西方淨土，是最高的智慧、最明智的選擇，可謂苦口婆心。

　　一論、《往生論》。這部論典是天親菩薩讀《無量壽經》的修學心得報告，

眾生無邊誓願度，二煩惱無數誓願斷，三法門無盡誓願知，四無上菩提誓願證。」《心地觀經七》曰：「一切菩薩復有四願成就有情住持三寶，大海劫終不退轉。云何為四：一者誓度一切眾生，二者誓斷一切煩惱，三者誓學一切法門，四者誓證一切佛果。」（丁福保主編，《佛學大辭典》（上、下），臺北：佛教慈濟文化，1987）

〔註3〕淨空法師講于 Cupertino，洛杉磯淨宗學會，1994。
〔註4〕「三經一論」：《無量壽經》、《觀無量壽佛經》、《佛說阿彌陀經》、《往生論》。
〔註5〕增添，《普賢菩薩行願品》、《大勢至菩薩念佛圓通章》。

內容以二十四首偈頌表達，言簡意賅將三經融會貫通，可以作爲我們學習的模範。

以上《無量壽經》、《觀無量壽佛經》、《佛說阿彌陀經》、《往生論》稱爲「三經一論」。

經四、《普賢菩薩行願品》。清朝咸豐年間，魏源將《華嚴經·普賢菩薩行願品》附在三經之後，稱爲「淨土四經」。因爲《普賢菩薩行願品》與淨宗關係密切，《無量壽經》第二品品題就是「德遵普賢」。世尊在無量壽會中，多次提到普賢菩薩行願〔註6〕，使我們知道西方世界也是普賢菩薩法界。〔註7〕

經五、《大勢至菩薩念佛圓通章》。民國初年，印光大師將《楞嚴經·大勢至菩薩念佛圓通章》附在四經之後，成爲「淨土五經」。淨宗經典至此的定本就是「五經一論」。

〈西方淨土變〉圖相創作背後的根據，就是淨土宗思想，淨宗思想的核心就是阿彌陀佛的本願西方極樂世界，他在因地曾經發下四十八願，他教導眾生簡捷易行的「念佛法門」以往生淨土。

二、阿彌陀佛的四十八願

《阿彌陀佛經》〔註8〕之「阿彌陀佛」是漢語音譯，意譯是「無量光、無量壽」。

（「舍利弗。於汝意云何？彼佛何故號阿彌陀？」「舍利弗。彼佛光明無量，照十方國，無所障礙，是故號爲阿彌陀。」「又舍利弗。彼佛壽命，及其人民，無量無邊阿僧祇劫，故名阿彌陀。」）

阿彌陀佛慈悲度眾，在無限的時空中，爲無可限量的眾生施予無限的祝福。

（「又舍利弗。彼佛有無量無邊聲聞弟子，皆阿羅漢，非是算數之所能知。諸菩薩眾，亦復如是。」）

〔註6〕普賢菩薩十大願：「一者禮敬諸佛。二者稱讚如來。三者廣修供養。四者懺悔業障。五者隨喜功德。六者請轉法輪。七者請佛住世。八者常隨佛學。九者恆順眾生。十者普皆回向。」

〔註7〕平常編文、馬增千繪圖：佛教畫藏，《淨土經五種》（二），〈入不思議解脫境界普賢菩薩行願品〉，北京市：河北美術出版社，2007.1。

〔註8〕《佛說阿彌陀經》，《佛光山宗務委員會課誦本》，（高雄：佛光出版社，2004.10），頁2～14。

「無量光壽」，蕅益大師《彌陀要解》云：

> 阿彌陀，正翻無量，本不可說，本師以光壽二義，收盡一切無量。
> 光則橫徧十方，壽則豎窮三際，橫豎交徹，即法界體，舉此體作彌
> 陀身土，亦即舉此體作彌陀名號，是故彌陀名號。即眾生本覺理性，
> 持名即始覺合本，始本不二，生佛不二，故一念相應一念佛。念念
> 相應念念佛也。

經：

> 舍利弗。彼佛光明無量。照十方國無所障礙。是故號爲阿彌陀。

解：

> 心性寂而常照（一切諸佛之心要）。故爲光明。今徹證心性無量之
> 體。故光明無量也。諸佛皆徹性體。皆照十方。皆可名無量光。而
> 因中願力不同。隨因緣立別名。彌陀爲法藏比丘。發四十八願。有
> 光明恆照十方之願。今果成如願也（可悟心佛）。法身光明無分際。
> 報身光明稱眞性。此則佛佛道同。應身光明有照一由旬者。十百千
> 由旬者。一世界十百千世界者。唯阿彌普照（方是極樂淨宗）。故別
> 名無量光。然三身不一不異。爲令眾生得四益故。作此分別耳。當
> 知無障礙。約人民言。**由眾生與佛緣深。故佛光到處。一切世間無**
> **不圓見也。**〔註9〕

「由眾生與佛緣深。故佛光到處。一切世間無不圓見也。」阿彌陀佛廣結善緣，有緣的眾生都可得到他的加持與幫助，最終得生西方極樂淨土。阿彌陀佛本願的內容與數目，在不同的經書有不盡相同的記載，根據至今流通的《無量壽經》魏譯本，載有阿彌陀佛的前身法藏比丘所發的四十八願：

> 1 國無惡道願、 2 不更惡道願、 3 身眞金色願、 4 形色相同願、
> 5 宿命智通願、 6 天眼普見願、 7 天耳普聞願、 8 他心悉知願、
> 9 神足無礙願、10 不貪計身願、11 住定證滅願、12 光明無量願、
> 13 壽命無量願、14 聲聞無數願、15 隨願修短願、16 不聞惡名願、
> 17 諸佛稱歎願、18 十念必生願、19 臨終接引願、20 欲生果遂願、
> 21 三十二相願、22 一生補處願、23 供養諸佛願、24 供具隨意願、
> 25 演說妙智願、26 那羅延身願、27 一切嚴淨願、28 道樹高顯願、

〔註9〕淨空法師講述；劉承符居士記：《佛說阿彌陀經要解講記》，（臺北市：佛陀教育基金會，2012.4），頁30。

29 誦經得慧願、30 慧辯無限願、31 照見十方願、32 寶香妙嚴願、

33 蒙光柔軟願、34 聞名得忍願、35 脫離女身願、36 常修梵行願、

37 天人致敬願、38 衣服隨念願、39 樂如漏盡願、40 樹中現剎願、

41 諸根無缺願、42 清淨解脫願、43 聞名得福願、44 修行具德願、

45 普等三昧願、46 隨願聞法願、47 聞名不退願、48 得三法忍願。

阿彌陀佛四十八願，依據隋朝淨影寺慧遠法師〔註10〕的註解分三大類：「攝法身願、攝淨土願、攝眾生願」〔註11〕；魏磊《淨土宗教程》，則認爲與娑婆眾生「念佛往生」關係深切的五願，是阿彌陀佛四十八大願的眼目與核心：

（一）住定證滅願

設我得佛，國中天人，不住定聚，必至滅度者，不取正覺。

「住定證滅願」是「攝眾生願」的核心，也是阿彌陀佛悲智雙運的本懷，欲令十方眾生往生淨土、必定成佛。凡夫修行有三層面的困難：「脫離生死輪轉難、證入不退轉位難、直趨大涅槃難。」阿彌陀佛以其宏大願力加持護念眾生順利渡過三關，令眾生「難行易行，難忍能忍」。

（二）光明無量願

設我得佛，光明有限量，下至不照百千億那由他諸佛國者，不取正覺。

「光明無量願」是阿彌陀佛「攝法身願」之一。阿彌陀佛在因地啓建光明無量，勝於諸佛，使佛光遍及法界，攝受無量無邊的眾生。阿彌陀佛光明普照，對於念佛行人更是慈悲護念，《佛說觀無量壽佛經》云：「光明遍照十方世界念佛眾生，攝取不捨。」〔註12〕

「光明無量願」也含攝「壽命無量願」。

蕅益大師云：「當知光壽名號，皆本眾生建立。以生佛平等，能令持名者，光明壽命同佛無異也。」印順法師說：「在無限的光明、無限的壽命中，既代

〔註10〕慧遠（523～592），敦煌人，隋代高僧，爲地論宗重要代表人物。隋開皇三年（583），隋文帝爲他建立淨影寺，故又被後世稱爲淨影寺慧遠、淨影慧遠。與天台智顗（538～597）和嘉祥吉藏（549～623）二人被後人合稱爲「隋代三師」。

〔註11〕〈阿彌陀佛發了哪些願？〉，《香光莊嚴》第101期，2012.2.7。

〔註12〕《佛說觀無量壽佛經》卷三（三十三）：「阿彌陀佛有八萬四千相，一一相中，各有八萬四千隨形好。一一好中，復有八萬四千光明。一一光明，遍照十方世界念佛眾生，攝取不捨。」

表一切諸佛的共同德性，又即能適應眾生無限光明與壽命的要求。」〔註13〕

「無量光」、「無量壽」二願，可說是阿彌陀佛因應眾生的大悲方便之本。阿彌陀佛以光明引發眾生的心光，使光光相攝，成就眾生的淨業，如此佛光德用，同時也展現阿彌陀佛的平等觀──眾生平等。

（三）諸佛讚嘆願

　　設我得佛，十方世界無量諸佛，不悉咨嗟稱我名者，不取正覺。

阿彌陀佛為令眾生（無一遺漏）得聞「淨土法門」，發下「諸佛讚嘆願」，願使「十方諸佛」稱嘆「極樂世界」勸令眾生往生，足見阿彌陀佛慈悲，為了普度眾生而用心良苦。

（四）十念必生願

　　設我得佛，十方眾生，至心信樂，欲生我國，乃至十念；若不生者，
　　不取正覺。唯除五逆，誹謗正法。

「十念必生願」是阿彌陀佛「攝眾生願」的核心，歷來淨宗祖師大德視此願為阿彌陀佛本願之王，此願開示成就往生的條件〔註14〕，十方眾生只要相信念佛的功效、願意念佛，乃至十念念佛，即得彌陀願力攝受，往生淨土，這是阿彌陀佛無上悲智、成就眾生的究竟方便。

（五）臨終接引願

　　設我得佛，十方眾生，發菩提心，修諸功德，至心發願，欲生我國，
　　臨壽終時，假令不與大眾圍繞現其人前者，不取正覺。

阿彌陀佛慈悲之極，為愍念眾生臨終顛倒散亂之苦，特發「臨終接引願」，此因娑婆世界的眾生在臨終之際，有時惡業現前，或有顛倒夢想；有時冤親債主討報，是以或起惡念邪見；若要在生死關頭「一心唸佛」，除了要有福德因緣，還要有平常「念佛」的習慣；反之，若平常不修為練定力，臨終哪記得臨時抱佛腳。

　　總之，修持淨土法門的行人，應該發大菩提心，以「上求佛道、下化眾生」的願心，來稱念佛號，才能與「阿彌陀佛的四十八願」相應。〔註15〕也因稱念佛號簡捷易行，凡夫眾生未必珍惜實踐此法門，因此仍有許多需要提

〔註13〕印順法師：《淨土與禪》，臺北市：正聞，1992。
〔註14〕魏磊：《淨土宗教程》，北京市：宗教文化，1998。
〔註15〕〈佛光菜根譚〉，《人間福報》，2012.2.12。

醒之處，以下就「念佛法門」再深究。

三、念佛法門

（一）稱念佛號，簡捷易行，平等往生

念佛是最簡捷易行的修行法門，「念佛一聲，功德無量；禮佛一拜，罪滅河沙。」簡單的一句佛號，可以念四字「阿彌陀佛」也可以念六字「南無阿彌陀佛」，眾生只要老實念佛都能得道阿彌陀佛接引往生西方極樂淨土。

念佛法門是最簡單、最方便、最直接的修行，而「打佛／禪七」、「打佛／禪七」的「七」並非指七天，而是指第七意識「末那識」。

《大乘入楞伽經·剎那品第六》：「大慧！所謂八識，何等為八？謂如來藏名藏識，意及意識，並五識身。」

「八識」包括：五識（眼耳鼻舌身）、第六識（「意識」）、第七識意根（末那識）、第八識如來藏（阿賴耶識）。

《大乘入楞伽經》卷六又說：「依於藏識故，而得有意轉；心、意為依故，而有諸識生。」

意根（末那識）依於如來藏（阿賴耶識）而運轉；也因心（如來藏識）及意（末那識）的運作，而運轉出眼耳鼻舌身意等六識。

佛教認為第七識（末那識）是輪迴業海的關鍵，眾生若能藉著禪修、念佛，日起有功淨化第七識，便逐漸可以擺脫對於身心狀態的執著。至今「佛七」的修行不固定在彌陀誕辰，許多專修淨土法門的道場，並不拘泥什麼日子精進，但會在佛菩薩誕辰督促信眾加倍用功。

前一節提到「十念必生願」是阿彌陀佛「攝眾生願」的核心，歷來淨宗祖師大德視此願為阿彌陀佛本願之王，善導言：

> 設我得佛，十方眾生，至心信樂，欲生我國，乃至十念；若不生者，
> 不取正覺。唯除五逆，誹謗正法。

阿彌陀佛第十八願名「念佛往生願」，是四十八願的核心、根本願、本願、願王；既是淨土宗開宗之根源，也是釋尊本懷，彌陀此願是眾生的救主，因此諸佛護念。「念佛往生願」拔苦與樂，超越諸佛之願，諸佛稱讚不可思議，所以善導大師說「一一願言，引第十八。」[註16]

阿彌陀佛以「十念必生願」攝受眾生，只要十方眾生「信、願、行」，信

〔註16〕　〈阿彌陀佛發了哪些願〉，《香光莊嚴雜誌社》第 101 期，2010.9。

佛所說、發願念佛、老實念佛，乃至十念念佛，與阿彌陀佛願力相應，就會感得「西方三聖」（阿彌陀佛、觀世音菩薩、大勢至薩）接引往生西方極樂淨土，這是阿彌陀佛無上的悲智，所示現的究竟方便。歷代淨土宗祖師皆弘揚阿彌陀佛的第十八願「十念必生願」：

1. 龍樹菩薩《易行品》：

阿彌陀佛本願如是：若人念我稱名自歸，即入必定，得阿耨多羅三藐三菩提；是故常應憶念。〔註17〕

2. 天親菩薩《往生論》：

觀佛本願力，遇無空過者，能令速滿足，功德大寶海。〔註18〕

3. 曇鸞大師《往生論註》：

緣佛願力故，十念念佛，便得往生。得往生故，即免三界輪轉之事。無輪轉故，所以得速（成佛）。〔註19〕

4. 道綽大師《安樂集》：

當今末法，現是五濁惡世，唯有淨土一門，可通入路。是故《大經》云：若有眾生，縱令一生造惡，臨命終時，十念相續，稱我名字，若不生者，不取正覺。〔註20〕

5. 善導大師《觀經疏》：

望佛本願，意在眾生，一向專稱，彌陀佛名。〔註21〕

四十八願，一一願言：若我得佛，十方眾生，稱我名號，願生我國，下至十念，若不生者，不取正覺。〔註22〕

《無量壽經》四十八願中，唯明專念彌陀名號得生。

《阿彌陀經》中，一日七日，專念彌陀名號得生。

《觀經》定散文中，唯標專念彌陀名號得生。〔註23〕

因為阿彌陀佛誓願弘深要救度眾生，對待眾生平等，不分貧富貴賤男女老少，

〔註17〕龍樹菩薩：《易行品》，頁 13。
〔註18〕天親菩薩：《往生論》，頁 7。
〔註19〕曇鸞大師：《往生論註》，頁 121。
〔註20〕道綽大師：《安樂集》，頁 71。
〔註21〕善導大師：《觀經疏》，《善導大師全集》，頁 317。
〔註22〕善導大師：《觀經疏》，《善導大師全集》，頁 51。
〔註23〕善導大師：《觀經疏》，《善導大師全集》，頁 206。

只要專精念佛，念念相續，都能得到阿彌陀佛的救度。而關於破除不平等的世俗之見而度脫眾生「念佛」往生，有一史例：

五代永明延壽禪師，最初修習禪法，之後以禪學基礎專修淨土法門，所著《萬善同歸集》以禪宗理論，弘揚念佛法門，被尊為淨土宗第六祖。

永明延壽禪師被吳越王尊為國師。吳越王曾在無遮大會〔註24〕的千僧宴上，禮請延壽禪師居上座，禪師謙讓，此時有一衣著襤褸的大耳僧人逕自上座大快朵頤，眾人以為無禮而不招呼之。

宴後吳越王問禪師：「今日千僧宴可有聖人前來應供？」禪師答曰：「有定光古佛來，即那衣衫襤褸的大耳和尚。」吳越王急遣人去追回，那和尚一聽只說：「彌陀饒舌」便圓寂了。

定光古佛說：「阿彌陀佛多嘴洩漏自己的身分」，意指永明延壽禪師就是阿彌陀佛的化身，後人因此將延壽禪師的生日十一月十七日訂為彌陀誕辰。〔註25〕

定光古佛化身為貧窮邋遢的和尚受眾人歧視，而眾人包括吳越王還有許多穿著僧衣的修行人，可見得定光古佛和阿彌陀佛要破除世俗間只重外表的淺見——以貌取人，〔註26〕不但失之於人，還失之於佛，念佛精進與否，佛菩薩隨時都有可能出現來考驗，考驗眾生是否破除外相的執著，《金剛經》有言：「凡所有相。皆是虛妄。若見諸相非相。即見如來。」

破除對外相的刻板印象與執著，又譬如《阿彌陀經》中的鳥類不是墮入六道輪迴中「畜牲道」的鳥類，是阿彌陀佛為了演說法音而變現的方便形相：

> 舍利弗。汝勿謂此鳥，實是罪報所生，所以者何？彼佛國土，無三
> 惡道舍利弗。其佛國土，尚無惡道之名，何況有實。是諸眾鳥，皆
> 是阿彌陀佛，欲令法音宣流，變化所作。

「是諸眾鳥，皆是阿彌陀佛，欲令法音宣流，變化所作。」由此可見阿彌陀佛的智慧，變化許多美麗的鳥兒（「彼國常有種種奇妙雜色之鳥：白鶴、孔

〔註24〕《梁書・武帝本紀》：「輿駕幸同泰寺，設四部無遮大會。」
「無遮」：沒有遮攔，指不分貴賤、僧俗、智愚、善惡，平等看待。佛家語，原指佈施僧俗的大會。後也用作其他的泛。
〔註25〕〈佛菩薩誕辰日　精進修行〉，《人間福報・宗教・人生問卷》，2011.12.21。
〔註26〕西漢司馬遷，《史記・仲尼弟子列傳》：
孔子聞之，曰：「吾以言取人，失之宰予；以貌取人，失之子羽。」

雀、鸚鵡、舍利、迦陵頻伽、共命之鳥。」）宣說佛法（「是諸眾鳥，晝夜六時，出和雅音。」）以破除眾生對於外相的執著。極樂淨土的「種種奇妙雜色之鳥」，在娑婆國土的眾生想來，都是色彩奪目的美麗，加上鳥語花香意象的聯結，充滿春天活潑的生命力，然而有別於紅塵俗世春夏秋冬的輪轉遞嬗，西方極樂世界的「種種奇妙雜色之鳥」所演唱的巧囀是法音宣流（「其音演暢五根、五力、七菩提分、八聖道分，如是等法。其土眾生，聞是音已，皆悉念佛、念法、念僧。」）而且沒有時間的限制（「晝夜六時，出和雅音），就是經中所謂的「無量壽」，日以繼夜地演說佛法。

眾鳥以和雅音一直演暢的內容是：「五根、五力、七菩提分、八聖道分，如是等法。其土眾生，聞是音已，皆悉念佛、念法、念僧。」因為蓮生九品，「上中下三品」各又分「上中下生」，許多眾生念佛往生到西方淨土時在中下品，要繼續精進，彌補之前修行的不足，所以透過「晝夜六時，出和雅音。」的方式，讓隨時往生到西方極樂世界的眾生，隨時都處於精進修行的狀態。在這樣念佛學佛的的氛圍中（「彼佛國土，微風吹動諸寶行樹，及寶羅網，**出微妙音，譬如百千種樂，同時俱作。聞是音者，自然皆生念佛、念法、念僧之心。**」），大眾一定是持續不斷的進步，所以佛陀讚嘆說：「其佛國土，成就如是功德莊嚴。」

關於阿彌陀佛誓願弘深，平等對待眾生，不分貧富貴賤，前面二例提到破除貧賤相、畜牲道（鳥類）相；而在《阿彌陀經》內文中提到「東方、南方、西方、北方、下方、上方」的諸佛菩薩也都嚮往西方極樂世界（「舍利弗。如我今者，讚歎阿彌陀佛，不可思議功德之利。」）：

> **東方**亦有阿閦鞞佛、須彌相佛、大須彌佛、須彌光佛、妙音佛，如是等恆河沙數諸佛，各於其國，出廣長舌相，遍覆三千大千世界，說誠實言：「汝等眾生，當信是稱讚不可思議功德一切諸佛所護念經。」

> 舍利弗。**南方世界**，有日月燈佛、名聞光佛、大焰肩佛、須彌燈佛、無量精進佛，如是等恆河沙數諸佛，各於其國，出廣長舌相，遍覆三千大千世界，說誠實言：「汝等眾生，當信是稱讚不可思議功德一切諸佛所護念經。」

> 舍利弗。**西方世界**，有無量壽佛、無量相佛、無量幢佛、大光佛、

大明佛、寶相佛、淨光佛，如是等恆河沙數諸佛，各於其國，出廣
長舌相，遍覆三千大千世界，說誠實言：「汝等眾生，當信是稱讚不
可思議功德一切諸佛所護念經。」

舍利弗。**北方世界**，有焰肩佛、最勝音佛、難沮佛、日生佛、網明
佛，如是等恆河沙數諸佛，各於其國，出廣長舌相，遍覆三千大千
世界，說誠實言：「汝等眾生，當信是稱讚不可思議功德一切諸佛所
護念經。」

舍利弗。**下方世界**，有師子佛、名聞佛、名光佛、達摩佛、法幢佛、
持法佛，如是等恆河沙數諸佛，各於其國，出廣長舌相，遍覆三千
大千世界，說誠實言：「汝等眾生，當信是稱讚不可思議功德一切諸
佛所護念經。」

舍利弗。**上方世界**，有梵音佛、宿王佛、香上佛、香光佛、大焰肩
佛、雜色寶華嚴身佛、娑羅樹王佛、寶華德佛、見一切義佛、如須
彌山佛，如是等恆河沙數諸佛，各於其國，出廣長舌相，遍覆三千
大千世界，說誠實言：「汝等眾生，當信是稱讚不可思議功德一切諸
佛所護念經。」

上述「東西南北上下」六方的諸佛菩薩都說「汝等眾生，當信是稱讚不可思
議功德一切諸佛所護念經。」六方的諸佛菩薩都告訴他們的眾生要相信阿彌
陀佛、要護持念誦《阿彌陀經》、當此生結束後最好的歸趣就是往生阿彌陀佛
的淨土極樂世界，為什麼呢？（「舍利弗。於汝意云何？何故名為一切諸佛所
護念經？」）

因為所有的眾生只要聽聞諸佛名號、接受《阿彌陀經》、護持《阿彌陀
經》，會被一切諸佛保護、督促修行再精進，不會退轉直到證得無上正等正覺
（「舍利弗。若有善男子、善女人，**聞是經受持者**，及聞諸佛名者，是諸善男
子、善女人，皆為一切諸佛之所護念，皆得**不退轉**於阿耨多羅三藐三菩提。
是故舍利弗，汝等皆當信受我語，及諸佛所說。」）

一切眾生只要相信佛所說，肯發願往生西方，發願的時間不管是過去、
現在或未來，只要願意往生西方都有成就佛道的一天。（「舍利弗。若有人已
發願、今發願、當發願，欲生阿彌陀佛國者，是諸人等，皆得**不退轉**於阿耨
多羅三藐三菩提，於彼國土，若已生、若今生、若當生。」）

佛陀說阿彌陀佛的願力不可思議，阿彌陀佛成就的功德西方極樂世界不可思議，所以善男信女只要「信、願、行」兼具——相信佛所說、發願往生、力行佛道，即使身處娑婆世界五濁惡世之中，都可以往生極樂淨土（「是故舍利弗，諸善男子、善女人，若有信者，應當發願，生彼國土。舍利弗，如我今者，稱讚諸佛不可思議功德，彼諸佛等，亦稱讚我不可思議功德，而作是言：『釋迦牟尼佛能爲甚難希有之事，能於娑婆國土，五濁惡世，劫濁、見濁、煩惱濁、眾生濁、命濁中，得阿耨多羅三藐三菩提。爲諸眾生，說是一切世間難信之法。』」）

「信、願、行」，是彌陀淨土法門的三大行持，即信、願、行。由「信」啓「願」，由「願」導「行」，三者環環相扣，缺一不可，總稱淨土資糧。以下簡介：

【信門】

蕅益大師云：「得生與否，全由信願之有無；品位高下，全由持名深淺。若信願堅固，臨終十念一念，亦決得生。」〔註 27〕對彌陀的信心，蕅益大師說「六信」：

1. 「信自」，相信本自具有眞如佛性（常住眞心），因妄想執著未能顯朗，要藉託稱念彌陀名號，顯發自己的佛性；

2. 「信他」，信釋尊所宣說的法眞實無妄；

3. 信阿彌陀佛實無虛願；

4. 信十方諸佛的證信與護念。

5. 「信因」：相信「以念佛爲因，往生成佛爲果。」縱使散亂心持念佛號，仍能爲日後佛道種子；何況一心不亂專持佛號，必定今生成就往生。

6. 「信果」：深信極樂世界的諸善上人，都從念佛三昧得生。

　　信願念佛，因緣具足，成辦往生大事。

　　信事：深信實有極樂國土，清淨莊嚴，並非寓言或烏托邦。

　　信理：深信極樂世界實不出我現在一念之外；西方所現主伴，皆我現前一念所現影。

〔註27〕《卍新纂續藏經》第六十二冊，編號 1188，《淨土必求》（CBETA 電子佛典 V1.6（Big5）普及版，2009.04.22）。R109_p0994b18（01）、R109_p0995a01（03）。

【願門】

阿彌陀佛以願力開啟淨土法門，修行人想往生極樂淨土，也應先發願：厭離娑婆、欣求極樂；這二者是願的一體兩面，厭穢土就要「捨」；欣求淨土，就是「取」。再以悲智雙運之心相應彌陀大願，終得彌陀接引，橫超生死。

【行門】

行門是將信願具體地落實在念佛行持中，念佛法門雖簡易便捷，然亦有淺深不同。

蕅益大師將信、願、行分為兩類：信願為慧行；持名為行行。慧行為前導；行行為正修，如目足並運，自可感生淨土。〔註28〕

善男信女只要「信、願、行」兼具——相信佛所說、發願往生、力行佛道，即使身處娑婆世界五濁惡世之中，都可以往生極樂淨土；就像蓮花出淤泥而不染，「五濁惡世，劫濁、見濁、煩惱濁、眾生濁、命濁」就是淤泥，蓮花代表「阿鞞跋致」，不退轉的菩薩，而且「一生補處」。（「極樂國土，眾生生者，皆是阿鞞跋致，其中多有**一生補處**，其數甚多，非是算數所能知之，但可以無量無邊阿僧祇說。」）

《無量壽經》（《佛說大乘無量壽莊嚴清淨平等覺經》）中阿彌陀佛第三十五大願「一生補處願」，「一生補處」是菩薩階位的最高位，就是等覺位，經過這一生就可以補佛位處，所以稱為「一生補處」。盡此一生就能補到佛位，是最後身菩薩的別號，如現在居於兜率天的彌勒菩薩，就是一生補處菩薩。我們現在所處的娑婆世界是釋迦牟尼佛作法王，釋迦牟尼佛的之後，再來補釋迦牟尼佛的佛位的就是彌勒菩薩。彌勒菩薩現在就是一生補處，祂住在兜率內院。彌勒菩薩是釋迦牟尼佛的補處佛，將來補釋迦牟尼的佛位。又如：阿彌陀佛是極樂世界的教主，等祂「進階」了，觀世音菩薩就補佛位；觀世音菩薩「進階」，再由大勢至菩薩補佛位——此謂「一生補處」。

「一生補處」是等覺菩薩，「阿鞞跋致」是八地菩薩。〔註29〕

《無量壽經》「一生補處」有兩種解釋：

〔註28〕〈求生彌陀淨土的準備〉，《香光莊嚴》第 101 期，2010（民國 99 年）.3.20。
〔註29〕在《往生論注》寫的「阿鞞跋致」是八地菩薩。
《往生論注》又稱，《淨土論注》，是佛教淨土宗經典。由北魏高僧曇鸞（476～542）注釋印度經典，《往生論》而成。收於《大正藏》第 40 冊。

（一）一生到極樂世界，即證等覺菩薩，故經云：「於此世界，有六十七億不退菩薩，往生彼國。一一菩薩，已曾供養無數諸佛，次如彌勒者也。」次，位次也。

（二）當來畢竟證到等覺菩薩。

然而以上所說的前提，就是眾生都要先相信念佛可以成就，一開始就要相信是很困難的，大多數的眾生會質疑怎麼可能念一句簡單的佛號可以往生（「舍利弗。當知我於五濁惡世，行此難事，得阿耨多羅三藐三菩提，爲一切世間說此難信之法，是爲甚難。」）也因此，只要肯相信佛所說的西方極樂界確有其事，那麼離道就不遠了，只有福德因緣聚足的眾生（「舍利弗。不可以少善根福德因緣，得生彼國。」）才會相信（「佛說此經已，舍利弗，及諸比丘，一切世間天人阿修羅等，聞佛所說，歡喜信受，作禮而去。」），因爲相信了就會信受奉行，就會老實念佛」），就會成就得道。（「舍利弗。若有善男子善女人，聞說阿彌陀佛，執持名號，若一日、若二日，若三日，若四日，若五日，若六日，若七日，一心不亂，其人臨命終時，阿彌陀佛，與諸聖眾，現在其前。是人終時，心不顛倒，即得往生阿彌陀佛極樂國土。」）

《勸修念佛法門》〈念佛得成佛道第十二〉〔註30〕

或曰：念佛往生，其事確否？

答曰：信、願、行三種資糧具足，往生必矣。

圓瑛法師說只要「信、願、行」三種資糧具足，決定可以往生，所以佛陀鼓勵大眾要發大願，慈濟證嚴法師說：「有心就有福，有願就有力。」若只是空口談願，而沒有實際行動，就永遠無法滿願；願望放在心裡卻沒有身體力行，正如耕田而不播種子，都是空過因緣。

而且只要老實念佛，念到往生西方，即使只在下品下生，確因爲周圍都是「諸上善人聚會一處」，在此良好環境的氛圍中，個人的修行肯定會進步得很快，一段時間之後就會跟上諸上善人，之後就會成就佛道，有這麼多好處，所以我們一定要努力念佛。（「舍利弗。眾生聞者，應當發願，願生彼國，所以者何？得與如是諸上善人俱會一處。」「舍利弗。我見是利，故說此言。若有眾生，聞是說者，應當發願，生彼國土。」）〔註31〕

〔註30〕圓瑛法師講述：《勸修念佛法門》〈念佛得成佛道第十二〉，臺北市：菩薩觀世音出版，2008.5。

〔註31〕《佛說阿彌陀經》，《佛光山宗務委員會課誦本》，（高雄：佛光出版社，2004.10），頁 2～14。

稱念佛號「萬緣放下，一心唸佛」

「念佛一聲，罪滅河沙；禮佛一拜，福增無量。」念佛功德殊勝，將來仗佛威力滅除煩惱業，進而往生西方極樂世界，花開見佛，悉聞法音，開佛知見。在 112 窟〈觀無量壽經變〉中，「反彈琵琶」是備受矚目的敦煌舞姿，但「反彈琵琶」只是整幅經變圖中的一小部分，整個洞窟試圖要體現的是：阿彌陀佛的本願「西方極樂世界的淨土」與提倡簡便易行的念佛法門。

念佛，從原始佛教已有之，隨時可以念佛，念佛法門起源之一，是頻婆娑羅王及韋提希夫人被逆子阿闍世幽閉大牢，心生悲苦，感嘆世間罪孽綿延無期。故佛陀為其開示解脫法門，以「念佛」求得一心不亂，證「念佛三昧」〔註32〕，得大自在，而進涅槃。淨心之要，無如念佛，一念淨行，蒙佛接引，《法華經》云：「一聲南無佛，皆共成佛道。」〔註33〕

關於念佛，阿含經典記載：在獨處時，由於恐怖侵襲，全身毛髮悚豎的情況，念佛、念法、念僧，均可使恐怖消除而得到安寧。〔註34〕或者再加上念戒、念施、念天三者，就是身為優婆塞，由於實修，也可以得到昇天的福果。〔註35〕《增一阿含經》：「若有比丘正身正意。結跏趺坐。繫念在前。無有他想。專精念佛。觀如來形。未曾離目。已不離目。便念如來功德。如來體者。金剛所成。十力具足。四無所畏。在眾勇健。如來顏貌。端正無雙。視之無厭。戒德成就。猶如金剛。而不可毀。清淨無瑕。」〔註36〕此處提到應該觀如來的色身功德，後來成為大乘佛教觀佛思想的先驅。

觀佛即觀佛三昧，是就佛身觀想的禪觀。使用時和「念佛」同義，但後世，口稱念佛和觀念念佛（即觀佛）有區別。普通所謂的觀佛，是指觀想佛的色身，即觀其相好而成的三昧意思。〔註37〕

觀佛思想，從佛的色身觀（自古以來有三十二相的說法）〔註38〕至法身

〔註32〕 「念佛三昧」詳解在下一節。
〔註33〕 高田修著，高橋宣治、楊美莉譯：《佛像的起源》（下），（臺北縣中和市：華宇，1985），頁 587～589。
〔註34〕 《雜阿含經》卷三五，《增一阿含經》卷一四〈廣幢品〉。
〔註35〕 《雜阿含經》卷三五。
〔註36〕 《大正藏經》第 2 冊，編號 0125，增壹阿含經。
〔註37〕 高田修著，高橋宣治、楊美莉譯：《佛像的起源》（下），（臺北縣中和市：華宇，1985），頁 587～589。
〔註38〕 《中阿含經》卷一一〈三十二相經〉、大正一、頁 493a～4b。

觀〔註39〕，再進而至實相觀〔註40〕。在與淨土有關的諸經典上，從早期就重視觀佛或念佛，以此作爲走向淨土的導因，特別強調其修習。〔註41〕

　　概括而言，念佛有四種方法：一、持名念佛；二、觀像念佛；三、觀想念佛；四、實相念佛。這四種，攝盡無量的念佛法門，依此修持，確保可以往生西方極樂世界，其中前三種是事持，後一種是理持；事與理結合起來，方能圓滿。

　　（二）《大勢至菩薩念佛圓通章》

　　〈大勢至菩薩念佛圓通章〉（唐天竺沙門般刺密帝譯）出自《楞嚴經》卷五，民國初年由印光大師列入淨土宗修學「五經一論」〔註42〕中的一經經品。

　　此章內容爲：釋迦牟尼佛在楞嚴會上，詢問諸大菩薩圓成佛道的法門。其中大勢至菩薩提出以「念佛」方法修學，關鍵在於「都攝六根，淨念相繼」，集中心神，專一憶佛念佛，維持淨念相續不斷。原文錄之如下：

> 大勢至法王子，與其同倫五十二菩薩，即從座起，頂禮佛足，而白佛言：「我憶往昔，恆河沙劫，有佛出世，名無量光；十二如來，相繼一劫。其最後佛，名超日月光；彼佛教我，念佛三昧。譬如有人，一專爲憶，一人專忘；如是二人，若逢不逢，或見非見。二人相憶，二憶念深；如是乃至從生至生，同於形影，不相乖異。十方如來，憐念眾生，如母憶子；若子逃逝，雖憶何爲？子若憶母，如母憶時，母子歷生，不相違遠。若眾生心，憶佛、念佛，現前當來，必定見佛，去佛不遠；不假方便，自得心開。如染香人，身有香氣；此則名曰：香光莊嚴。我本因地，以念佛心，入無生忍；今於此界，攝念佛人，歸於淨土。佛問圓通，我無選擇：都攝六根，淨念相繼，得三摩地，斯爲第一。

《大勢至菩薩念佛圓通章》經文只有二百四十四個字，比《般若心經》二百六十字還少，言簡意賅淨宗的精義，最可貴的是提倡「專修專弘」——

〔註39〕《大智度論》卷二一（大正二五、頁 219b～21b）、《十住毘婆沙論》卷一〇（四十不共法品、大正二六、頁 71c～3c）、《五門禪經要用法》（大正一五、頁 327a～b）。

〔註40〕《十住毘婆沙論》卷一二（助念佛三昧品、大正二六、頁 86a），《思惟略要法》（大正一五、頁 300a）。

〔註41〕《般舟三昧經》、《大阿彌陀經》、《觀無量壽佛經》。

〔註42〕《無量壽經》、《觀無量壽佛經》、《佛說阿彌陀經》、《往生論》、《華嚴經‧普賢菩薩行願品》、《楞嚴經‧大勢至菩薩念佛圓通章》。

教我們念佛的方法只要：「**都攝六根，淨念相繼**」；

念佛的功夫效果簡要詳明：「**不假方便，自得心開**」——

這是最上乘的念佛法門，即使到現代，仍是修行最簡單、最穩當，而成就實在不可思議的法門。

而「**彼佛教我，念佛三昧**。」之「念佛三昧」據《涅槃經會疏》曰：「念佛三昧，能除一切煩惱，能解脫生死，故須名清淨解脫三昧。」一切三昧當中，三昧梵語，三翻譯作正，昧翻譯作受，「三昧」翻正受做，也翻作正定。換言之，是清淨心。心動，則喜怒哀樂便無常。諸佛如來之阿羅漢得正受，他在一切境界裡不動心，不會受到外境的干擾，是謂正受，梵語稱之為三昧。

「念佛三昧」能除一切煩惱，然而為何念佛除不掉煩惱？乃因功夫不夠，佛號沒念熟，沒有念出功效。譬如順境、善緣，人生歡喜心，歡喜是情緒，是動了妄念，被境界轉了，一句「阿彌陀佛」把這種歡喜心，恢復正常。遇到逆境惡緣，瞋恚心怨恨心生起來，都不正常。儒家用禮來節制情緒，要有分寸不要太過分；學佛要超越六道，要把情緒清除，可以仰仗佛號。一旦接觸外境起七情五欲，立刻念佛，這就是功夫，把精神專注在佛號上，就不會受外面境界干擾，此謂真念佛。

念到什麼程度？念到外面境界接觸也不干擾，不念佛也不干擾，心也是平靜的，在生活上練習到最後就得到了「念佛三昧」。要修正煩惱習氣，沒有用功哪得功夫？當六根接觸六塵境界，起心動念之際念一句「阿彌陀佛」雖然煩惱習氣的力量比我們念佛的力量大，但只要努力認真念佛對治，天天念，時時刻刻提起來馬上就念，即使三年五載在念佛當中還有妄念，功夫也慢慢進步了。

念佛三昧是什麼？不念佛的時候，看到日常生活當中外面所有境界，都不起心動念，是三昧，三昧成就，往生就成就。得念佛三昧的人隨時走，阿彌陀佛隨時來接引，念頭一起佛就來接引了；十萬億佛國土的距離，我們這念頭才起，佛已經知道了。佛為什麼來接引？因為我們對這個世界一無所求，一無所念，他就來了。感應道交不可思議。〔註43〕所以說念佛三昧能除一切煩惱，進而共成佛道。又如：圓瑛法師講述〈念佛得成佛道第十二〉：

〔註43〕參自淨空法師：《淨土大經解演義》（第二四八集），2011.1.22。

或問：

「念佛本極易之事，而成佛爲甚難之事。佛道長遠，經中所云，必經三大阿僧祇劫，勤修六度萬行，方可得成。**何以念佛即得成佛？**」

答曰：

「修行法門，頓漸不同。漸則三祇煉行，百劫修因，方成佛道。頓則不歷僧祇，可獲法身，未可一概論也。」〔註44〕

念佛法門簡捷易行，只怕大家不念佛，不怕眾生成佛。如果一生精進念佛不懈，自然佛果可期。念佛乃圓頓法門，可以疾趣菩提；念佛是圓滿的修行法門，可以在念誦一句一句的佛號中，快速地超越生死輪迴，消除業障。〔註45〕關於專一念佛，定意念佛，善導大師提供「念佛三昧法」，出自《般舟三昧經》〈請問品〉：

佛告跋陀和：有三昧，名「十方諸佛悉在前立」。能行是法，汝之所問悉可得也。跋陀和白佛：「願爲說之，多所過度，安穩十方；爲諸眾生，現大明相。」佛告跋陀和：「有三昧，名『定意』。學者常當守習持，不得復隨餘法，功德中最第一。」

如何定下心來專一唸佛，不要胡思亂想想東想西，唯獨專注念佛？《般舟三昧經》〈行品〉（一卷本意）云：

佛告跋陀和菩薩：欲疾得是定者，常立大信，如法行之，則可得也。勿有疑想，如毛髮許。是定意法，名爲「菩薩超眾行」。

立一念	信是法	隨所聞	念其方	宜一念	斷諸想 立定信
勿狐疑	精進行	勿懈息	勿起想	有與無	
勿念進	勿念退	勿念前	勿念後	勿念左	勿念右
勿念無	勿念有	勿念遠	勿念近	勿念痛	勿念癢
勿念饑	勿念渴	勿念寒	勿念熱	勿念苦	勿念樂
勿念生	勿念老	勿念病	勿念死	勿念命	勿念壽

〔註44〕圓瑛法師講述：《勸修念佛法門》〈念佛得成佛道第十二〉，臺北市：菩薩觀世音出版，2008.5。

〔註45〕《善導大師全集》，編述者：慧淨法師、淨宗法師，臺北市：淨宗出版社，2012.5。
《善導大師法語》〈一、彌陀本願力　定善義〉
「眾生稱念，即除多劫罪；命欲終時，佛與聖眾，自來迎接；諸邪業繫，無能礙者，故名增上緣。」

勿念貧　勿念富　勿念貴　勿念賤　勿念色　勿念欲

勿念小　勿念大　勿念長　勿念短　勿念好　勿念醜

勿念惡　勿念善　勿念瞋　勿念喜　勿念坐　勿念起

勿念行　勿念止　勿念經　勿念法　勿念是　勿念非

勿念捨　勿念取　勿念想　勿念識　勿念斷　勿念著

勿念空　勿念實　勿念輕　勿念重　勿念難　勿念易

勿念深　勿念淺　勿念廣　勿念狹　勿念父　勿念母

勿念妻　勿念子　勿念親　勿念疏　勿念憎　勿念愛

勿念得　勿念失　勿念成　勿念敗　勿念清　勿念濁

斷諸念　一期念　意勿亂

專注念佛，不要做以上一大堆列舉的什麼什麼，斷除雜念之後，要積極行動，把握時間精進修行，不要恍惚，不要睡太多，要振作——「常精進　勿歲計　勿日倦　立一念　勿中忽　除睡眠　精其意」，還有不浪費時間在社交活動，給自己空間和時間修行，人際關係要篩選，不要結交壞人，要親近善知識，善良的人才可以做朋友，人家有優點可以作為我們師法的對象，要當作像佛菩薩那樣的典範來學習——

常獨處　勿聚會　避惡人　近善友　親明師　視如佛。

為人處世要學習《老子》說的「柔弱勝剛強」，以柔克剛，而且要以平等心看待一切萬物，清心寡慾，清淨無為，知足常樂心就會安定下來。——

執其志　常柔弱　觀平等　於一切　避鄉里　遠親族

棄愛欲　履清淨　行無為　斷諸欲　捨亂意　習定行

學文慧　必如禪　除三穢　去六入　絕淫色　離眾愛

勿貪財　多蓄積　食知足　勿貪味　眾生命　慎勿食

衣如法　勿綺飾　勿調戲

要謙虛學習世間法與出世間法，這個是間是因緣合和而成，緣起性空，緣起緣滅，無常才是常態，在世間行出世間法（三輪體空、四諦、六度等），借假修真，雖然世間的一切如同鏡花水月，但我們不能白來這世間一遭，要福慧雙修，學習菩薩悲智雙運，終有超脫世間輪迴的一天。所以說——

勿憍慢　勿自大　勿貢高

若說經　當如法　了身本　由如幻　勿受陰　勿入界

陰如賊　四如蛇　為無常　為恍忽　無常主　了本無

　　　　因緣會　因緣散　悉了是　知本無　加慈哀　於一切

　　　　施貧窮　濟不還　是爲定　菩薩行　至要慧　超眾行

　　　　佛告跋陀和：持是行法，便得三昧，現在諸佛悉在前立。〔註46〕

善導大師說：「願一切人等，善自思惟。行住坐臥，必須屬心克己，晝夜莫廢，畢命爲期。前念命終，後念即生，永劫受無爲之樂，乃至成佛，豈不快哉！」善導大師一生專修念佛法門，念一佛，口放一光（「無量光　無量壽」），念百佛、千佛，口放百光千光。眾生自應深信，切願實行，加行精進，共成佛道。

　　再引圓瑛法師講述《勸修念佛法門》〈念佛得成佛道第十二〉〔註47〕

　　　　文殊菩薩告蓮宗四祖五會法照大師曰：「諸修行門，無過念佛。」一日四祖至五臺山大聖竹林寺，親見文殊、普賢二大士，分坐左右，同舒金臂，摩四祖頂曰：「汝以念佛故，不久證無上正等菩提。若善男女等，願疾成佛者，無過念佛，則能速證無上菩提。」

「諸修行門，無過念佛」，所有的修行法門沒有比念佛更簡單，更見成效的。文殊菩薩、普賢菩薩二位大士，清楚指示「念佛可以成佛」，所以不必懷疑，想要快點成就佛道的眾生，沒有比念佛更快的捷徑。念佛的人，會得到諸佛菩薩慈悲的護念，仰仗阿彌陀佛願力的攝持，「命終往生，徑登不退，任運進修，直至成佛」，往生西方之後不會退轉，在極樂淨土有諸佛菩薩加持守護修行直到成佛，然後再成爲護持其他尚未成佛的眾生修行，就這樣一直傳承，造就拉拔一代又一代的眾生成佛，成爲一連串善的循環。

　　《阿彌陀經》云：「眾生生者，皆是阿鞞跋致，其中多有一生補處（候補成佛之位），其數甚多。」觀「一生補處」之句，一旦往生，就可以在西方極樂世界一直修行到成佛。圓瑛法師說：「念佛功深，無念而念，念而無念，心佛圓融，自他不二。一念相應一念佛，念念相應念念佛。證唯心淨土，見自性彌陀。不待往生，即成佛道。其圓頓爲何如耶！」

　　圓瑛法師講述《勸修念佛法門》〈念佛得成佛道第十二〉說只要「信、願、行」三種資糧具足，決定可以往生，而且不用擔心極樂世界會塞爆，永明大

〔註46〕〈觀念法門一・三昧行相分 2・念佛三昧法〉，《善導大師全集》（編述者：慧淨法師、淨宗法師，臺北市：淨宗出版社，2012.5），頁332～334。

〔註47〕圓瑛法師講述：《勸修念佛法門》，〈念佛得成佛道第十二〉，臺北市：菩薩觀世音出版，2008.5。

師云：「無禪有淨土，萬修萬人去。」

或曰：念佛往生，其事確否？

答曰：信、願、行三種資糧具足，往生必矣。永明大師云：「無禪有淨土，萬修萬人去。」《淨土往生集》出家、在家之眾，念佛往生者，不可勝數，臨終皆有證驗。或預知時至，或端坐而逝，或體出異香，或天樂鳴空，豈虛語哉！

又問：十方世界，無量眾生念佛，如果皆得往生，則極樂世界，如何容納得了？

答曰：滄海納百川而不溢，尺鏡含萬象而有餘。世間之物，尚且如是。何況彌陀廣大願力，及不思議力，成就無邊莊嚴之佛土，安有不能容受往生之眾耶？

圓瑛法師舉一個打鐵匠精進念佛，後來預知時至、站立往生西方極樂淨土的實例：

宋時湖南潭州黃打鐵，以打鐵為業，一家四口，全靠手藝以度生活，一日不作，便難度日。常生怨歎，前世不修，今生受苦。常思修行，奈不知如何修法，又無閒空工夫可修。一日見一僧，從其店前而過，遂請入店奉茶，請教修行之法，要求指示一種可以作工，又可修行之法。僧曰：「有，只怕汝不肯相信。」黃曰：「大師明教，哪有不信之理？」僧曰：「汝欲離苦得樂。娑婆世界，無有真樂。唯有西方阿彌陀佛國土，無有眾苦，但受諸樂。欲生彼國，只要一心稱念南無阿彌陀佛名號，念念不斷。臨命終時，蒙佛接引，即得往生彼國。我教汝手揮風箱時，念一句南無阿彌陀佛。推進時，亦念一句南無阿彌陀佛。念到鐵紅取出，打一槌，念一句，槌槌如是。不打鐵也念，未睡著也念。若能如是念去，包汝臨終往生西方極樂世界。」黃打鐵聞教，十分歡喜，極端相信。既可修行，又可工作，即依教奉行。人皆嗤其愚，打鐵本來辛苦，再加念佛，豈不是苦上加苦？黃打鐵則不然，念之數日，愈加深信，謂：「此念佛法門，真實有益。我平日在火爐邊站著，有炎熱的苦。打起鐵來，有辛勞的苦。今念起佛來，完全不曉得炎熱，也不曉得辛勞。」由是更加精進，經歷三年。有一日自知命終時至，遂即剃頭、沐

浴、更衣，告其妻曰：「我今日回家去了。」妻曰：「汝何處還有家？」答曰：「**此非我家，我家在西方。**」於是再站鐵爐邊焜鐵，照常念佛。鐵紅取出，乃說偈曰：「釘釘鐺鐺，久煉成鋼。太平將近，我往西方。」念一聲「南無阿彌陀佛」，舉槌打鐵一下，遂即立化。身出異香，天樂鳴空，此彌陀接引往生之瑞相也。眾皆聞香，無不驚歎。因此潭州之人，多皆念佛，迄今尚盛。古今多少念佛往生，不可不信。

念佛必定成佛，《法華經》云：「若人散亂心，入於塔廟中，一稱南無佛，皆共成佛道。」心散亂的人一稱佛名，尚能成佛，何況終身專心持念，精進不懈，豈有不成佛之理？

《楞嚴經‧大勢至菩薩念佛圓通章》云：「憶佛念佛，現前當來，必定見佛，去佛不遠。」其中「去佛不遠」，就是念佛即可成佛之意。圓瑛法師念佛專切之時，常夢中見佛，曾夢見極樂世界，彌陀慈尊，並聞說法，敕我當自行化他，修持淨業。所以法師從三十六歲以後就「禪淨雙修」。每當傳授三皈依，或講經法會，力勸大家發心念佛，求生淨土。告訴大眾：「**修行以念佛為穩當，應以持名念佛為正行，廣修眾善為助行。正助合行，如船帆順風，更加櫓棹之功。往生淨土，品位必高。**」

〈藕益大師示念佛法門〉也說：

> 念佛法門，別無奇特，只深信力行為要耳。佛云：「若人但念彌陀佛，是名無上深妙禪。」天台云：「四種三昧，同名念佛；念佛三昧，三昧中王。」雲棲云：「一句阿彌陀佛，該羅八教，圓攝五宗。」只貴信得及，守得穩，直下念去，或晝夜十萬，或五萬、三萬，以決定不缺為準，畢此一生，誓無變改。**一得往生，永無退轉。**
>
> 念得阿彌陀佛熟，三藏十二部極則教理，都在里許；千七百公案，向上機關，亦在里許；三千威儀，八萬細行，三聚淨戒，亦在里許。真能念佛，放下身心世界，即大佈施；真能念佛，不復起貪瞋癡，即大持戒；真能念佛，不計是非人我，即大忍辱；真能念佛，不稍間斷夾雜，即大精進；真能念佛，不復妄想馳逐，即大禪定；真能念佛，不為他岐所惑，即大智慧。
>
> 要到一心不亂境界，亦無他術，最初下手，須用數珠，記得分明，

　　刻定課程，決定無缺；久久純熟，不念自念，然後記數亦得，不記
　　亦得。〔註48〕

念佛念到三昧功成，可於定中見佛。若往生時至，則見阿彌陀佛現身接引，
有此圓頓殊勝法門，可以橫截生死欲流，疾趣菩提覺岸。凡欲離苦得樂，超
凡成聖者，自當以持名念佛一法，為唯一無上法門，終身力行也。

念佛修行解決現前的問題及未來歸屬

　　念佛（「阿彌陀佛」）法門簡捷單易行，歷代以來不只在動盪的年代是許
多百姓心靈的依靠，在唐朝初期輝煌的國勢中仍備受重視，從敦煌 220 窟的
西方淨土變可見一斑，關於西方極樂世界的想像為何製作得如此盛大？可見
多希望此世的一切美好，甚至更好！因為在物質富裕、年壽有時而盡的一生
中，不論王公貴族或黎民百姓，終要面對死後的歸趨，西方極樂世界帶給人
們希望，希望來生有無限的幸福。

　　念佛是平實簡單的行門，不限年紀、空間、時間，行住坐臥皆可用功。
在稱念佛號的當下，心念收攝專注，念念清楚明白，最後念而無念，達到能
所俱空，進而契悟本具的菩提自性，人生自是無量光、無量壽。

　　「阿彌陀佛」這一句萬德洪名，包含無限功德，一句「阿彌陀佛」時時
都可稱念修持，時時都可以收攝放逸的身心，與佛法常在。〔註49〕

　　淨空法師說：「佛法是佛陀對於一切眾生究竟圓滿的教育，他為我們說明
了宇宙人生的真相。唯有明瞭真相，才能夠正確解決一切問題，包括我們眼
前生活的問題，與將來歸屬的問題。」〔註50〕

　　佛陀講到最究竟、最圓滿的境界是彌陀淨土。

　　在深入經藏智慧如中，《華嚴經》、〔註51〕《妙法蓮華經》〔註52〕號稱經

〔註48〕錄自〈蕅益大師示念佛法門〉，《楞嚴咒・大悲咒・十小咒　金剛般若波羅蜜
　　　　經》，（臺北市：佛陀教育基金會印贈，2004.5），頁 112～114。
〔註49〕〈佛光菜根譚〉，《人間福報》，2012.2.11。
〔註50〕淨空法師講述：《阿彌陀經四十八願講記》，（臺北市：佛陀教育基金會，
　　　　2003.6），頁 1。
〔註51〕《華嚴經》是大乘佛教修學最重要的經典之一，被奉為宣講圓滿頓教的「經
　　　　中之王」。據稱是釋迦牟尼佛成道後，在禪定中為文殊菩薩、普賢菩薩等上乘
　　　　菩薩解釋無盡法界，介紹佛教最完整的世界觀。
〔註52〕《妙法蓮華經》（簡稱《法華經》），說一乘圓教，表清淨了義，究竟圓滿，微
　　　　妙無上。《法華經》是佛陀釋迦牟尼晚年所說，屬於開權顯實的圓融教法，大
　　　　小無異，顯密圓融，揭示人人皆可成佛之一乘了義——不分貧富貴賤，只要

王，但若跟《無量壽經》比，淨空法師說：

《華嚴》、《法華》只是《無量壽經》的導引，就像將經典判為佛陀說法三分其中的「序分」，而《無量壽經》才是「正宗分」。《無量壽經》是世尊為娑婆世界的眾生主要說的經典，所謂「如來正說」。因為在《華嚴經》中文殊菩薩、普賢菩薩、法身菩薩、善財童子都「念佛求生淨土」；普賢十大願導歸極樂、十地菩薩始終不離念佛〔註53〕。

結論是：諸經典最後歸到《華嚴經》，《華嚴經》最後歸到淨土；《無量壽經》就是《華嚴經》的略本、菁華，阿彌陀佛的念佛法門是整個大藏經的歸宿。蕅益大師說《無量壽經》是「華嚴奧藏，法華秘髓，一切諸佛之心要，一切菩薩之司南。」十方三世一切諸佛如來，無不是以這部經普渡一切眾生。〔註54〕

《華嚴》、《法華》雖然是了義一乘，但並不能夠普攝一切眾生的根性，佛說《華嚴經》的對象是四十一位法身大士，中下根性沒份；《法華》亦復如此。換句話說《華嚴》、《法華》雖然是「圓教一乘」仍有遺憾，遺憾不能夠普渡一切業障的眾生。〔註55〕

也就是說，一切大乘法門的歸宿在華藏世界，到了華藏世界見到文殊菩薩、普賢菩薩，普賢菩薩會勸眾生念佛求生淨土，這時候眾生的智慧大開，

依循「佛菩提道」完成五十二個位階，人人皆可成佛，（不像其他經典尚有階級上下之分），所以，《法華經》也被譽為「經中之王」。

〔註53〕《華嚴經》之法身菩薩修行登地，即經言：「十地菩薩始終不離念佛」，始是初地，終是等覺，這十一個位次。不管修學哪個法門，最後的歸宿是華藏世界，到華藏世界再去修。華藏世界是從圓教初住，十住、十行、十迴向三十個位次。三十個位次要修多久？一個阿僧祇劫，很長的時間。
到第二個阿僧祇劫就登地，登地修什麼法門？跟著文殊、普賢修念佛法門。從初地修到七地，又是一個阿僧祇劫；從八地修到十地，又是一個阿僧祇劫，三大阿僧祇劫。
三大阿僧祇劫是對圓教初住菩薩而言，也就是禪宗裡的「明心見性，見性作佛」，「佛」是圓教初住。從那一天開始，要證得法雲地的果位，需要三個阿僧祇劫，也就是，《華嚴經》上的境界，在華藏世界修。
如果要到極樂世界修，不需要三大阿僧祇劫，很快就成就。此所以「十地菩薩始終不離念佛」，「念佛」是成就佛道的捷徑！

〔註54〕淨空法師講述：《阿彌陀經四十八願講記》，（臺北市：佛陀教育基金會，2003.6），頁3。

〔註55〕淨空法師講述：《阿彌陀經四十八願講記》，（臺北市：佛陀教育基金會，2003.6），頁2。
「大乘經典中只有華嚴經、法華經、梵網經三部經講「一乘圓教。」

而能體會如來眞實義，開始念佛往生西方極樂世界。以「十地菩薩始終」來說，始是初地，終是十地，再加等覺，總共十一地〔註56〕，這些菩薩們每一個都念阿彌陀佛求生西方極樂世界。

小　結

賴傳鑑說：「阿彌陀佛信仰有滿足不死的願望，以及解消對死的不安二個利點。」〔註57〕如同經文後的咒語所言「拔一切業障根本得生淨土陀羅尼」。念佛可以消業更可以往生到更好的西方去，但要發願，就是〈西方發願文〉的四句偈頌：「願生西方淨土中，九品蓮華爲父母。花開見佛悟無生，不退菩薩爲伴侶。」〔註58〕

而還在世間時可以使「煩惱往生」，回向偈：「願消三障諸煩惱，願得智慧眞明瞭，普願罪障悉消除，世世常行菩薩道。」

念佛解決世人在世與往生歸屬的雙重問題，是大眾修行最簡單最有功效的法門。只要肯「萬緣放下，一心唸佛」，每位眾生都有機會往生，只怕不修，不怕去不了，「萬人修，萬人去」西方極樂世界。

第二節　東方淨土變

一、《藥師經》與藥師佛的十二大願

現在流通的《藥師經》收錄的版本有很多〔註59〕，本文引用的是唐朝玄奘法師翻譯的版本，在臺灣佛光山藥師法會或共修時採用此版本，內附祥雲比丘〈藥師琉璃光如來本願功德經內容簡述〉介紹「藥師法門」的經典，計有五種譯本：

〔註56〕　等覺：佛的別稱。等是平等，覺是覺悟，諸佛的覺悟，平等一如，故名等覺。大乘五十二階位中，第五十一位，名爲等覺，即十地位滿，將證佛果之中間階段，因其智慧功德，等似妙覺，故名等覺，又名一生補處，或金剛心菩薩。

〔註57〕　賴傳鑑編著：《佛像藝術：東方思想與造形》，（臺北市：藝術家，1980.8.20），頁74。

〔註58〕　〈西方祈願文〉，高雄市：裕隆，1996.12。

〔註59〕　例如，《藥師佛・阿閦佛經典》，（臺北縣中和市：全佛文化出版，1995），收錄的版本有：東晉帛屍梨蜜多羅譯《佛說灌頂拔除過罪生死得度經卷十二》、隋達摩笈多譯《佛說藥師如來本願經》、唐義淨譯《藥師琉璃光七佛本願功德經》、唐不空譯《藥師如來唸誦儀軌》、唐玄奘譯《藥師琉璃光如來本願功德經》。

第一、東晉帛屍梨蜜多羅法師翻譯《佛說灌頂拔除過罪生死得度經》一卷。這一卷經文，也就是《大灌頂神咒經》的第十二卷。

第二、南北朝劉宋慧簡法師翻譯《藥師琉璃光經》一卷。這一卷經文，後來已經失傳。也有人說：這一卷經文，實際就是東晉時代所翻譯的《灌頂拔除過罪生死得度經》。

第三、隋朝達摩笈多法師翻譯《佛說藥師如來本願經》一卷。

第四、唐朝玄奘法師翻譯《藥師琉璃光如來本願功德經》一卷。

第五、唐朝義淨法師翻譯《藥師琉璃光七佛本願功德經》兩卷。

在這五種翻譯之中，前四種都是講述藥師如來一佛的事蹟；因此，這四種經本的簡稱，都叫做《藥師經》。而義淨法師所翻譯的《藥師琉璃光七佛本願功德經》，上卷講述六位佛陀的事蹟，下卷講述藥師如來一佛的事蹟，所以這一經本簡稱《七佛藥師經》。

「藥師法門」在國內最適用的經本，是玄奘法師所翻譯的《藥師琉璃光如來本願功德經》，即通常所說的《藥師經》。不過現今所流通的玄奘譯本，比原來的經文增加了「八大菩薩」的名號、和「藥師灌頂真言」等字句。

依據祥雲比丘歸納《藥師經》經文的內容有以下幾個重點：

第一、《藥師經》是救拔「像法」時期以後，被業障所纏眾生的最上法門。

第二、在距離我們（娑婆世界）十恒河沙以外，有一個東方淨琉璃世界，清淨莊嚴：生活上，琉璃為地，城台樓閣由七寶所成；那裏沒有女人、惡人、惡事、惡道。東方淨琉璃世界之自在安樂，和西方極樂世界，不相上下。

第三、淨琉璃世界的教主藥師琉璃光如來，祂在行「菩薩道」時期曾經發過十二大願，那十二大願能夠滿足眾生的一切需求。〔註60〕《藥師琉璃光

〔註60〕《藥師琉璃光如來本願功德經》，（臺南市：和裕，2008），頁6～17。

林，皆當引攝置於正見，漸令修習諸菩薩行，速證無上正等菩提！

「第十大願：願我來世得菩提時，若諸有情王法所加，縛錄鞭撻，繫閉牢獄，或當刑戮，及餘無量災難凌辱，悲愁煎逼，身心受苦；若聞我名，以我福德威神力故，皆得解脫一切憂苦！」

「第十一大願：願我來世得菩提時，若諸有情飢渴所惱，為求食故造諸惡業；得聞我名，專念受持，我當先以上妙飲食飽足其身，後以法味畢竟安樂而建立之」。

「第十二大願：願我來世得菩提時，若諸有情貧無衣服，蚊虻寒熱，晝夜逼

如來本願功德經》：

> 曼殊室利！彼世尊藥師琉璃光如來本行菩薩道時，發十二大願，令**諸有情，所求皆得。**
>
> 第一大願：願我來世，得阿耨多羅三藐三菩提時，自身光明熾然照耀無量無盡無邊世界，以三十二大丈夫相，八十隨形莊嚴其身；令一切有情如我無異。
>
> 第二大願：願我來世得菩提時，身如琉璃，內外明徹，淨無瑕穢；光明廣大，功德巍巍，身善安住，燄網莊嚴過於日月；幽冥眾生，悉蒙開曉，隨意所趣，作諸事業。
>
> 第三大願：願我來世得菩提時，以無量無邊智慧方便，令諸有情皆得無盡所受用物，莫令眾生，有所乏少。
>
> 第四大願：願我來世得菩提時，若諸有情行邪道者，悉令安住菩提道中；若行聲聞獨覺乘者，皆以大乘而安立。
>
> 第五大願：願我來世得菩提時，若有無量無邊有情，於我法中修行梵行，一切皆令得不缺戒、具三聚戒；設有毀犯，聞我名已還得清淨，不墮惡趣！
>
> 第六大願：願我來世得菩提時，若諸有情，其身下劣，諸根不具，醜陋、頑愚、盲、聾、瘖、啞、攣躄、背僂、白癩、顛狂、種種病苦；聞我名已，一切皆得端正黠慧，諸根完具，無諸疾苦。
>
> 第七大願：願我來世得菩提時，若諸有情眾病逼切，無救無歸，無醫無藥，無親無家，貧窮多苦；我之名號一經其耳，眾病悉除，身心安樂，家屬資具悉皆豐足，乃至證得無上菩提。
>
> 第八大願：願我來世得菩提時，若有女人為女百惡之所逼惱，極生厭離，願捨女身；聞我名已，一切皆得轉女成男，具丈夫相，乃至證得無上菩提。

惱：若聞我名，專念受持，如其所好即得種種上妙衣服，亦得一切寶莊嚴具，華鬘、塗香，鼓樂眾伎，隨心所翫，皆令滿足」。
「曼殊室利！是為彼世尊藥師琉璃光如來、應、正等覺行菩薩道時，所發十二微妙上願」。

第九大願：願我來世得菩提時，令諸有情出魔罥網，解脫一切外道
纏縛；若墮種種惡見稠林，皆當引攝置於正見，漸令修習諸菩薩行，
速證無上正等菩提！

第十大願：願我來世得菩提時，若諸有情王法所加，縛錄鞭撻，繫
閉牢獄，或當刑戮，及餘無量災難凌辱，悲愁煎逼，身心受苦；若
聞我名，以我福德威神力故，皆得解脫一切憂苦！

第十一大願：願我來世得菩提時，若諸有情饑渴所惱，為求食故造
諸惡業；得聞我名，**專念受持**，我當先以上妙飲食飽足其身，後以
法味畢竟安樂而建立之。

第十二大願：願我來世得菩提時，若諸有情貧無衣服，蚊虻寒熱，
晝夜逼惱；若聞我名，**專念受持**，如其所好即得種種上妙衣服，亦
得一切寶莊嚴具，華鬘、塗香，鼓樂眾伎，隨心所翫，皆令滿足。

曼殊室利！是為彼世尊藥師琉璃光如來、應、正等覺行菩薩道時，
所發十二微妙上願。

根據經文，佛光山開山宗長星雲法師〈向藥師如來祈願文〉把藥師佛十二大
願轉譯成更白話的說明：

第一願：願所有眾生平等自在，

第二願：願所作事業利益大眾，

第三願：願驚慌恐怖從此遠離，

第四願：願一切有情安住菩提，

第五願：願天災人禍消失無形，

第六願：願殘缺眾生復健正常，

第七願：願病苦眾生恢復健康，

第八願：願人際關係溝通調和，

第九願：願邪見眾生改邪歸正，

第十願：願受冤因者平反冤屈，

第十一願：願社會大眾豐衣足食，

第十二願：願所有眾生包容尊重。〔註61〕

〔註61〕星雲大師：〈向藥師如來祈願文〉，《藥師琉璃光如來本願功德經》，（臺北縣：
世樺，2012.4），頁77～78。

星雲大師在藥師法會中開示，現代人求平安、幸福，都可經由誦念《藥師經》、藥師佛名號，透過藥師佛加持而得到歡喜快樂，藥師法會對現世人生非常重要。「人生最大兩個問題：一是生存；一是死後。藥師佛可幫忙解決生存困境，滿足我們求取光明智慧的願望；彌陀讓我們未來有個歸宿，在西方極樂淨土。」〔註62〕

第四、修持「藥師法門」，約可獲得十種功德利益：

（一）加官進祿，福壽增長。

（二）眷屬如意，資產富足。

（三）產婦平安，子女聰明健康。

（四）消災免難，事事吉祥。

（五）命終安穩，隨願往生。

（六）轉女成男，得道多助。

（七）若在惡趣，暫聞佛名，即生人道，菩提不退。

（八）入邪道者，得歸正道。行小乘者，令入大乘。

（九）毀犯齋戒，還得清淨。

（十）不遭挫折，速成佛道。

第五、「藥師法門」是不廢「世間法」而求「出世道」的法門。《藥師經》文中啟示眾生：要憑藉悲智的宏願，以「出世」的精神，做「世間」的事業。

六、藥師佛雖然是東方淨琉璃世界的教主，但是「藥師法門」，也資助求生西方極樂世界的眾生，隨願往生。

第七：修持「藥師法門」，能夠免除九種「橫死」。並有十二藥叉大將，和祂們的眷屬，常相衛護。十二藥叉大將，各有七千眷屬，合計八萬四千。這表示轉八萬四千塵勞，而為八萬四千功德法門的寓意。

第八：「藥師灌頂真言」，具有祛病、消愆、消災、滿願的功德神力。〔註63〕

總之，藥師佛發了十二大願，以滿足娑婆世界的眾生在物質生活上的所需所求，而且健康，沒有災難，免於怖畏，凡此種種祝福與協助，用意是要

〔註62〕星雲大師：〈藥師佛十二大願　含融人間佛教〉，記者宋滌姬報導，《人間福報》，2012.11.9。

〔註63〕比丘祥雲：〈藥師琉璃光如來本願功德經內容簡述〉，《藥師琉璃光如來本願功德經》，（臺北縣：世樺，2012.4），頁4～6。

人們好好地活著，先把身體顧好，才能夠修行，也才能夠傳法，在這個世間眾生遲早都要明白活著都是「藉假修真」，身體是臭皮囊，不會永遠存在，所以在一定年壽的有限時間中，要把握修行的機會，然而這個軀殼總有生病老死的關卡，要如何恢復健康快樂，除了世間的醫生，藥師佛提供了庇護與仰仗，透過法門給人們依靠，使人們可以消災延壽。

二、藥師法門

《藥師琉璃光如來本願功德經》經文中提供「藥師法門」的修持方法，可以分作六門，以下依據祥雲比丘的說明：

  （一）「供養」。——敬備香花燭燈，奉獻佛前。廣設幢幡伎樂，莊
     嚴道場。

  （二）「禮拜」。——整肅儀容，清淨三業，五體投地，稽首皈依。

  （三）「讚歎」。——吟詩作偈，歌詠梵唄；稱頌佛德，宣揚經功。

  （四）「誦經持咒」。——讀誦經文，持誦咒語；或為定課，或作兼
     修。

  （五）「稱名念佛」。——稱念藥師聖號，聲聲口誦心維。憶佛念佛，
     精進不歇

  （六）「發願、回向」。——常發「四宏誓願」，回向法界有情。

      〔註64〕

祥雲又說「六門修法」之外，還有一種依據《藥師經》撰述的「慈悲藥師懺法」，這種懺法儀軌最初叫做「藥師齋懺」，今又稱「消災延壽藥師懺法」，至今仍備受尊崇。

  根據經文所述，以及古今許多見證，可知《藥師經》的功德利益非常實用，影響也非常深重——「藥師法門」不但能夠讓生者「懺罪、消災」，進而「培福、修慧」；也能夠為亡者「度亡、營功」。《藥師經》成就的功德無量，真可謂：殊勝無比，妙用無窮。〔註65〕

  若眾生有福德因緣受持《藥師經》，就應警覺：我們既已生在「人道」、又遇會「佛法」、更接觸了「藥師法門」，就要把握因緣，修持「藥師法門」，

〔註64〕比丘祥雲：〈藥師琉璃光如來本願功德經內容簡述〉，《藥師琉璃光如來本願功
   德經》，（臺北縣：世樺，2012.4），頁4～6。

〔註65〕參見比丘祥雲：〈藥師琉璃光如來本願功德經內容簡述〉，《藥師琉璃光如來本
   願功德經》，（臺北縣：世樺，2012.4），頁4～6。

見者聞者儘早修行要緊,「死生事大,無常迅速」,加行精進!

(一) 念「藥師佛」

前一節說到藥師法門中有一「稱名念佛」,稱念南無消災延壽藥師佛的聖號,一聲接一聲,口誦心維,憶佛念佛,這在藥師佛十二大願中的第十一和第十二願敘及「專念受持」:

> 第十一大願:願我來世得菩提時,若諸有情饑渴所惱,為求食故造諸惡業;得聞我名,**專念受持**,我當先以上妙飲食飽足其身,後以法味畢竟安樂而建立之。

> 第十二大願:願我來世得菩提時,若諸有情貧無衣服,蚊虻寒熱,晝夜逼惱;若聞我名,**專念受持**,如其所好即得種種上妙衣服,亦得一切寶莊嚴具,華鬘、塗香,鼓樂眾伎,隨心所翫,皆令滿足。

藥師佛的第十一大願,解決「食」的需求,民以食為天,要先解決眾生的口腹之慾(「若諸有情饑渴所惱,為求食故造諸惡業」),再引導眾生學佛,最終目的還是要跳脫有形物質的束縛,嚮往昇華追隨佛菩薩的腳步,這是《維摩經》所謂「先以欲勾牽,後令入佛智」(「得聞我名,**專念受持**,我當先以上妙飲食飽足其身,後以法味畢竟安樂而建立之」),也是孔子「先富後教」的理念。〔註66〕

藥師佛的第十二大願要解決眾生「衣」的需求,「人要衣裝,佛要金裝」,衣著的功能從蔽體、保暖、美觀到時尚、身分地位,富裕之後有錢有閒從事社交娛樂活動,藥師佛滿足眾生「衣」的欲望(「若諸有情貧無衣服,蚊虻寒熱,晝夜逼惱;若聞我名,**專念受持**,如其所好即得種種上妙衣服」),乃至於延伸外加打扮的裝飾品,髮飾、香水、甚至娛樂的鼓樂伴舞作樂的玩伴(「亦得一切寶莊嚴具,華鬘、塗香,鼓樂眾伎,隨心所翫,皆令滿足」)。

其中「專念受持」是第十一、十二大願的關鍵,如同淨土的念佛法門,也是藥師法門最簡捷易行的修持法門只要一心專注念藥師佛,就能隨心滿願,滿足在世間的一切願望,心想事成;更法喜的是也能滿足往生的願望──念「藥師佛」也可到西方極樂世界。

〔註66〕《論語》13・9:
子適衛,冉有僕。子曰:「庶矣哉!」冉有曰:「既庶矣,又何加焉?」曰:「富之。」曰:「既富矣,又何加焉?」曰:「教之。」

念「藥師佛」也可到西方極樂世界

《藥師琉璃光如來本願功德經》：

> 然彼佛土，一向清淨，無有女人，亦無惡趣，及苦音聲；琉璃為地，
> 金繩界道，城、闕、宮、閣，軒、窗、羅網，皆七寶成；亦如西方
> 極樂世界，功德莊嚴，等無差別。〔註67〕

東方琉璃淨土和西方極樂世界很類似，都是眾生往生後修行的理想去處。眾生臨命終前，念藥師佛可以去東方琉璃淨土，也可到西方極樂世界，不論是東方還是西方，都是往生善趣的好去處。西方極樂淨土的教主是阿彌陀佛，有觀世音菩薩和大勢至菩薩，二位菩薩薩作護法，也是補位菩薩。東方淨琉璃世界的教主是藥師佛，有二菩薩摩訶薩作護法：一名日光遍照，二名月光遍照。(「於其國中，有二菩薩摩訶薩：一名日光遍照，二名月光遍照。是彼無量無數菩薩眾之上首，次補佛處，悉能持彼世尊藥師琉璃光如來正法寶藏。」)〔註68〕只要信徒發出善願(「諸有信心善男子、善女人，應當願生彼佛世界」)，都有機會往生淨土。而且聽聞「藥師佛」佛號不但可以往生到到東方琉璃淨土，也可以到西方極樂世界，臨命終時還有八大菩薩(「南無文殊師利菩薩，南無觀世音菩薩，南無得大勢菩薩，南無無盡意菩薩，南無寶檀華菩薩，南無藥王菩薩，南無藥上菩薩，南無彌勒菩薩」)乘空而來迎接、帶路，然後往生淨土，在眾寶華中化生。〔註69〕

完整的稱念「藥師佛」名號是「南無消災延壽藥師佛」：

◎ 南無：皈依、依靠，如同黑夜中指引前方的一盞明燈。

◎ 消災：災難生於六根（眼耳鼻舌身意）外在環境之六觸六塵（色受想行識），也生於內心之五「貪嗔癡慢疑」。

◎ 延壽：不只是延長個人的健康長壽，更因積德培福而使子孫綿延，更

〔註67〕《藥師琉璃光如來本願功德經》，(臺南市：和裕，2008)，頁18～20。

〔註68〕《藥師琉璃光如來本願功德經》，頁18～20。

〔註69〕《藥師琉璃光如來本願功德經》，頁32～35。
「復次、曼殊室利！若有四眾：苾芻、苾芻尼、鄔波索迦、鄔波斯迦，及餘淨信善男子、善女人等，有能受持八分齋戒，或經一年、或復三月受持學處，以此善根，願生西方極樂世界無量壽佛所聽聞正法而未定者，若聞世尊藥師琉璃光如來名號，臨命終時，有八大菩薩，其名曰：南無文殊師利菩薩，南無觀世音菩薩，南無得大勢菩薩，南無無盡意菩薩，南無寶檀華菩薩，南無藥王菩薩，南無藥上菩薩，南無彌勒菩薩。是八大菩薩乘空而來，示其道路，即於彼界種種雜色眾寶華中，自然化生」。

重要的是長養無量壽福的法身慧命。

◎藥師佛：藥，因病予藥，此藥不只治療五蘊色身，更要治療吾等無始
劫來八識田中的因貪嗔癡三毒而引發的業障病。

不同的藥對治不同的病，例如：以三學「戒定慧」對治三毒，以六度波
羅蜜「佈施、持戒、忍辱、精進、禪定、般若」對治六觸六塵。〔註70〕

> 爾時、曼殊室利法王子，承佛威神，從座而起，偏袒一肩，右膝著
> 地，向薄伽梵，曲躬合掌。白言：「世尊！惟願演說如是相類諸佛名
> 號，及本大願殊勝功德，令諸聞者業障銷除，爲欲利樂像法轉時諸
> 有情故」。

> 爾時、世尊讚曼殊室利童子言：「善哉！善哉！曼殊室利！汝以大
> 悲，勸請我說諸佛名號，本願功德，爲拔業障所纏有情，利益安樂
> 像法轉時諸有情故。汝今諦聽！極善思惟！當爲汝說」。〔註71〕

《藥師經》因爲有藥師佛大願的加持，功能有，消除業障、護持佛法（「世尊！
惟願演說如是相類諸佛名號，及本大願殊勝功德，令諸聞者業障銷除，爲欲
利樂像法轉時諸有情故」」）

> （「世尊！惟願演說如是相類諸佛名號，及本大願殊勝功德，令諸聞者業
> 障銷除，爲欲利樂像法轉時諸有情故。

> 汝以大悲，勸請我說諸佛名號，本願功德，爲拔業障所纏有情，利益安
> 樂像法轉時諸有情故。」）

因病施藥，「勸請我說諸佛名號，本願功德，爲拔業障所纏有情，利益安
樂像法轉時諸有情故。」念佛號、消業障、聽經聞法，每長一分智慧就消
一分煩惱，以聞思修戒定慧對治三毒（貪嗔癡），以六度波羅蜜對治六觸六
塵。

〔註70〕 佈施：指把自身所擁有或所知道的施予他人。包括佈施財物（財佈施）外，
傳揚佛法（法佈施）和給予信心（無畏佈施）。佈施能除去貪慳。
持戒：恪守戒律（如五戒，十戒）等。持戒能除去惡業。
忍辱：不把任何對自己或教義的侮辱或攻擊放在心上、坦然面對苦難，以及
培養耐性。忍辱能除去瞋恚。
精進：勤勞地修行。精進能除去懈怠。
禪定：心無雜念，不爲俗物迷惑顛倒。禪定能除去散亂。
般若：增進對佛法的瞭解、增長智慧。般若能除去愚癡。
〔註71〕 《藥師琉璃光如來本願功德經》，（臺南市：和裕，2008），頁3～4。

　　《藥師經》和許多經典（《阿彌陀經》、《金剛經》、《法華經》）都會提到一些所有的佛都有的十種名號：「如來、應供、正等覺／正遍知、明行足、善逝世間解、無上士、調御丈夫、天人師、佛、世尊」：

1. 如來：「如」是不動，「來」是動；佛的本體乃非動非靜，動靜不二。《金剛經》第二十九品威儀寂淨分：「如來者，無所從來，亦無所去，故名如來。」

2. 應供：佛陀應當受人間及天上的人供養。

3. 正等覺、正遍知：佛陀能知一切法，無所不知，無所不曉。

4. 明行足：佛陀具足「三明、五行」。「三明」指「天眼明、宿命明、漏盡明」；「五行」為「聖行、梵行、天行、嬰兒行、病行。」證得三明則「慧」具足，修持五行為「福」具足，佛陀福慧雙修，故號「明行足」。

5. 善逝、世間解：逝當「往」；善逝，「妙往」的意思。佛陀到十方佛土，以權巧方便教化眾生。佛陀乃證悟無上菩提的覺者，已經超越生死對待。來，為眾生來；去，為眾生去，佛陀妙出世間，妙入涅槃之境，不再沒於生死之海，故名善逝。

6. 無上士：十法界中佛最上，因已將見思惑、塵沙惑、無明惑斷盡。〔註72〕

7. 調御丈夫：佛陀以權巧方便，調御六道眾生使入佛道。

8. 天人師：佛陀為人、天（天人、天神）之導師，如日光遍照，無不蒙益。

9. 佛：是「佛陀耶」的簡稱，能做到「自覺、覺他、覺行圓滿」。

10. 世尊：佛十號之總稱；佛為三界（欲界、色界、無色界）之尊，故稱

〔註72〕「見思惑」是凡夫之惑，「見思惑」中的「見惑」是知見上的迷惑錯誤，如身見、邊見、邪見、見取見、戒禁取見等五不正見；「思惑」是思想上迷惑錯誤，如貪瞋癡慢疑等五煩惱。「聲聞」（梵語 sravaka）、「緣覺」（梵語 pratyeka-buddha）行人若斷了此二惑，即能證得阿羅漢果，出離三界（世間之三個層次：「欲界、色界、無色界」。）
「塵沙惑」是菩薩的惑，菩薩化度眾生，如果不通達如塵如沙的無量法門，則不能完成教化眾生的事業，故名「塵沙惑」。
「無明惑」亦稱根本無明，能障蔽中道實相之理，斷盡即成佛。
此三惑中，「見思惑」為粗，「塵沙惑」屬於中等，「無明惑」為細，其性質各不相同。

世尊。世尊也是世間最尊貴的人，含有自在、熾盛、莊嚴、尊貴、吉
祥、有德、有名聲之義。

　　佛陀三覺圓滿，萬德具足，為世間、出世間一切凡聖所共尊，因此世人
用種種的不同的名稱來禮讚佛陀巍巍的功德。佛弟子在稱念佛名時，應仰慕、
思齊佛陀之德，乃至是心唸佛，是心作佛，以報佛恩，這是我們稱揚佛陀名
號的積極意義。

（二）持誦〈藥師咒〉

　　〈藥師咒〉源自唐代義淨譯《藥師琉璃光七佛本願功德經》。現行流通版
《藥師經》是唐玄奘大師所譯之《藥師琉璃光如來本願功德經》，其中的〈藥
師咒〉，是後人從義淨版裡摘錄補上。〔註73〕

　　《藥師經》中云：

> 若見男子、女人，有病苦者，應當一心為彼病人，常清淨澡漱，或
> 食或藥或無蟲水，咒一百八遍，與彼服食，所有病苦悉皆消滅。若
> 有所求，至心念誦，皆得如是；無病延年。

由此可知，〈藥師咒〉幫助病患的方法是：對著食物、藥物或飲水，誠心念誦
〈藥師咒〉一百零八遍，然後讓病患服用，將對病情有所助益。此外信受奉
行持誦藥師經咒的人，也可所求滿願，獲福免難，救命延壽。

　　〈藥師咒〉（藥師如來灌頂真言）【梵文原文音譯】：

南無消災延壽藥師佛（三稱）

南謨　薄伽伐帝

namo　　bhagavate

鞞殺社　窶嚕　薜琉璃　鉢喇婆　喝囉闍也

bhaisajya-guru-　vaidurya-　prabha-　rajaya

怛他　揭多也　阿囉喝帝　三藐三勃陀耶

tatha　gataya　arhate　　samyaksambuddhaya

怛姪他

tadyatha

〔註73〕〈藥師法門修持儀軌〉，《藥師琉璃光如來本願功德經》，（臺南市：和裕，
　　　　2008），頁94。

唵　鞞殺逝　　鞞殺逝　　鞞殺社　　三沒揭帝　莎訶

om　bhaisajye　bhaisajye　bhaisajya　samudgate　svaha

（重覆七次）

【藥師咒梵文　意譯】

禮敬　世尊、藥師琉璃光　如來、應供、正等覺！即說咒曰：

唵！藥！藥！藥生起來！萬福

【〈藥師咒〉內容淺釋】

1. 南謨（namo）：即南無，「禮敬」
2. 薄伽伐帝（bhagavate）：「世尊」
3. 鞞殺社（bhaisajya）：「藥」
4. 窶嚕（guru）：「師」
5. 薜琉璃（vaidurya）：「琉璃」
6. 鉢喇婆（prabha）：「光」
7. 喝囉闍也（rajaya）：「王」，是 raja 加與格字尾 ya 表禮敬的對像
8. 怛他揭多也（tathagataya）：「如來」，是 tathagata 加與格字尾 ya
9. 阿囉喝帝（arhate）：「應供」之意，是阿羅漢 arhat 的與格變化
10. 三藐三勃陀耶（samyaksambuddhaya）：「正等覺」，另譯為正遍知
11. 怛姪他（tadyatha）：「即說咒曰」，一般咒語裡這個關鍵字前的部份是歸敬呼請文，之後才是咒語的主要內容（即心咒的部份）
12. 唵（om）：咒語起始語，「極讚」
13. 鞞殺逝（bhaisajye）：「藥」在此是處格，表時空（同英文 in, on, at）
14. 鞞殺逝（bhaisajye）：「藥」在此是處格，表時空（同英文 in, on, at）
15. 鞞殺社（bhaisajya）：「藥」，在此是主格
16. 三沒揭帝（samudgate）：「生起」，或成就
17. 莎訶（svaha）：咒語結尾語，「萬福」；另譯「薩婆訶」，吉祥、成就、圓滿之意。

〈藥師咒〉可以治百病（「眾病苦瘦攣、乾消、黃熱等病」）、拯救無形的或有形（「或被厭魅、蠱毒所中」）、夭壽、意外等業障病（「或復短命，或時橫死」），〔註74〕。當藥師佛念誦此咒就可以「除滅一切眾生苦惱」，念誦完畢，

〔註74〕《藥師琉璃光如來本願功德經》，頁 37。

「大地震動，放大光明，一切眾生病苦皆除，受安隱樂。」〔註75〕

如果有人生病，常為他清淨身體，然後為他的飲食、醫藥、念一百零八遍的〈藥師咒〉，再給他服食，所有病苦都會被消滅。如果還有其他祈求，只要專心念誦〈藥師咒〉，不但沒有病痛還會延長壽命；命終之後，往生東方淨琉璃世界修行，不會退轉，直到成佛。〔註76〕

小　結

《藥師琉璃光如來本願功德經》：

是故曼殊室利！若有男子、女人，於彼藥師琉璃光如來，至心殷重，

恭敬供養者，常持此咒，勿令廢忘。〔註77〕

總之，人的一生當中，可以選擇藥師法門修行，專一稱念「藥師琉璃光如來」名號或〈藥師咒〉，可以吉祥保安康、免難消災障，心想事成萬事如意。

三、「旋轉」的意義

「旋轉」的舞姿在石窟經變圖中美麗精彩，回到《藥師琉璃光如來本願功德經》的內容有兩個象徵「以舞說法」的意義：（一）轉法輪，旋轉無礙。（二）轉運，從六道輪迴中轉出，而且不退轉。

（一）轉法輪，旋轉無礙

「旋轉」舞姿在〈東方淨土變〉中象徵「以舞說法」之一，轉法輪，而

「復次、曼殊室利！彼藥師琉璃光如來得菩提時，由本願力，觀諸有情，遇眾病苦瘦攣、乾消、黃熱等病；或被厭魅、蠱毒所中；或復短命，或時橫死；欲令是等病苦消除所求願滿」。

〔註75〕《藥師琉璃光如來本願功德經》，頁39。

「時彼世尊，入三摩地，名曰除滅一切眾生苦惱。既入定已，於肉髻中出大光明，光中演說，大陀羅尼曰：『那謨薄伽筏帝，鞞殺社窶嚕，薛琉璃鉢剌婆喝囉闍也，怛陀揭多耶，阿羅訶帝，三藐三勃陀耶。怛姪他：唵，鞞殺逝，鞞殺逝，鞞殺社，三沒揭帝婆訶』。爾時、光中說此咒已，大地震動，放大光明，一切眾生病苦皆除，受安隱樂。」

〔註76〕《藥師琉璃光如來本願功德經》，頁40～41。

「曼殊室利！若見男子、女人有病苦者，應當一心，為彼病人，常清淨澡漱，或食、或藥、或無蟲水、咒一百八遍，與彼服食，所有病苦悉皆消滅。若有所求，志心念誦，皆得如是無病延年：命終之後，生彼世界，得不退轉，乃至菩提。」

〔註77〕《藥師琉璃光如來本願功德經》，頁41。

且沒有障礙。〔註78〕

佛教稱講經說法爲「轉法輪」。佛教的創教者釋迦牟尼佛，分三個階段講經說法，簡稱「三轉法輪」，三個階段分別稱爲：初轉法輪、第二轉法輪、第三轉法輪。

初轉法輪，講述二乘的解脫道；佛陀成佛之後在鹿野苑爲阿若憍陳如等五比丘第一次宣說佛法。

二轉法輪，講述大乘佛菩提道的基礎如來藏。

三轉法輪，講述大乘佛法更深細的如來藏、唯識種智和成佛的一切種智。

三轉法輪，顯示釋迦牟尼佛在世時，三會說法圓成佛道，大乘佛法的教義已具足圓滿，而非佛滅度後才由後人逐漸發展出來。

轉法輪，旋轉無礙，是說佛陀講經說法沒有障礙，眾生得聞受持也沒有障礙，成就一個圓滿的學佛環境。

《藥師琉璃光如來本願功德經》：

> 世尊！惟願演說如是相類諸佛名號，及本大願殊勝功德，令諸聞者
> 業障銷除，爲欲利樂像法轉時諸有情故。〔註79〕

弟子勸請佛陀講述藥師琉璃光如來的名號，介紹藥師佛的願力給眾生，讓眾生在聽聞藥師佛的名號後可以消業障，在苦海的人生中多一個依靠，這就是懇請佛陀轉法輪，講經說法，教育眾生認識藥師法門，進而修行藥師法門。《藥師琉璃光如來本願功德經》：

> 爾時、曼殊室利童子白佛言：「世尊！我當誓於像法轉時，以種種方
> 便，令諸淨信善男子、善女人等，得聞世尊藥師琉璃光如來名號，
> 乃至睡中亦以佛名覺悟其耳。」〔註80〕

宣化上人註解「像法轉時」，在將來像法的時代。〔註81〕一佛出世，隨著道法

〔註78〕「旋轉無礙」語出，《慈悲三昧水懺　科儀》：「願此香花遍十方　以爲微妙光
明臺　諸天音樂天寶香　諸天餚膳天寶衣　不可思議妙法塵　一一塵出一切
塵　一一塵出一切法　旋轉無礙互莊嚴　遍至十方三寶前　十方法界三寶前
悉有我身偏供養　一一皆悉遍法界　彼彼無雜無障礙　盡未來際作佛事　普
熏法界諸眾生　蒙熏皆發菩提心　同入無生證佛智」

〔註79〕《藥師琉璃光如來本願功德經》（出自：《大正新脩大藏經》第十四冊・編號
450，頁404），（臺南市：和裕，2008），頁3。

〔註80〕《藥師琉璃光如來本願功德經》，頁43～44。

〔註81〕釋宣化講述：《藥師琉璃光如來本願功德經淺釋》，美國加州：世界佛教總
會，1996。

的傳遞，人類根機的轉變，概分「正法、像法、末法」三期。

　　「像法期」，像者似也，真正之法儀不行，隨而無證果，但有教有行，而像似佛法行，此時謂之像法時。正法後一千年間為像法期。〔註85〕當機眾曼殊室利對佛陀發誓，會把藥師法門傳授給善男信女，讓他們得以聽聞世尊藥師琉璃光如來名號，乃至於到他們的睡夢中傳授藥師佛的名號，讓他們覺悟。甚至搶救病危者，協助他皈依藥師琉璃光如來，**轉讀《藥師經》**（《藥師琉璃光如來本願功德經》：「若能為彼歸依世尊藥師琉璃光如來，請諸眾僧，**轉讀此經，**」）給病人聽，幫他做功德（「然七層之燈，懸五色續命神旛，」），最後他就從夢中甦醒。（「或有是處彼識得還，如在夢中明了自見。或經七日，或二十一日，或三十五日，或四十九日，彼識還時，如從夢覺。」）〔註83〕

〔註85〕佛光山如本法師，《佛學問答》：
　　「凡一佛出世，則以其佛為本，立正為本，立正法、像法、末法三期。
　　一、正法期：正者即證也，佛雖去世而法儀未改，有教有行，有證得果位者，是為正法時期，佛滅度一千年間為正法期。
　　二、像法期：像者似也，真正之法儀不行，隨而無證果，但有教有行，而像似佛法行，此時謂之像法時。正法後一千年間為像法期。
　　三、末法期：末者微也，轉為微末，但有教而無行，無證果時，是為末法時，像法後一萬年間為末法期。過此末法後，即為滅法時。」
　　丁福保編：《佛學大辭典》）【正像末釋義】
　　凡一佛出世則以其佛為本，立正法，像法，末法之三時。然諸經皆說正像之二時，大悲經獨說正像末三時。又如雜阿含，俱舍論，唯說正法之一時。一「正法」，正者證也，佛雖去世而法儀未改，有教有行，有正得證果者，是為正法時。二「像法」，像者似也，訛替也，道化漸訛替，而真正之法儀行儀不行，隨而無證果者，但有教有行，而像似之佛法行，此時謂之像法時。三「末法」，末者微也，轉為微末，但有教而無行，無證果時，是為末法時。嘉祥法華義疏五曰：「佛雖去世法儀未改，謂正法時。佛去世久，道化訛替，謂像法時。轉復微末，謂末法時。」法華玄贊五曰：「若佛正法，教行證三，皆具足有。若佛像法，唯有教行，無證果者。若佛末法，唯有教在，行證並無。」青龍仁王經疏三下曰：「有教有行，有得果證，名為正法。有教有行，而無果證，名為像法。唯有其教，無行無證，名為末法。」三大部輔注七曰：「正者證也，像者似也，末者微也。」又俱舍論二十九以教證為正法之體，明住于正法之世，為一千歲。教法者經律論之三藏也，證法者三乘之菩提分法也（與前言證果異），若有人於其教法誦持及正說者，為住於教法世。若有人行其菩提分法者，為住於證法世。故隨此三人住世之時量，可住于正法世之時量。聖教中總言為唯千歲住（證法唯千年住，教法之住時，複過於此，即像法也）。頌曰：「佛正法有二：謂教證為體，有持說行者，此便住世間。」
〔註83〕《藥師琉璃光如來本願功德經》，頁59～63。

　　當病人從瀕死經驗中醒來，就都清楚知道過去的因果業報絲毫不爽，從此為善不為惡。所以善男信女，都應該受持藥師琉璃光如來名號，隨力所能，恭敬供養藥師佛。〔註84〕

　　佛陀轉法輪，弟子受持之後弘傳佛法。普賢菩薩十大願之六「請轉法輪」〔註85〕《瑜伽焰口施食要集》唱〈清淨法身佛〉時從「清淨法身毗盧遮那佛、圓滿報身盧舍那佛、千百化身釋迦牟尼佛、當來下生彌勒尊佛、極樂世界阿彌陀佛」唱到「十方三世一切諸佛」「毗盧遮那佛（釋迦牟尼佛的法身），願力周沙界　一切國土中　恒轉無上輪」〔註86〕，眾生希望佛陀「恒轉無上輪」，佛法常住世間，造福救拔眾生跳出六道輪迴。

（二）轉運，從六道輪迴中轉出

　　「旋轉」舞姿在〈東方淨土變〉中「以舞說法」的象徵之二：「轉運」──在人道中的女子要轉女成男；眾生要從六道輪迴中轉出，進而超脫、昇

〔註84〕　「爾時、眾中，有一菩薩摩訶薩，名曰救脫，即從座起，偏袒一肩，右膝著地，曲躬合掌而白佛言：「大德世尊！像法轉時，有諸眾生為種種患之所困厄，長病羸瘦，不能飲食，喉脣乾燥，見諸方暗，死相現則，父母、親屬、朋友、知識啼泣圍繞；然彼自身臥在本處，見琰魔使，引其神識至於琰魔法王之前。然諸有情，有俱生神，隨其所作若罪若福，皆具書之，盡持授與琰魔法王。爾時、彼王推問其人，計算所作，隨其罪福而處斷之。時彼病人，親屬、知識，若能為彼歸依世尊藥師琉璃光如來，請諸眾僧，轉讀此經，然七層之燈，懸五色續命神旛，或有是處彼識得還，如在夢中明了自見。或經七日，或二十一日，或三十五日，或四十九日，彼識還時，如從夢覺，皆自憶知善不善業所得果報；由自證見業果報故，乃至命難，亦不造作諸惡之業。」

〔註84〕　《藥師琉璃光如來本願功德經》，頁62。
　　　　　「是故淨信善男子善女人等，皆應受持藥師琉璃光如來名號，隨力所能，恭敬供養。」

〔註85〕　《發願文‧普賢菩薩十大願》，《佛光山宗務委員會課誦本》，（高雄：佛光出版社，2004.10），頁62～63。
　　　　　「一者禮敬諸佛。二者稱讚如來。三者廣修供養。四者懺悔業障。五者隨喜功德。六者請轉法輪。七者請佛住世。八者常隨佛學。九者恆順眾生。十者普皆迴向。」

〔註86〕　《瑜伽焰口施食要集》，高雄市：裕隆，1997.1。
　　　　　「清淨法身佛　清淨法身佛　清淨法身毗盧遮那佛　圓滿報身佛　圓滿報身佛　圓滿報身盧舍那佛　千百億化佛　千百億化佛　千百化身釋迦牟尼佛　當來下生佛　當來下生佛　當來下生彌勒尊佛　極樂世界佛　極樂世界佛　極樂世界阿彌陀佛　十方三世佛　十方三世佛　十方三世一切諸佛　毗盧遮那佛　願力周沙界　一切國土中　恒轉無上輪」

華；轉凡成佛之後「不退轉」。

1.「轉女成男」

《藥師琉璃光如來本願功德經》：

> 第八大願，願我來世得菩提時，若有女人為女百惡之所逼惱，極生厭離，願捨女身；聞我名已，一切皆得轉女成男，具丈夫相，乃至證得無上菩提。

藥師佛第八大願「轉女成男，具丈夫相，乃至證得無上菩提」〔註87〕生在世間，女生比男生承受許多艱辛，生理上的病痛，生產的難關，男尊女卑的不平等，百惡所逼，女眾只要聽聞藥師佛的名號，憑藉藥師佛的願力，就可以轉女成男，具丈夫相，進而成就佛道。

2.轉出六道輪迴，成就佛道「不退轉」

《藥師琉璃光如來本願功德經》：

> 復次、曼殊室利！若諸有情，雖於如來受諸學處，而破尸羅；有雖不破尸羅而破軌則〔註88〕；有於尸羅、軌則，雖則不壞，然毀正見；有雖不毀正見而棄多聞，於佛所說契經深義不能了解；有雖多聞而增上慢，由增上慢覆蔽心故，自是非他，嫌謗正法，為魔伴黨。如是愚人，自行邪見，復令無量俱胝有情，墮大險坑。此諸有情，應於地獄、傍生、鬼趣流轉無窮。〔註89〕

有情眾生作惡多端（「破尸羅、壞軌則、毀正見、棄多聞、增上慢、嫌謗正法為魔伴黨、自行邪見令無量俱胝有情墮大險坑」），一開始小惡，後來浸淫日廣，日積月累姑息養奸，積重難返，於是在三惡道流轉無窮。印順法師：「破尸羅罪重，但是損壞私德；如破了軌則，更是違犯團體的公共規律。」〔註90〕造惡者原本要到「地獄、傍生、鬼趣流轉無窮」，如果「得聞藥師琉璃光如來

〔註87〕《藥師琉璃光如來本願功德經》，頁12。
　　　「願我來世得菩提時，若有女人為女百惡之所逼惱，極生厭離，願捨女身；聞我名已，一切皆得轉女成男，具丈夫相，乃至證得無上菩提」。
〔註88〕印順法師：《印順法師佛學著作集　妙雲集》上編之四，《藥師經講記》，印順文教基金會，1998。
　　　「破尸羅罪重，但是損壞私德；如破了軌則，更是違犯團體的公共規律。」
〔註89〕《藥師琉璃光如來本願功德經》，頁25。
〔註90〕印順法師：《印順法師佛學著作集　妙雲集》上編之四，《藥師經講記》，印順文教基金會，1998。
　　　「破尸羅罪重，但是損壞私德；如破了軌則，更是違犯團體的公共規律。」

名號，便捨惡行，修諸善法，不墮惡趣」；如果「不能捨諸惡行、修行善法，墮惡趣者」，還可以仰仗如來本願威力「令其現前，暫聞名號」，那麼受苦的一生結束後還可以投胎到人道重新依次第修行菩薩道，最後修行圓滿成就佛道。〔註91〕當然前提是要相信佛所說，「信願行」缺一不可，所以如果不相信佛所說藥師佛的願力，甚至毀謗、「展轉常爲不饒益事」〔註92〕，就會「墮諸惡趣，流轉無窮！」〔註93〕反之，如果慈心行事，萬物並生也會圓滿和諧，互相成就。〔註94〕

3.「不退轉」

旋轉舞姿的第三個象徵意義就是，轉迷成悟，轉識成智，轉凡成聖、成佛之後「不退轉」。《阿彌陀經》稱爲「阿鞞跋致」。在藥師法門之二〈藥師咒〉的功效中提到爲病人念誦一百零八遍的〈藥師咒〉可以從治病，到「無病延年；命終之後，生彼世界，得不退轉，乃至菩提。」〔註95〕

轉運，從六道輪迴中轉出，進而精進修行、成就佛道不退轉。就因果而言，爲何要「轉」？因爲要「動」；要轉法輪以改變命運，跳出六道輪迴的枷鎖。

〔註91〕《藥師琉璃光如來本願功德經》，頁25。
「從彼命終還生人趣，得正見精進，善調意樂，便能捨家趣於非家，如來法中，受持學處無有毀犯，正見多聞，解甚深義，離增上慢，不謗正法，不爲魔伴，漸次修行諸菩薩行，速得圓滿。」

〔註92〕《藥師琉璃光如來本願功德經》，頁30～32。
「復次、曼殊利室！若諸有情好喜乖離，更相鬥訟，惱亂自他，以身語意，造作增長種種惡業，展轉常爲不饒益事，互相謀害。告召山林樹塚等神；殺諸眾生，取其血肉祭祀藥叉、羅刹婆等；書怨人名，作其形像，以惡咒術而咒詛之；厭魅蠱道，咒起屍鬼，令斷彼命，及壞其身。」

〔註93〕《藥師琉璃光如來本願功德經》，頁56。
「世尊！有諸眾生，信根不具，聞說諸佛甚深行處，作是思惟：云何但念藥師琉璃光如來一佛名號，便獲爾所功德勝利？由此不信，返生誹謗。彼於長夜失大利樂，墮諸惡趣，流轉無窮！」

〔註94〕《藥師琉璃光如來本願功德經》，頁30～32。
「是諸有情，若得聞此藥師琉璃光如來名號，彼諸惡事悉不能害，一切展轉皆起慈心，利益安樂，無損惱意及嫌恨心，各歡悅，於自所受生於喜足，不相侵凌互爲饒益。」

〔註95〕《藥師琉璃光如來本願功德經》，頁41。
「曼殊室利！若見男子、女人有病苦者，應當一心，爲彼病人，常清淨澡漱，或食、或藥、或無蟲水、咒一百八遍，與彼服食，所有病苦悉皆消滅。若有所求，志心念誦，皆得如是無病延年；命終之後，生彼世界，得不退轉，乃至菩提。」

　　以 220 窟而言，既有代表跳出六道升天的西方淨土，也有人道的藥師法門拯濟群倫，而以病為喻的〈維摩詰經變〉說的不只是人世間肉體的病，還涵括精神的、靈魂的，隨著輪迴流轉的病，五欲六塵；財色名食睡、眼耳鼻舌身意耽染色聲香味觸法；在五濁惡世中輪轉不休。唯有仰仗藥師如來的慈悲願力，渺小的眾生才能在滾滾業海的浮沉中找到濟命的舟楫，所以佛告阿難：

> 是諸有情若聞世尊藥師琉璃光如來名號，至心受持，不生疑惑，墮惡趣者無有是處。

又說：

> 阿難！彼藥師琉璃光如來，無量菩薩行，無量善巧方便，無量廣大願；我若一劫，若一劫餘而廣說者，劫可速盡，彼佛行願，善巧方便無有盡也！〔註96〕

回顧前一節修持「藥師法門」，能夠免除九種「橫死」。並有十二藥叉大將，和祂們的眷屬，常相衛護。十二藥叉大將，各有七千眷屬，合計八萬四千。這也表示轉八萬四千塵勞，而為八萬四千功德法門的寓意。藥師佛的悲願無量無邊，善巧方便無量無邊，利濟眾生亦無量無邊。

4. 旋轉有重心

　　關於旋轉舞，可以對照土耳其的「旋轉舞」。

　　土耳其中部一個小城「康雅」（Konya），有舉世聞名的「旋轉舞」，創辦人是詩人魯米（Jalalad-Dinar-Rumi），「旋轉舞」是蘇非教派跟神、信仰溝通的舞蹈，是蘇非教派修行的一種方式。

　　「旋轉舞」已有八、九百年的歷史，蹲馬步、站樁，努力把呼吸調到最好，然後膝蓋微彎；〔註97〕像陀螺般，重心完全在中央的狀態，頭暈時，身體必須保持一個更安靜的節奏，才不會跌倒。〔註98〕

　　孩子旋轉兩小時，只有一個動作，旋轉有這麼單純對身體的訓練，不只為了追求身體外在的美，而是要讓內心裡，有一個跟神溝通的心靈重心，所以外在的身體才能夠飛舞起來。〔註99〕

〔註96〕《藥師琉璃光如來本願功德經》，頁 56。
〔註97〕蔣勳：《身體美學》，（北市：遠流，2008.6.1），頁 114～117，生理的重心。
〔註98〕蔣勳：《身體美學》，頁 105～109、110。
〔註99〕蔣勳：《身體美學》，頁 111。

　　「康雅」的「旋轉舞」非常具有啓示性。「康雅」的「旋轉」是爲了自己的修行，因爲旋轉當中「重心」必須非常穩定，才可以繼續旋轉下去，所以旋轉舞就變成身體端正的一個修行工作。試著讓自己成爲一個重心，然後在生活經驗的磨練中找到心靈的重心，逐漸地向心力穩定，從個人身體重心，延伸至家庭重心、社會重心、國家重心，再回歸到個人安身立命，圓滿一生的重心，以不辜負來到此生的使命。

　　於此，反思「敦煌舞」，轉迷爲悟，轉識成智，如同洗衣機的脱水機制，把髒的水轉出去，那麼旋轉就是把昏沈掉舉轉出去，把顛倒妄想轉出去，把煩惱執著轉出去，而在旋轉的時候，所繞著的軸心就是：佛性，眾生本自具足的眞如佛性、如來藏，無盡藏。如同禪詩所言：「我有明珠一顆我有明珠一顆，久被塵勞關鎖；今朝塵盡光生，照破山河萬朵。」「明珠」，象徵每一個人本自具足的光明佛性，代表我們都可以解脫煩惱、活得自在。只要放下、不貪執，就能得到解脫貪瞋癡後的寂靜與快樂！

第三節　維摩詰經變

一、《維摩詰經》藉病說法

　　《維摩詰所說不可思議解脫經》簡稱：《不可思議解脫經》、《淨名經》、《維摩經》、《維摩詰經》〔註100〕、是中國自古以來流行的大乘佛教經典之一。據《開元釋教錄》卷十一、十四，此經從東漢至唐前後有七個譯本，其中四種已經佚失，現存者有三國吳支謙譯《維摩詰經》二卷、後秦鳩摩羅什譯《維摩詰經所說經》三卷、唐玄奘譯《說無垢稱經》六卷。其中最流行的是鳩摩羅什的譯本，古來爲之注疏的也最多。〔註101〕

　　《維摩詰經》是一部兼具文學與藝術性質的作品，與中國文學、藝術密切相關。胡適曾說：

> 《維摩經》爲大乘佛典中的一部最有文學趣味的小說，鳩摩羅什的譯筆又十分暢達，所以這部書漸漸成爲中古時代最流行、最有勢力的書。美術家用這故事作壁畫；詩人文人用這故事作典故……殘本

〔註100〕《維摩詰所說不可思議解脫經》（出自《大正新脩大藏經》第十四冊，編號475、537），臺南市：和裕出版社，2008。
〔註101〕楊曾文：《〈維摩詰經〉釋論》序。
　　　　妙華：《智慧與解脫：《維摩詰經》釋論》，宗教文化出版社，2012.11.1。

　　的唱文便是用通俗的韻文，夾著散文的敘述，把維摩詰的故事逐段

　　演唱出來。〔註102〕

《維摩詰經》是一部文學式的佛教經典，富有濃厚小說、戲劇意味，因此它
的影響從佛教擴展成為藝術各類的媒材。王志楣探索《維摩詰經》與中國文
人、文學、藝術間之種種，有三項歸納：

1. 《維摩詰經》的主角維摩詰居士，藉由病與不病，調和世間與出世間
的矛盾，進而引導信徒嚮往建立圓融的人生態度，進而為文人開創出
一個理想的精神世界。

2. 《維摩詰經變文》在文學史上享有相當地位，計有六種殘存的《維摩
詰經變文》，最富盛名。

3. 《維摩詰經》與繪畫、雕刻藝術的產生，有密切的關係，如著名的雲
岡、龍門石窟與千佛洞，至今仍保存數目極多的遺跡，其中有文人畫、
石刻與壁畫三部分，描述不同時代、不同地點所塑造出與維摩詰個人
或經文有關的不同藝術圖像。〔註103〕

　　眾生的病不只是身心的疾病，還有知見上的病、累劫累世的因果病，阿
賴耶識中執著有待去除及解脫，維摩詰居士藉病宣說佛法，天女以散花考驗
在座大眾的執著，也鼓勵修行進步成為護法的眾生，為之授記。

以病為師

　　《維摩詰經》中的主角維摩詰居士生病了，但他是要「藉病說法」，他要
藉著自己雖是修行者也會生病的情形告訴大家，苦空無我，不要執著於生老
病死，反而要「以病為師」。

　　前兩節中討論了敦煌220窟的〈東方淨土變〉滿足生者所有的需求，〈西
方淨土變〉是眾生對來世的寄託與嚮往，而〈維摩經變〉是介於生死之間的
「病」狀心態與修行。

　　維摩詰居士在大眾面前，和來探病的文殊師利菩薩的往返問答的內容，
不只宣揚大乘佛法，還示範給大眾學習：捨棄執著。

　　文殊菩薩，被譽為智慧第一，過去諸佛之師，在《維摩詰經》中，問出
修持佛法的深度與內容，問出佛法的殊勝與對稱性，一來一往共問三十八題，

〔註102〕《胡適文存》第三集卷四：海外讀書雜記，臺北市：遠東，1953。
〔註103〕王志楣：《維摩詰經》與中國文人、文學、藝術〉，《中華佛學學報》第五期
　　　　（1992.07出版），頁263～298。

三十個條目，從第五品（問疾品）到第九品（不二法門品），中間還有舍利佛語天女的問答，會問很重要，大叩大鳴，大乘妙法攝入其中，沒有提問就沒有討論、深入。

維摩詰居士其實是菩薩，但他化身爲居士，現在家相，家財萬貫，樂善好施，時常救濟貧民、布施僧侶，他行菩薩道度化眾生，既向天神天魔說法，也向王公貴族、甚至妓院賭場的鄉民說法。

說到每位佛教徒最衷心的願望就是成就佛道，而菩薩道是成就佛道的必經歷程，《維摩詰經　佛道品》中，文殊菩薩問維摩詰：「菩薩云何通達佛道？」維摩詰言：「若菩薩行於非道，是爲通達佛道。」菩薩行於非道就是要「難忍能忍」，積極面對生命中的逆境，在此生解冤釋結，要懂得將煩惱轉爲菩提。

《維摩詰經　不二法門品》中，點醒眾人之分別心，世人習慣將所有事物作二分法，但佛教是一體兩面的圓融觀點，這也是佛與眾生觀察事物的不同，一體兩面的觀點雖然也是二分法，但最終歸於一，也就是一切法的空性，這才是眞正的不二法門。

《維摩詰經　不可思議品》中，天女來到維摩居士家中，散下天花供養大眾，舍利弗問天女來到維摩居士的家中有多久了，天女卻告訴他無始無終的道理；舍利弗問天女這麼強大，爲什麼不變成男人？天女說舍利弗怎麼還有男女相之別，當場並把舍利弗變成了女人，自己變成了舍利弗，眞是不可思議。

《維摩詰經》敘述維摩詰菩薩與諸位菩薩和聲聞羅漢，以譬喻涵融智慧的問答，整部經的核心價值，是「心淨則國土淨」，「直心是道場」，無論貧窮、富貴、賤卑，都要平等對待他人，也別小看自己，因爲人人都有成佛的可能，所以勉勵大家要廣結善緣，發心行六度，效法維摩詰居士的「無盡燈」法門，世間最大的布施是法布施爲最。隨文作觀《維摩詰經》簡單說來有五個思路：

1. 心淨土淨

〈佛國品〉令人思考：如何是菩薩淨土行？心淨則國土淨。

菩薩淨土行，菩薩發心，發「無上道心」即「無上菩提心」，成就要三大阿僧祇劫，但「佛道無上誓願成」。《金剛經》：「發阿耨多羅三藐三菩提心」、「須菩提！應無所住而生其心」。菩薩發菩提心，悲智雙運度眾生，而且「三

輪體空」不執著〔註104〕。

2. 染淨一如

佛道在眾生中求，煩惱即菩提，染淨一如，染淨不二，非常契合「人間佛教」的做法──《六祖壇經》有言：「佛法在世間，不離世間覺。」《寶積經》：「眾生之類是菩薩淨土。」娑婆世界的眾生雖處五濁惡世，但紅蓮必出污泥，五濁惡世雖然充斥煩惱但既是菩薩淨土，也成就了佛陀。

3. 真空妙有

《維摩詰經　不思議品》：「空能生萬法。」《老子》四十章：「萬物生於有，有生於無。」

「大乘佛教論「空」（無）〔註105〕，並不等於沒有，更不屬於空虛，乃空而不空的真空。佛教的最高之理想，是消融相對，而超於絕對；中道第一義諦，入不思議境。」〔註106〕

「中道第一義諦」〔註107〕簡稱「中諦」，即：有就是空，空就是有，空有不二，有不依空，空不依有，「真空非空是妙有，妙有非有是真空」，圓融而無礙，不偏於一邊。

大乘佛法所論「有」，不是生、住、異、滅的假有，而是般若實相的妙有（妙用之義）。妙，就是非常圓融的，有也好像沒有，如《金剛經》說：「說法者無法可說，是名說法」最能說空之妙的，就是《金剛經》：「我應滅度一

〔註104〕「三輪體空」構成布施有三個要件，即「施者、受者與施物」，此稱為「三輪」。若布施之時，能了悟此三者皆悉本空，摧破執著之相，稱為「三輪體空」。

付出無所求，心就能很平靜，也就是「無我相、無人相、無物量的相」，已達修行最高境界的「三輪體空」。

〔註105〕《六祖壇經》云：「何名無念？知見一切法，心不染著，是為無念。用即遍一切處，亦不著一切處；但淨本心，使六識出六門，於六塵中無染無雜，來去自由，通用無滯，即是般若三昧，自在解脫，名無念行。」

《六祖壇經》云：「真如自性起念，六根雖有見聞覺知，不染萬境，而真性常自在。」

〔註106〕曉雲法師：〈宗教與藝術──論佛教空有之藝術思想〉，《佛教藝術講話》，（臺北市：原泉，1994.7），頁13～14。

〔註107〕「第一義諦」（梵語 paramartha-satya），二諦之一，即最殊勝之第一真理。為「世俗諦」之對稱，略稱「第一義」，又稱「勝義諦、真諦、聖諦、涅槃、真如、實相、中道、法界」。總括其名，即指深妙無上之真理，為諸法中之第一，故稱「第一義諦」。

切眾生，滅度一切眾生已，而無有一眾生實滅度者。」〔註108〕

　　曉雲法師說：「佛教影響中國藝術發展到更高超的，就是般若空靈世界。」「世間一切是實相」，實相無相，而「般若廣照空有」，是有也照，空也照。〔註109〕

　　蘇東坡詩云：「無一物處無盡藏，有花有月有樓臺。」

　　娑婆世界是相對的：貧富、好壞、美醜……，總總都是相對，但佛教的最高理想是當下明白、不隨境轉，沒有相對就是平等心，一團和氣，為中道第一義諦。

4. 諸相非相

　　《金剛經》第五品：「凡所有相皆是虛妄。」修行，要從身相破除起，相是隨緣生相的。一旦落入相中，就是無量無盡，隨習氣、業力輪迴。既然來到世間，就是跟眾生有因緣，修行就要隨順眾生，在應化中自我成就、教學相長；在行佛中成就、自我開發、直下承擔，學佛自做佛。

5. 不二法門

　　《維摩詰經　不二法門品》：「維摩一默，言語道斷；心行處滅，萬千心念滅。」

　　修行是生生世世的事，不但要皈依、受戒、老實讀經、寫筆記，要把心定下來，把散亂心復歸於單純，心寬念純，反璞歸真。

　　一個人如果警悟來世間，是為了完成修行的功課，那麼就會覺知生病也是一種考驗一種修行，除了看醫生醫身體外在的病，還要趕緊醫治內心的病（貪嗔）、意識的病（痴），怎麼醫呢？這應該是敦煌 220 窟之所以要把〈維摩詰經變〉跟〈西方淨土變〉〈東方淨土變〉放在一起的緣故。因為世間的醫生只能治皮相的病，未必能治好自己內在的、靈魂的、意識的、累劫累世的因果病痛，也就是「既要人醫也要神佛醫」，此時又要轉回到誦經與念佛，仰

〔註108〕曉雲法師：〈宗教與藝術──論佛教空有之藝術思想〉，《佛教藝術講話》，（臺北市：原泉，1994.7），頁 14。

〔註109〕曉雲法師：〈宗教與藝術──論佛教空有之藝術思想〉，《佛教藝術講話》，（臺北市：原泉，1994.7），頁 11。
　　　　「為什麼空也照呢？比如現在我們不出聲講話，大家就說沒有聲音，這個美妙在於我們聽到有一種，叫「沒有聲音」。「實相」假如我說一朵花，它長出來就一定會凋落的。「凡所有相，皆是虛妄」一定會歷經成、住、壞、空，最後不存在。但般若實相就不是，若不執著花的色相，花永遠都存在。」

仗諸佛菩薩的願力，祈求藥師佛幫我們解冤釋劫、消災延壽，日後可以往生東方也可以往生西方極樂淨土；祈求阿彌陀佛接引我們蓮開九品，華開見佛悟無生，不退菩薩爲伴侶。

佛爲大醫王，一佛即一切佛，《藥師琉璃光如來》、《藥王藥上二菩薩經》因病予藥，眾生有身病心病；《維摩詰經》還要眾生「以病爲師」。人吃五穀雜糧難免會生病。老子說「吾所以有大患者，爲吾有身。及吾無身，吾有何患？」〔註110〕「身」是眾苦積聚之處，有身則苦生，病是八苦之一，〔註111〕「身」由「地、水、火、風」四大假合而生，《佛說五王經》云：「一大不調，百一病生，四大不調，四百四病生。」〔註112〕一旦時序遷移氣候變化，或水土不服，偶而就會生病。

印光大師認爲「身病」有三：「一宿業，二內傷，三外感。」其中「唯宿業難治」，但「倘能竭誠盡敬，發自利利他之大菩提心，念南無阿彌陀佛，及念南無觀世音菩薩聖號，超度宿世所害之冤家對頭，彼若離苦得樂，病者即可業消病癒」。至於「內傷」，原因有二：「或用心過度，或於酒、色、財、氣，各有嗜好」。印光大師所說「世間人之病，多多都是自己造者」。

印光大師開示，有病「須先從善養上令恢復，不能一味靠醫生轉移」，因爲，盡信醫不如無醫；「如果一切病由醫而始好，不醫便不好者，則古來皇帝及大富大貴人家，皆當永不生病，亦永不死亡，然而貧賤者病少而壽每長，富貴者病多而壽每短，其故何哉？一則自造其病，二則醫造其病，有此二造之功，能脫病苦，其可信乎！」

印祖還認爲學醫者「雖以針灸藥品爲事，須以大菩提心，常以佛菩薩聖號，及大悲咒，普爲自他持誦，以期彼此同獲現生身心安樂，臨終決生西方。」學醫而「能如此者，是名眞醫，是爲大醫王之眞弟子也」。

治病要兼顧「身病」與「心病」，印光大師認爲「佛爲大醫王，普治眾生

〔註110〕老子，《道德經》第十三章：
「寵辱若驚，貴大患若身。何謂寵辱若驚？寵爲上、辱爲下，得之若驚，失之若驚，是謂寵辱若驚。何謂貴大患若身？吾所以有大患者，爲吾有身。及吾無身，吾有何患？故貴以身爲天下，若可寄天下；愛以身爲天下，若可託天下。」

〔註111〕佛教「八苦」：生苦、老苦、病苦、死苦、愛別離苦、怨憎會苦、求不得苦、五陰熾盛苦。

〔註112〕《佛說五王經》，《大正新脩大藏經》第十四冊，編號523，CBETA電子佛典V1.13（Big5）普及版，2009.04.23。

身心生死之病」,「然生死大病由心而起,故先以治心病爲前導」,治心病就是
要依法修持,「果能依法修持,則身病即可隨之而愈。」

生病痛苦時要多念佛

即使「醫之善者,亦只醫病,不能醫業」,所以還是要求阿彌陀佛、觀世
音菩薩之大醫王,「勿藥而愈」。印光大師開示:「當此苦事發現之時,唯有放
下萬緣」,「有病,即作將死想,一心念佛」,而且「除此一念之外,心中不可
再起絲毫別種的想念,亦不可望病速好,亦不可另起求神求天保佑的想念」,
印光大師說,果能如此「一心念南無阿彌陀佛」,「一心求佛慈悲接引往生西
方,便能得到佛慈加被之力,若世壽未盡,就會速好,若世壽已盡,即往生
西方」。

往生西方極樂淨土的好處說不盡,西方眾生由蓮花化生,清淨妙嚴沒有
老病之苦,唯有修行晏安之樂。如省庵大師所言「豈知極樂清虛體,自在流
行白玉階」。〔註113〕往生西方的關鍵是「放下一切,一心念佛」,若世壽未盡,
就會痊癒;若世壽已盡,就往生西方。

老子《道德經》七十一章說:「夫唯病病,是以不病。聖人不病,以其病
病,是以不病。」

有缺點的人,若能改掉缺點,就是沒有缺點之人。「知過能改,善莫大
焉。」〔註114〕聖人一開始並不是沒有缺點,而是因爲時常改正自己的缺點,
逐漸地就沒有缺點,而成爲聖人。同樣的《維摩詰經》中維摩詰居士以自己
生病,來點化眾生,身心靈都會生病,有病就要治病,不要諱疾忌醫,不要
忽視「病」帶給眾生的啓示,要「以病爲師」,不執著五蘊六塵,進而超越物
質(色)與精神(空)的對待,學習諸佛菩薩,「上求佛道,下化眾生」熄滅
貪嗔癡,勤修戒定慧,步上成佛大道。

二、天女散花

「天女散花」,在佛陀本生的故事中,悉達多太子一出生就有九龍吐水以
浴佛,並有天女散花以祝賀的典故。

〔註113〕張春燕〈「佛爲大醫王」──淺談印光大師的醫療觀〉,《弘化》2008 年第 6
期(總第 52 期)。

〔註114〕《左傳・宣公二年》:「吾知所過矣,將改之。稽首而曰:『人非聖賢,孰能無
過!過而能改,善莫大焉。』」

（一）護持佛法

天女護持之後成佛的佛陀，就是護持佛法。

《法華經》、《藥師經》、《維摩詰經》、《地藏經》、《梁皇寶懺》、《水懺》都有「天女散花、天花亂墜」的描述；《心地觀經》中說：佛祖講經說法，感動了天神，因此「天花亂墜遍虛空」，各色香花像下雨般從空中紛紛落下。而「亂舞」之「亂」形成一種美，「天花亂墜」本非後世分衍之貶義，《法華經‧序品》云：

> 爾時世尊，四眾圍繞，供養恭敬尊重讚歎，爲諸菩薩說大乘經……
> 佛說此經已，結跏趺坐，入於無量義處三昧，身心不動。是時天雨曼陀羅華、摩訶曼陀羅華、曼殊沙華、摩訶曼殊沙華，而散佛上及諸大眾。

「華」即「花」，「天花（華）亂墜」，上述經文可歸納爲兩點：

其一，是以天界的四種華散佈於佛及大眾身上，表示衆生平等，皆有佛性，只要肯修行皆能成佛。

其二，佛陀說法時，天人撒花「供養」，表示讚揚佛所說的殊勝妙法。「天花亂墜」本謂形容講經說法，有聲有色，極其生動，如《金剛經補註》云：「若人有所說法，直饒說得天花亂墜，也落在第二著。唯能坐斷十方，打成一片，非言語可到，是名眞說法也。」

「天花亂墜」尙見於讚嘆菩薩行、讚嘆講經說法之高妙，例如《金光明最勝王經‧捨身品》記載：佛本生的故事之一，曾於某世捨身餧虎唯留餘骨，時大地山河震動、十方世界昏暗，而天花飄布空中，乃諸天讚嘆此捨己護他之菩薩行。

南朝梁武帝時，有雲光法師於雨花臺設壇講經弘揚佛法，其至誠感得天花紛落如雨。《心地觀經‧序品》也云：「六欲諸天來供養，天華（花）亂墜遍虛空。」〔註115〕天人以散花之舉表達供養與護持佛法。

（二）授記弘法

《梁皇寶懺卷六〈入懺文〉》：

> 授記，則六合乾坤而震動；說法，則六時花雨以繽紛。妙德難思，恩光普被。〔註116〕

〔註115〕 參見心文：〈【佛語典故】天花亂墜〉，《人間福報》，2011.6.9。
〔註116〕 《梁皇寶懺卷六〈入懺文〉》，（高雄：南屏別院、裕隆出版，2008），頁414。

佛陀說法時，天人從天空撒落群花供佛，以花雨繽紛讚嘆佛法、護持佛法；弟子則拜懺禮佛感恩佛陀慈悲光臨壇場。而佛陀為弟子「授記」，假以時日，弟子修成正果也會在未來成佛。

敦煌舞可以說是跨時代、跨地域、跨文化進行的「時空美學」，梁皇法會，從南朝的梁武帝開始直到現在的臺灣，每年清明節、七月普渡、水陸法會都會在許多佛教道場盛大舉行拜懺、供佛齋僧。法會的梵唄音樂也成為敦煌舞的伴奏音樂。

眾生皆能得佛陀授記在未來成佛，可以說是中西文化「平等觀」的世界，如同《華嚴經經變圖》所源的《華嚴經》〈善財童子五十三參〉，善財童子各處參訪問學，向各行各業各有專長的眾生學習，即使是風月場所的伐蘇蜜多女，有都有可學之處，當今的娑婆世界，何嘗不是重重無盡卻又平等的的華嚴世界；這麼說來，當今敦煌舞的演出不但跨越古今中外，更是六祖惠能曾對伍祖弘忍所說的：「人雖有南北，佛性本無南北；獦獠身與和尚不同，佛性有何差別？」是啊！如同《法華經》、《楞嚴經》所言眾生皆有佛性、清淨如來藏，有朝一日都能成佛，所謂「一佛出世，千佛護持」。〔註117〕所以敦煌舞在法會上的演出何止是供養在蓮花座上的佛像，也包含在座不管是否肉眼可見的眾生，大家都是未來佛，大家共同護持弘法利生的事業。眾生因為授記進而成為佛教護法，然後繼續弘傳佛法，此意見諸《觀藥王藥上二菩薩經》：

> 藥王菩薩得授記已，即從座起，踊身虛空，作十八變，從上來下華散佛上，所散之花如金華林〔註118〕
>
> 藥上菩薩聞受記已，即入三昧，化身為華，如瞻蔔林，七寶莊嚴，化成華雲，以此華雲，持供養佛〔註119〕

〔註117〕「一佛出世，千佛護持」亦作
「一佛出世，千佛擁衛」，參閱《卍續藏·1260·64 冊：列祖提綱錄·卷二》：「金剛心真，華藏界闊。一佛出世，千佛擁衛。一華開數，萬華周匝。現殊勝因，作奇特事。」
亦作「一佛出世，千佛讚揚」，參閱，《卍續藏·1407·71 冊：虛舟普度禪師語錄》：「一佛出世，千佛讚揚。十方坐斷，獨露真常。」

〔註118〕〔南北朝〕畺良耶舍譯：《觀藥王藥上二菩薩經》，臺北市：新文豐，1987。（古籍善本影印無頁碼）

〔註119〕〔南北朝〕畺良耶舍譯：《觀藥王藥上二菩薩經》，臺北市：新文豐，1987。（古籍善本影印無頁碼）

經佛陀授記而成就的藥王、藥上二菩薩，更加護持佛法，他們傳承佛陀的大愛，普渡眾生之病苦，進而點畫種生以病爲師，度劫修行。

小　結

印光大師說：「一切佛經，及闡揚佛法諸書，無不令人趨吉避凶，改過遷善。明三世之因果，識本具之佛性。出生死之苦海，生極樂之蓮邦」〔註120〕。本章討論了淨土宗諸經、《藥師經》、《維摩詰經》，法門雖有不同，只要專一經進修持，殊途同歸，都能成就佛道。

〔註120〕《印光大師文鈔　三編卷四　靈巖山寺念誦儀規題辭》，錄自：普光居士編
　　　　著，《利樂人生的藥師佛》，（臺北市：佛陀教育基金會，2012.4），扉頁。

第五章　敦煌舞的人間佛教藝術思惟

第一節　人間佛教的思維

一、人間佛教

　　「敦煌舞」是臺灣當今弘揚「人間佛教」的法門之一，舞蹈屬於藝術範疇，以藝術弘法的前賢顯例有：弘一大師以音樂、書法弘法；弘一大師的高徒豐子愷有《護生集》墨水漫畫傳世；畫家張大千、史敦宇、吳曼英臨摹敦煌石窟經變圖相的諸佛菩薩。而說到提倡「人間佛教」以及「以藝術弘揚佛教」，就要歸功於太虛大師。〔註1〕

　　太虛大師（1889～1947）在中國近代佛教史上，倡導佛教革新運動以及「人間佛教」；太虛大師是中國近代美學史上，第一位研究佛教美學特質的高僧。

　　太虛曾於一九二八年出訪歐美，並於九月二十一日到法國巴黎佛教美術會，專題演講：〈佛法與美〉。〔註2〕演講內容包括：「美與佛的教訓」、「佛陀法界之人生美」、「佛陀法界之自然美」、「從佛法中流布到人間的文學美」、「從佛法中流布到人間的藝術美」〔註3〕

〔註1〕皮朝綱：〈太虛大師與佛教美學〉，《普門學報》第 17 期，2003.9。

〔註2〕關於此次講演的時間，《太虛大師全書》題爲一九二八年冬。今據印順，《太虛法師年譜》，實爲一九二八年九月二十一日，見《太虛法師年譜》，（宗教文化出版社，1995.10），頁 145。

　　《太虛大師全書》，太虛大師全書編纂委員會編纂，善導寺佛經流通處發行，1998.7。

〔註3〕太虛論述文學藝術美的文章還有：

太虛大師分析「佛教美學」在於：

佛教否定不符合佛教義理的世俗美，同時又構築塑造了一個理想世界。——「佛陀的法中，又表現爲『佛身相好的人生美』，及『佛國莊嚴的自然美』，以爲積極的，肯定的之進化趨向」。〔註4〕

「佛身相好的人生美」和「佛國莊嚴的自然美」乃是佛教徒所追求的理想——人生理想（「人生美」）和社會理想。可見，佛教美學是按照世俗認可之「美」來構建的理想美學。

太虛大師按照「人間佛教」的思想，對佛教美學作了創造性的闡釋，他點出佛教美學觀是一種「進化的」美學觀，他認爲，「人等未可苟安於進化未臻高度的不完美宇宙中，不更求向上的進化」，必須「勇猛精進的以創建更高更完美的宇宙」〔註5〕。

太虛大師還指出佛教美學觀是一種「革命的」美學觀。它以「觀不美爲破壞之手段」，以達到「創建更高更完美的宇宙」爲目的。〔註6〕

基於這種認識，他主張對於現在「未見完美」的宇宙，「須要更經重重破壞與重重建設」，使之「由人生未完美的宇宙，改進爲較美以至完美的宇宙」，但是，不能「拋棄了離開了」目前這種「人生未完美的宇宙」，而「完美宇宙」即佛陀所成就的「佛身、佛國的完美宇宙」。

這種審美觀，既表現了「佛法與別的宗教不同的地方」，又表現了佛法「與改革不良社會爲良社會的社會改革家相同的地方」。

《六祖壇經》有言：「佛法在世間，不離世間覺。離世覓菩提恰如求兔角。」民初，太虛大師順應時代的變遷倡導「人間佛教」，以落實佛陀的教訓，以此思想闡釋佛教藝術的審美觀與價值取向，是要使佛教成爲「宇宙的更造者」、「社會的改革者」〔註7〕。

「社會的改革者」是「人間佛教」的近程目標：

〈美術與佛學〉、〈佛教美術與佛教〉，見《太虛大師全書》二十三。（指三十三冊精裝本的第二十三冊）第四十五冊。

〈佛教對於中國文化之影響〉，見《太虛大師全書》（二十）第四十冊。

《太虛大師全書》，太虛大師全書編纂委員會編纂，善導寺佛經流通處發行，1998.7。

〔註4〕〈佛法與美〉，《太虛大師全書》（二十三）第四十五冊，頁1502～1503。

〔註5〕〈佛法與美〉，《太虛大師全書》（二十三）第四十五冊，頁1503。

〔註6〕〈佛法與美〉，《太虛大師全書》（二十三）第四十五冊，頁1503～1504。

〔註7〕〈佛法與美〉，《太虛大師全書》（二十三）第四十五冊，頁1504～1505。

提醒福報好的眾生，勿貪著現存的美好，現存的一切再怎麼美好，仍有不圓滿之處，大家應更精進，福慧雙修，累世開創更完美的「人生美」，向「菩薩」看齊，「上求佛道，下化眾生」，全民共創「社會美」。

「宇宙的更造者」是「人間佛教」的遠景，「人間佛教」要莊嚴自然界，眾生「心淨則國土淨」，進而把娑婆國土轉變成佛國淨土，走在成佛大道上共修的眾生，互相期勉終將成就。

二、「思惟」的意涵

依據心理學的研究，「思維」是人類創造力的泉源。如果人類沒有思維能力，世界上一切文明都將不復存在，如杜倫孟德所說：「一個不想思考的人是頑固者，一個不能思考的人是傻瓜，一個不敢思考的人是奴隸。」整體來說，人類的思維包含推理、判斷、決策、問題解決等內容。〔註8〕「思惟是一種境界」。

（一）「思惟菩薩」的「宗教美」沿伸到「社會美」

石窟經變造像中，有許多尊思維菩薩像（詳見第三章），其中以彌勒菩薩居多，彌勒菩薩在《梁皇寶懺》中稱為慈誓菩薩，要就拔發心懺悔、改往修來、精進修行的眾生，離苦得樂、轉識成智、轉迷為悟。而除了彌勒菩薩之外，也有許多佛教經典內文出現多次「思惟」的字眼，觀世音菩薩在《瑜伽焰口施食要集》中化身為「面然大士」救拔餓鬼道的眾生，在《法華經‧普門品》聞聲救苦，變化三十二種身形；藥師琉璃光如來思惟要如何幫助眾生，在每一期生命的過程中都滿願快樂；地藏王菩薩思惟要度脫地獄道的眾生，「地獄不空，誓不成佛。」每尊佛菩薩的思維，都是為了解決六道眾生解脫的問題。

李澤厚〈美學三題議〉說：「美的本質和人的本質不分割。離開人很難談什麼美。不能僅從精神、心理或僅僅從物的自然屬性來找美的根源，而要用實踐觀點，從「自然的人化」中來探索美的本質或根源。如果用古典哲學的抽象語言來講，美是真與善的統一，也就是合規律性和合目的性的統一。

所謂「社會美」，一般是從形式裡能看到內容，顯出社會的目的性。在合目的性和規律性的的統一中，更多表現出一種實現了的目的性，功利內容直接或間接地顯現出來。其實也就是康得所講的依存美。但還有大量看不出什

〔註8〕 王美緒編著：《圖解心理學》，（新北市：華威國際，2012.5），頁60。

麼社會內容的形式美、自然美，也就是康得講的純粹美。這可說是在合規律性與合目的性的統一中，更多突出了掌握了的規律性。但無論哪一種美，都必須有感性自然形式。一個沒有形式（形象）的美那不是美。這種形式就正是人化的自然。」〔註9〕

外在自然事物的性能和形式，既不是在人類產生之前就已經是美的存在，就具有審美性質；也不是由於主體感知到它，或把情感外射給它，才成為美；而是由於它們跟人類的客觀物質性的社會實踐合規律的性能、形式同構對應才成為美。因而，美的根源出自人類主體以使用、製造工具的現實物質活動作為仲介的動力系統。它首先存在於、出現在改造自然的生產實踐的過程之中。〔註10〕

狹義的「自然的人化」（即通過勞動、技術改造自然事物）是廣義的「自然的人化」的基礎（雖然不一定是直接的基礎），是使人與自然界發生關係改變的根本原因。〔註11〕

「自然的人化」包括兩部分，一個方面是外在自然，即山河大地的「人化」，是指人類通過勞動直接或間接地改造自然的整個歷史成果，主要指自然與人在客觀關係上發生了改變。

另一方面是內在自然的人化，是指人本身的情感、需要、感知、願欲以至器官的人化，使生理性的內在自然變成人。這也就是人性的塑造。透過教育、社會環境的塑造，「共同人性」，並非天賜，也不是生來就有，而是人類歷史的積澱成果。〔註12〕

「人的自然化」實際正好是「自然的人化」的對應物，是整個歷史過程的兩個方面。「人的自然化」包涵三個層次或三種內容：

一、是人與自然環境、自然生態的關係，友好和睦，相互依存，不是去征服、破壞，而是把自然作為自己安居樂業、休養生息的美好環境。

二、是把自然景物和景象作為欣賞、歡娛的對象，人的栽花養草、遊山

〔註 9〕 李澤厚：〈美學三題議〉（1962 年），《美學雜誌》，上海藝文出版社，1980 年第 3 期。
　　　　 李澤厚：《美學四講》，（臺北市：三民，2001.10），頁 50。
〔註10〕 李澤厚：《美學四講》，頁 51。
〔註11〕 李澤厚：《美學四講》，頁 67。
〔註12〕 李澤厚：《美學四講》，頁 85。

玩水、樂於景觀、投身於大自然中，似乎與它合為一體。

三、是人通過某種學習，如呼吸吐納，使身心節律與自然節律相吻合呼
應，而達到與「天」（自然）合一的境界狀態，如氣功等等。包括人
體特異功能對宇宙「隱秩序」的揭示會通。〔註13〕

「社會美」通過形式美、技術美提出「天人合一」時，是強調通過人類
生產勞動的實踐歷史，對自然規律的形式抽離，在合規律性與目的性的統一
交融中，更多的是規律性服從於目的性（有如建築中的功能主義）的話；那
麼這裡卻恰恰以目的從屬於規律的個體與自然的直接交往來補充和糾正。

「自然的人化」是工具本體的成果，「人化的自然」是情感（心理）本體
的建立。〔註14〕

為了吸引觀眾來學佛，弘法法門之一，便是透過外在的優美舞姿引領群
眾一窺堂奧，所以由內往外，從內容涵意彰顯於外的是敦煌舞具有特色的肢
體語彙，諸如：〈手印〉、〈思惟菩薩〉、〈反彈琵琶〉、〈S 形三道彎〉與〈舞 8
旋轉〉。

敦煌舞的內容涵意延伸到外在優雅的敦煌舞姿，而被吸引來的人可能之
後成為信徒，逐漸地由外在的舞姿深入佛菩薩接引眾生的內容含意。當代演
出之代表舞碼，取自佛經典故，例如〈千手觀音〉和〈天女散花〉，前者從《法
華經・普門品》、《瑜伽焰口施食要集》看到觀世音菩薩的慈悲與智慧；後者
從主要從《維摩詰經》看到維摩詰居士和文殊菩薩透過探病的對話引導眾生
以病為師，破除意識與潛意識中的執著。

（二）敦煌舞淨化人心

「敦煌舞」以舞說法，可以淨化人心，因為欣賞舞姿不只皮相，也包括
背後的意涵——石窟經變圖所源的佛經，率如：

為生者消災延壽的〈東方淨土變〉，禮拜《藥師經》；為超薦往生者而念
佛的〈西方淨土變〉，讀誦《阿彌陀經》、唸〈往生咒〉與念佛，其中精進念
佛的修持就是「打佛七」，打掉第七意識，去除輪迴的根；此外生者也可多念
〈往生咒〉，讓煩惱往生。

〈華嚴經變〉是《華嚴經・普賢行願品》的本懷，修行的終極目標是要

〔註13〕李澤厚：《美學四講》，頁 70～71。
〔註14〕李澤厚：《美學四講》，頁 71。

超越生死，修行的過程會經過許多關卡，《華嚴經》有「理無礙、事無礙、理事無礙、事事無礙」，最後「理事圓融」，開創重重無盡的華嚴世界。

又例如敦煌舞中的「千手觀音」、「楊柳觀音」〔註15〕也是淨化人心的舞碼，「觀音信仰」在下文〈第三節「以舞供養」的佛教藝術思惟二、佛菩薩的思維：慈悲濟世，觀世音〉將有詳述，這裡稍作簡介：

天台宗崇尚的《法華經》所帶動的「觀音信仰」可說自唐代以來不但傳入日韓，更深入民間信仰，當然也滲透進民間舞之一的敦煌舞，其中的「千手觀音」更是不可或缺的舞碼，大慈大悲救苦救難廣大靈感的觀世音菩薩，不但是壁畫的藝術經典，更早已化百千萬億身普渡眾生，是以敦煌舞「千手觀音」不但演出眾生的心聲，也提醒眾生常唸「南無觀世音菩薩」，也就是提醒六道眾生「觀想念佛」之意。

宗密《普賢行願品疏鈔》云「觀想念佛」，即端正身心，觀想佛身相好莊嚴。觀想念佛可「一相觀、多相觀、全相觀」。《觀佛三昧海經》卷九、卷十、《坐禪三昧經》卷上載：「若專觀佛之三十二相其中一相，能滅九十億那由他恆河沙微塵數劫之生死重罪；若觀其全身相好，須端坐正受，繫念佛身，莫念地、水、火、風等諸餘法，常念佛身，見十方三世諸佛悉在目前，可滅除無量劫之罪。」〔註16〕

在敦煌石窟經變壁畫雕塑中，「千手觀音」多面向的藝術造型源於《千手千眼大悲心陀羅尼經》，雖云「千手」但表現時不見得是「千」，表現出「多數」即可。賴傳鑑說：「觀音菩薩像的造型與思想具有多方面的佛像意義，變化觀音的特徵是面多手多；十一面觀音如其名有十一面或十二面，馬頭觀音即多為三面，千手觀音多為十一面，也有多達二十七面；至於手的造型，十一面觀音四臂，如意輪觀音六臂，不空羂索觀音八臂，千手觀音多達千支。造多面像時，包含對人性複雜面的智慧洞察，例如：十一面觀音，正面三面為慈悲相，左三面為憤怒相，右三面為露白牙相，背後一面為暴惡相，而頂上有如來面——意謂觀音的本質是慈悲，但應時地施教，引導眾生向善。通常雕塑之千手觀音分為四十支大手與九百六十支小手，若為四十支手亦有其義，例如：持白拂手為拂去一切惡障難，持寶鉢手為除腹中諸病，持寶弓手

〔註15〕楊枝淨水遍灑三千，性空八德利人天，福壽廣增延，滅罪消愆，火焰化紅蓮，南無清涼地菩薩摩訶薩，南無清涼地菩薩摩訶薩。

〔註16〕《佛光大辭典》，（高雄縣大樹鄉：佛光，1988年），頁6969。

為賜予官爵。」〔註17〕

至於「不空羂索」乃「觀音慈悲羂索，不漏一切眾生」，教舞《祕鈔口訣》第十五「不空羂索法」：「所謂羂索，即慈悲之索。世間漁網雁繩，皆有漏魚鳥網目，為此觀音慈悲羂索，不漏一切眾生，羂索覆於大千界，且奉化修行者，必與悉地，施與利益之意也，此義不成空故為不空」〔註18〕

觀音以手為世人避除苦難，賜予幸福；以千眼視人生苦難與願望，以千手救濟。法華經普門品：「心念不空過，能滅諸有苦」。眼表認識能力，手表實踐能力；千手觀音以千眼觀察人間的危難，即刻伸手解救，以千手來表現眾生皆得解救，千支手表現強大之救援力。觀者在欣賞「敦煌舞　千手觀音」的演出中，身心皆受洗滌淨化，進而悉發菩提心，效法千手觀音，行菩薩道。

第二節　以舞祭神

「以舞祭神」早在《詩經‧周頌》、《楚辭‧九歌》就有類似的記載，〔註19〕至今佛寺宗教活動中，以佛教舞蹈「敬神娛人」的方式仍有傳承，例如：西藏寺院表演面具舞「羌姆」、蒙古寺院有《查瑪》的表演。〔註20〕

模仿石窟經變圖「伎樂天」的敦煌舞，常伴奏佛經梵唄，是「詩、樂、舞」三位一體的呈現，《續文獻通考》：「元順帝至正十三年十二月……遇宮中讚佛，則按舞奏樂。」〔註21〕而「詩、樂、舞」三位一體的傳統早在《詩經》就有記錄，後來又延續到樂府詩，乃至於明清的宗教戲曲。

而這個看似與宗教信仰弘法的歷程，可以是純文字宣揚、徒歌、徒舞，或只有歌舞兩項的表現但內含經典；如同今日的佛教道、教的音樂可以純音樂演奏省略經典歌詞，或者以宗教的音樂設計編導舞蹈。《呂氏春秋（古樂）》有言：「三人操中尾，投足以歌八闋……詩言其志也，歌詠其言也，舞動其容

〔註17〕賴傳鑑編著：《佛像藝術：東方思想與造形》，（臺北市：藝術家出版，1979年），頁117～118。

〔註18〕林保堯編：《佛教美術講座》，頁112。

〔註19〕高婉瑜：〈論祭祀詩反映的南北文化──以《周頌》、《九歌》為考察中心〉，《浙江學刊》，2002年第1期。

〔註20〕王克芬：《天上人間舞蹁躚》，頁23。

〔註21〕《中國音樂史料》，《古今圖書集成‧舞部‧舞部紀事、舞部雜錄、舞部外編》，（臺北市：鼎文，1975.5），頁2146。

也。」是說「詩、樂、舞」三者密不可分、相輔相成的表演形式，而「詩、樂、舞」三位一體的融合早載於《詩經》。

一、巫祝卜史

于海燕說：「東方舞蹈的發展生息借助了宗教力量。」〔註22〕

在古老的中國，舞蹈起源之一爲「巫」，《詩》、《易》、《左傳》、《楚辭・九歌・招魂》、《文心雕龍・祝盟》都有相關的記載。在宗教儀式進行的過程中，有「巫」作爲人（君王、貴族）與神溝通的媒介，以口「祝」禱，傳達人的請求與神的旨意，傳達的過程有殷商時代用龜甲獸骨占「卜」的甲骨文，與其後記錄占卜結果於冊的「史」，「史」的字義兼顧「秉筆直書的史官」與「歷史、史冊」。

「巫祝史卜」可以說是「SOP」標準作業化流程，從在石窟經變圖中的敦煌舞可以看到在中國與印度的宗教發展史上，都有「以舞供神（佛）」的儀軌，這些年來臺灣佛教法會中的敦煌舞就是「以舞供佛」，「佛」涵蓋諸佛菩薩諸天諸聖賢，「佛」也代表「三世諸佛」，過去諸佛、現在諸佛、未來諸佛，在座觀者包含六道眾生，「開悟在《楞嚴》，成佛在《法華》」依照《法華經・常不輕菩薩品》所說，眾生都是未來佛，只要好好修行，就是走在成佛大道了。因此賞心悅目的敦煌舞，對觀者而言，不管是不是信徒，都具有「舞以盡意」的效能；而站在常住的立場而言，敦煌舞是「人間佛教」以藝術弘揚佛法、宣傳教義的法門之一，將可能引渡觀眾成爲未來的信徒；而對信徒而言，可以更堅定信仰的虔誠。

中國夏商周三代已有宗教信仰的觀念，《禮記・表記》：

夏道尊命，事鬼敬神而遠之，近人而忠焉。

殷人尊神，率民以事神，先鬼而後禮。

周人尊禮尚施，事鬼敬神而遠之，近人而忠焉。

夏代信天命，殷商向鬼神，周代依禮教化；周代自周公至禮作樂以來，爲周朝八百多年的歷史奠基，與宗教合作，可謂「政教合一」，因此安邦定國，並影響後世深遠。

〔註22〕于海燕：〈世界舞蹈文化圈縱橫談〉，《舞蹈欣賞》，1990（3），頁 18～24。
「東方舞蹈的發展生息借助了宗教力量，西方芭蕾的發展傳播則借助了較穩定的社會環境。」

　　李澤厚認為：「美」這個詞首先可作詞（字）源學的詢究。東漢許慎《說文解字》宗旨就是：「說其文，解其字也」，研究漢字結購，追溯造字根源及其本義。

　　從字源來看，許慎《說文解字》：「羊大為美」，認為羊長得很肥大就「美」。這說明，美與感性存在，與滿足人的感性需求和享受（好吃）有直接關係。

　　另種看法是「羊人為美」。從原始藝術、圖騰舞蹈的材料看，人戴著羊頭跳舞才是「美」字的起源，「美」字與「舞」字與「巫」字最早是同一個字。這是說，「美」與原始的巫術禮儀活動有關，具有某種社會涵義在內，與人的群體和理性相連。而感性與理性對「美」字來源的解釋，都說明美的存在離不開人的存在。

　　在古代，「美」和「善」經常是一個意思。《論語》有言：「里仁為美」，又有子張問「何謂五美？」子曰：「君子惠而不費，勞而不怨，欲而不貪，泰而不驕，威而不猛。」這裡的「美」講的都是「善」。根據統計，《論語》中講「美」字十四次，其中十次是「善」、「好」的意思。在古希臘，美、善也是一個字。

　　從上述可知，正是沿著「羊人為美」這一偏重社會性涵義下來而言。但同時，「美」、「善」也在逐漸分化，《論語》裡就有「盡美矣，未盡善也。」〔註23〕

　　人從動物界脫離出來，形成了人性心理。這人性心理是通過社會群體的各種物質和精神的活動而實現的。其中，原始人的物質生產活動和「巫術」禮儀活動，是人性形成的最為重要的基礎。人性心理在這基礎上，通過世代的文化承襲而不斷豐富、鞏固、變異和發展，並隨著人際關係的擴展而獲有越來越突出的人類普遍性和共同性。

　　人從動物界走出來，是依靠社會群體。但群體又由各個個體組成。個體並不完全屈從於、決定於群體，特別是群體社會愈發展，個體的作用、地位和獨創性便愈突出和重要。個體的這種主動和獨創可以是對群體的既成事實和心理積澱的挑戰變革和突破，而當這種挑戰、變革和突破逐漸為群體所接受或普遍化時，它便恰好構成了群體心理的事實和革新。〔註24〕

〔註23〕李澤厚：《美學四講》，（臺北市：三民，2001.10），頁39～40。
〔註24〕李澤厚：《美學四講》，頁84。

　　中國古代音樂理論認為，「夫樂，樂也。」同時又認為「樂以節樂也」即一方面滿足人的情欲快樂，另方面又節制、控制和組織它。(《華夏美學》第一章）這種最早的陶冶性情、建構人性，便是通過詩、歌、舞三位一體的原始巫術活動「藝術形式」出現的。這形式便不只是訴諸感知的形式層，而是有著具體生活的想像內容，從而經常是訴諸情欲的形象世界，即它展現為一個具有著具象內容的、由活動到靜觀（由詩、歌、舞到原始雕塑、洞穴壁畫）的藝術世界。人從動物界脫身出來，形成了人性心理。這人性心理是通過社會群體的各種物質和精神的活動而實現的。其中，原始人的物質生產活動和巫術禮儀活動，是人性形成的最為重要的基礎。人性心理在這基礎上，通過世代的文化承襲而不斷豐富、鞏固、變異和發展，並隨著人際關係的擴展而獲有越來越突出的人類普遍性和共同性。〔註25〕

　　人是萬物之靈，蓬勃生長是依靠社會群體。但群體又由各個個體組成，但個體並不完全屈從於群體的決定，隨著社會的發展，個體的主動和獨創可以是對群體的挑戰、變革和突破，如果這種突破逐漸為群體所接受時，它便構成了群體普遍化心理的事實和革新。〔註26〕

　　形式美的規律（秩序、單純、齊整、一致、均衡、比例……等等）便是貫串各種型態的基本因素。科學由形式美可以滲入對宇宙終極結構的關注和沈思，如同技術工藝裡對形式美的自由運用一樣，這裡遍佈僅是客觀合規律性，而且還包涵人類的嚮往、追求和超越的主觀合目的性的要求。有人把它歸於神或指向宗教，其實它卻正是科技裡的人世詩情，是科學美。音樂和數學並不偶然地構成了藝術和科學的共同靈魂，它們正是這種合規律性與合目的性相互擊撞而諧和的奏鳴曲。超越或感傷的人間意向和人間情味正是對宇宙的井然秩序的詩意補充。藝術固然少不了它，真正高級的科學也需要它。〔註27〕

　　（一）巫

　　巫，《說文》：「巫，祝也，女能事無形，以舞降神者也。」「巫」作為古代社會中神與人之間的交流，能降神、祈雨、醫病、占星、預言、解夢、為人消災祈福，是所不可缺少的職業。殷人尚鬼重巫，巫咸、巫賢皆至相位。《禮

〔註25〕李澤厚：《美學四講》，頁149。
〔註26〕李澤厚：《美學四講》，頁149。
〔註27〕李澤厚：《美學四講》，頁73。

記・檀弓》曾載魯君以巫求雨。

《尚書・呂刑》：「乃命重黎絕地天通」，原始宗教本來沒有專業的神職人員，自從絕地天通以後，古代宗教大變革，人神交通被少數「巫覡」壟斷，宗教被少數貴族支配。

說到「巫」與舞的關係，就要追溯到《詩經》中的「文舞」與「武舞」。〔註28〕

舞蹈時可以不搭配道具「徒舞」（或稱「人舞」），也可持道具美化動作（例如：加彩帶，作用似長袖善舞）。舞器，象徵舞蹈所要表現的內容以及表現形式。〔註29〕根據舞蹈時所搭配的道具，《詩經》中的舞蹈分為「文舞」與「武舞」，「文舞」手執「籥翟」，「武舞」手執「干戚」。《周禮・春官宗伯第三》：

> 樂師：掌國學之政，以教國子小舞。凡舞，有帗舞，有羽舞，有皇
> 舞，有旄舞，有干舞，有人舞。〔註30〕

明代朱載堉認為「文舞」與「武舞」的道具「朱干玉戚」、「夏翟葦龠」不但有文治武功的現實象徵還代表抽象的道德所指：

> 執朱干玉戚，必為標榜武功；執夏翟葦龠，必是宣揚文德。前者，舞
> 勢發揚蹈厲以突出其勇猛；後者，舞態謙恭溫良，以展現其仁厚。

除了具體與抽象的意涵，朱氏同時發揮聯想，使功能性導向的道具（樂器或武器）還可搭配季節的遞嬗，而作相應的訓練──

> 夫龠乃有聲之器，動達陽氣，莫之能先其象春也，羽有長養之象，
> 夏也；戈戚有肅殺之象，秋也；干盾有閉藏之象，冬也。以象言之，
> 別春夏宜學羽龠，秋冬宜學干戈。〔註31〕

是以若依照上述所言，古代承平之際的樂舞訓練或軍事操練便配合季節作規律性之運作，春夏宜學「文舞」（羽龠），秋冬宜學「武舞」（干戈）。

1. 文舞

「文舞」手執「龠、翟」表演。〔註32〕〈邶風・簡兮〉：「左手執籥，右

〔註28〕陳宜青：〈舞動人生──論《詩經》中的「舞」〉，高師大：紀念林耀曾教授研
　　　　討會，2009.11.14。
〔註29〕徐豔：〈論朱載堉的「舞學」體系〉，四川教育學院學報，2008年6月。
〔註30〕《周禮鄭氏注》，（山東：友誼，1992年5）月，頁403。
〔註31〕朱載堉：《樂律全書》。
〔註32〕「干」、「戚」圖參見：裴普賢，《詩經評注讀本》（下），（臺灣：三民），頁694。

手秉翟。」《周易・漸・上九》：「鴻漸於陸，其羽可以爲儀。」〔註33〕《呂氏春秋・古樂篇》：「昔葛天氏之樂，三人操牛尾，投足而歌八闋。」〔註34〕推測「文舞」與原始狩獵鳥獸有關。「舞」的初文是「巫」，在殷商甲骨文、鐘鼎文「舞」、「巫」兩字都寫作，〔註35〕「舞」、「巫」原是同一個字，像一個人拿著牛尾或鳥羽或其他動物的尾巴跳舞的樣子。旄屬牛尾，羽爲鳥羽，應是人類肉食獵物畢所餘之旄、羽，才當作舞蹈道具。

「巫」是氏族社會專門祀神的舞人。常任俠認爲：歌舞藝術，應該出現在有「巫」之前，爲群眾所創造，因爲敬神的「巫」善於歌舞，成爲他專門的職業，所以就稱爲「巫」。〔註36〕《說文》「巫」：「祝也。女能事無形，以舞降神者也。象人兩褎舞形。」「覡，能齊肅事神明者，在男曰覡，在女曰巫。從巫見。」〔註37〕《說文》中的「無」即「舞」的本字，古文舞從羽。〔註38〕由以上可推知，這種手操牛尾、羽毛，投足以歌的舞蹈動作，被封建社會運用於祭禮之中，成爲宗教祭祀舞蹈的主要形式，亦即祭祀儀式與巫術結合。

「儺」舞（〈檜風・隰有萇楚〉：「猗『儺』其枝。猗『儺』其華。猗『儺』其實。」（猗儺，阿那，阿娜多姿。）〈衛風・竹竿〉：「佩玉之『儺』」。「儺」舞是驅鬼逐疫、酬神納吉的祭祀舞。〔註39〕

儺，起源於遠古的驅鬼逐疫儀式，是一種原始宗教的巫文化現象。最早的儺活動可追溯到殷商時期。在《周禮》中，就有周代儺祭活動的記載，分爲季春「國儺」、仲秋「天子儺」和季冬「大儺」三次儺祭活動。而屈原的《九歌》，以及《論語》中也有對儺祭的描述。《論語・鄉黨》：「鄉人儺，朝服而立於阼階。」孔子見鄉人儺，朝服而立於階，可見其對儺的敬重。孔注曰：「儺，驅逐疫鬼恐驚先祖，故朝服而立於廟之阼階。」

「儺」是驅逐邪疫的舞蹈，舞者均需帶著面具。商周時有不同規模的國儺、天子儺、大儺、與民間的鄉儺。儺逐漸由儺舞、儺儀，發展成儺戲，歷

〔註33〕黃壽祺、張善文：《周易譯注》，（上海：古籍，2007年3月），頁414。
〔註34〕林品石註釋：《呂氏春秋今註今譯》，（臺北：臺灣商務，1985年），頁137。
〔註35〕劉芹：《中國古代舞蹈》，（北京：商務，1997年），頁22。
〔註36〕常任俠等：《中國舞蹈史初編》，（臺北：蘭亭，1985年10月15日），頁12。
〔註37〕〔東漢〕許慎著，〔清〕段玉裁注：《說文》，（臺北：書銘，1992年），頁203～204。
〔註38〕《說文》，頁236。
〔註39〕參見林河：《儺史：中國儺文化概論》，臺北市：東大，1994年。

經漢唐規模日增。到了宋朝，儺加入娛樂的成分，而原來驅疫的野獸（披熊皮、黃金四目的「方相舞」、「十二獸舞」）〔註40〕也由民間傳說的判官或鍾馗取而代之。目前臺灣以「跳鍾馗」和「家將」最具代表性。〔註41〕

　　黃忠愼〈讀〈有駜〉〔註42〕隨筆〉註解「振振鷺，鷺於下」之「鷺」說：「古人利用鷺的羽毛製作舞衣名翻或鷺羽。未舞時持在手中，舞時戴於頭上。」〔註43〕黃忠愼認為鷺既是舞衣的一部份，也是道具，於同一章陳子展則注曰：「振振鷺非必寫實，殆如執簧、執翿，（〈王‧君子陽陽〉）執籥、秉翟，（〈邶‧簡兮〉）值其鷺羽，（〈陳‧宛丘〉）舞者伶官所持之翳用以指麾者也。」〔註44〕陳子展認為詩中的「鷺」不見得只是羽毛類的道具如「翿、翟」等，還可能涵蓋「簧、籥」等管樂器。是以若就道具來辨認「文舞」，則以鳥獸的「羽、旄」和「簧、籥」等樂器為標誌。

2. 武舞

（1）「武舞」與狩獵有關

　　「武舞」執「干、戚」表演與狩獵有關。「干」為盾牌，為抵擋、防禦武器；「戚」為斧頭，與戈、矛同為攻擊的武器，從所執的舞器推測模擬與野獸搏鬥的動作，是「武舞」動作的來源之一。

　　《尚書‧虞書‧舜典》：

　　夔曰於予擊石拊石百獸率舞　　〔疏〕帝曰夔至率舞

　　〔正義〕曰帝呼夔曰我令命女典掌樂事△當以詩樂教訓世適長子，
　　使此長子正直而溫和，寬弘而莊栗，剛毅而不苛虐，簡易而不傲
　　慢，教之詩樂，所以然者，詩言人之志意，歌詠其義以長其言，樂
　　聲依此長歌為節，律呂和此長歌為聲，八音皆能和諧，無令相奪，

〔註40〕孫景琛：《中國舞蹈史（先秦部分）》，（北京：文化藝術，1983年10月），頁102。

〔註41〕李豐楙計畫主持：《藝文資料調查作業參考手冊8》，趙綺芳〈舞蹈類〉，（臺北：行政院文建會，1998年1月），頁44。

〔註42〕〈魯頌‧有駜〉
　　　　有駜有駜，駜彼乘黃。夙夜在公，在公明明。振振鷺，鷺於下。鼓咽咽，醉言舞。于胥樂兮。有駜有駜，駜彼乘牡。夙夜在公，在公飲酒。振振鷺，鷺于飛。鼓咽咽，醉言歸。于胥樂兮。有駜有駜，駜彼乘駽。夙夜在公，在公載燕。自今以始，歲其有。君子有穀，詒孫子。于胥樂兮。

〔註43〕錄自黃忠愼：《惠周惕《詩說》析評》，（臺北：文史哲，1994年1月），頁306。

〔註44〕陳子展：《詩經直解》，（上海：復旦，1983年），頁1158、1161。

道理如此，則神人以此和矣。夔答舜曰：「嗚呼！我擊其石磬、拊其
石磬，諸音莫不和諧，百獸相率而舞，樂之所感如此，是人神既已
和矣！」

《尚書・虞書・舜典》記載舜命令夔典掌樂事，一方面馴服野獸，一方面教
育世適長子，夔說沒問題，「我擊其石磬、拊其石磬，諸音莫不和諧，百獸相
率而舞，樂之所感如此，是人神既已和矣！」夔說和諧的音樂可以引導百獸
與人感同身受，並上達天聽，使神、人、獸三者和諧相處。可以想見先民的
生存威脅除了天災便是與野獸競爭生活空間與食物來源，狩獵是食材的來源
之一，難免人獸之戰。考古文物中，「周代的銅器獵壺、漢代的石刻畫像」，
都留下鬥獸題材的圖畫。〔註45〕

（2）「武舞」與戰爭有關

「武舞」動作來源之二為：軍事操練，由舞者手執「干」、「戚」可知。〈大
雅・公劉〉：「弓矢斯張，干戈戚揚」、〈邶風・干旄〉：「孑孑干旄、孑孑干旟，
孑孑干旌」〔註46〕、〈周頌・時邁〉：「載戢干戈，載櫜弓矢。」等篇都有武器
的記載。由狩獵、游牧演變到部落時代，為了爭奪地盤，搶佔較優良的生存
環境，必然發生人與人，部落與部落，乃至國與國的戰爭。〔註47〕「武舞」
模擬嚴整之軍紀，整體步伐一致整齊，眾人一心，志在必勝。〈禮記・樂記〉
便有一段類似之記載：

子夏對（魏文侯）曰：今夫古樂，進旅退旅，和正以廣。弦匏笙簧，
會守拊鼓，始奏以文，復亂以武，治亂以相，訊疾以雅。君子於是
語，於是道古，修身及家，平均天下。此古樂之發也。

「進旅退旅，和正以廣。弦匏笙簧，會守拊鼓，始奏以文，復亂以武，治亂
以相，訊疾以雅。」便是以音樂來操控軍隊的攻守，可以想見平日以音樂舞
蹈的方式操練軍事，戰場上樂器的作用就如現代的麥克風發號施令，並嚴整
軍紀。「進旅退旅」在《國語・越語》則作「旅進旅退」，〔註48〕戰場上一聲

〔註45〕參見張援：《中國古代樂舞》，頁29～30。
〔註46〕干旄，以旄牛尾注於旗干之首。干旟，畫鳥隼為飾也。
〔註47〕參見孫景琛：《中國舞蹈史（先秦部分）》，頁40。
〔註48〕韋昭註：《國語》，（臺北市：廣文，1979年），頁458。
《國語・越語上》：「今寡人將助天滅之。吾不欲匹夫之勇也，欲其旅進旅退
也。進則思賞，退則思刑，如此則有常賞。進不用命，退則無恥，如此則有
常刑。」

令下，全軍一致之行動；《左傳》莊公十年記載「曹劌論戰」：「夫戰，勇氣也，一鼓作氣，再而衰，三而竭，彼竭我盈，故克之」〔註49〕

　　「鼓聲」一向具有特殊功能，例如：寺廟以「暮鼓晨鐘」振聲發聵，警惕是日已過命亦隨減；〔註50〕打擊樂器中的「定音鼓」（timpano），是基本的節奏樂器。定音鼓可調整音高，在管弦樂或交響樂的演奏中，扮演穩定旋律的基石，並可表達樂曲內容的情感，例如：穩健、沉重、緊張。〔註51〕在古戰場上，也常善用「鼓」聲指揮攻守進退，只因戰馬奔騰風塵滾滾，人馬廝殺一片混亂，全軍於戰場上惟鼓聲是瞻，管他嘶鳴鼎沸，只要聽特別響亮的「鼓聲」動作即可。

　　是以推測戰前之沙盤推演應似「武舞」之表演，如同今日的樂儀隊表演，大規模的則為力求整齊出擊或撤退之國防訓練。「武舞」以先備的操演激昂全軍士氣，並懸想示現戰勝後凱旋而歸，以及隱含統治者誇耀武功之意，這樣的作品例如：〈周頌・武〉。〈禮記・樂記〉有一段相關的對話：

　　　　賓牟賈侍坐於孔子，孔子與之言及樂，曰：「夫《武》之備戒之已久，
　　　　何也？」對曰：「病不得眾也。」
　　　　「詠嘆之，淫液之，何也？」對曰：「恐不逮事也。」
　　　　「發揚蹈厲之已蚤，何也？」對曰：「及時事也。」

從「《武》之備戒之已久」「病不得眾也」可知《武》是平日長期的國防戒備常務，所謂「養兵千日，用在一時」，有見識的主政者未雨綢繆，擔心若有軍情緊急的突發狀況，一時募兵不易，所以「詠嘆之，淫液之」、「恐不逮事也」，所以「發揚蹈厲之已蚤（早）」、「及時事也。」平常的軍事操練以備不時之需，精良的軍隊保衛國家的堡壘。

　　然而如同《老子》三十一章所言：「兵者不祥之器，非君子之器。不得已而用之，恬淡為上，勝而不美。而美之者，是樂殺人。夫樂殺人者，則不可得志於天下矣。」兵是不吉利的東西，不是身為君子（主政者）所當使用

〔註49〕楊伯峻：《春秋左傳注》，（臺北：漢京，1987 年），頁 182。
〔註50〕參見聖嚴法師：《四弘誓願講記》，臺北：法鼓，1988 年。
　　　　〈普賢菩薩警眾偈〉：是日已過命亦隨減　如少水魚斯有何樂　眾等當勤精進
　　　　如救頭然　但念無常　慎勿放逸。
〔註51〕音樂之友社編，林勝儀譯：《新訂標準音樂辭典》，（臺北市：美樂，1999 年），
　　　　頁 1880。
　　　　定音鼓，Timpani〔義〕，kettledrums〔英〕，Pauken〔德〕，timbales〔法〕。

的，萬不得已而用之，要恬淡以對適可而止，若戰勝也並非美事；反之，以戰勝爲美事的主政者，就是以殺人爲樂，以殺人爲樂的主政者，絕不可能得天下人心。

3. 由「巫」分流為「文舞」與「武舞」

由以上討論可知，《詩經》中的舞蹈，或依「道具」分爲「文舞」與「武舞」兩類，兩者的發展與先民的狩獵生活有關。而且推究「文舞」之道具，仍與「武」有關，例如：

「羽毛」（振振「鷺」、翟）乃打獵所得，應爲先民食獵物肉畢，留下羽毛爲道具。又如「籥」、「笙」雖爲樂器，材料取之竹子，竹子亦爲武器材料之一，竹削尖可爲箭，或作戈、矛、戚之把柄。是以若考量舞時執持道具之不同而區分「武舞」「文舞」，只可說明「文舞」、「武舞」同源分流之情形。

「文舞」、「武舞」之分類，考量道具、音樂與表演內容之變項因素，例如：關乎戰爭、狩獵的內容爲「武」舞，描述愛情或日常生活的爲「文舞」。此外從「樂舞」一體的立場，更應從音樂的轉變爲分類之考量，因爲在音樂中，節奏和旋律都是很重要的，音樂的節奏和旋律將帶動舞姿的剛柔，影響舞蹈的進程，鄭覲文《中國音樂史》說：

> 自古樂法不過分文、武二體。《武樂》當然爲武體，本九成；《樂記》只言六成：一、戒備之象，當聲遲調緩。二、計畫之象，當音多調慢。三、發揚之象，當調高音急。四、凱還之象，當音舒調暢。五、治理之象，當聲靜調和。六、威盛之象，當氣洪調複。《武樂》之編制法，實爲後世樂體之標本。自來大曲制多仿此，即後世琴曲以及琵琶大譜等皆然。〔註52〕

若依據鄭覲文的觀點，以音樂分「文舞」、「武舞」，且「武舞」早於「文舞」。另外，費秉勛從戰爭與舞蹈的起源、文字學的觀點認爲「武舞」早於「文舞」。

《說文》釋「武」〔註53〕引《左傳》宣公十二年「楚莊王曰：夫武，定功戢兵，故止戈爲武。」〔註54〕他認爲《說文》釋「武」：「止、戈爲武」之

〔註52〕轉引自：陳子展，《詩經直解》，頁1115。

〔註53〕《說文》，頁638。

〔註54〕楊伯峻：《春秋左傳注》，（臺北：漢京，1987年），頁745。
宣公十二年「潘黨曰，君盍築武軍，而收晉尸以爲京觀，臣聞克敵，必示子孫，以無忘武功，楚子曰，非爾所知也，夫文，止戈爲武，武王克商，作頌

「止」不只是「制止、停戰」的意思,「止」的古文本義為「腳」,「戈這一武器之下安一只腳,表示人持戈移動舞步作舞。」又引《鄭箋》註解《周頌・維清》小序「《維清》奏象舞也」〔註55〕,「象舞」即《禮記・仲尼燕居》「升堂樂闋,下管《象武》」之「《象武》」;而《穀梁傳》莊公十年的「蔡侯獻舞」在《左傳》中則作「蔡侯獻武」。

〔北宋〕陳暘《樂書・樂舞》:「〈大夏〉而上,文舞也;〈大濩〉而下,武舞也。……古者帝王之於天下,入則揖遜,出則徵誅,其義一也。然以文得之者必先乎文,以武得之者必先乎武。」〔註56〕孫景琛據此解為:「以文德得天下的作文舞,以武功得天下的作武舞。」並認為周代制禮作樂,整理前代遺留的〈雲門〉、〈大章〉、〈大韶〉、〈大夏〉、〈大濩〉,加上新創作的〈大武〉,制定為「六代舞」,〈大夏〉以上(「〈雲門〉、〈大章〉、〈大韶〉、〈大夏〉」)屬於「文舞」,「〈大濩〉、〈大武〉」屬於「武舞」。黃帝、堯、舜、禹等都以文德服天下,所以他們的樂舞是「文舞」;湯克桀,武王伐紂,都以武功取天下,所以他們的樂舞是「武舞」。〔註57〕

總之,從音樂、表演內容、道德來區分「文舞」、「武舞」,符合「文」、「武」之精神,前賢研究概括以「道具」羽翟、干戚分之,實含括其象徵深義。此後「文舞」、「武舞」流風所及,有唐朝的「軟舞」與「健舞」之蓬勃發展,至今有敦煌舞剛柔相濟的胡旋舞、胡騰舞、金剛力士、千手觀音等舞碼。〔註58〕

(二)祝

祝,《說文》:「祝,祭主贊詞者。」「祝」,相當於祭祀典禮進行中的司儀,嚴謹掌控宗教祭祀儀軌的流程。「祝」為主祭者誦禱詞,迎神而導行——

曰,載戢干戈,載櫜弓矢,我求懿德,肆于時夏,允王保之,又作武,其卒章曰,耆定爾功,其三曰,鋪時繹思,我徂維求定,其六曰,綏萬邦,屢豐年,夫武,禁暴,戢兵,保大,定功,安民,和眾,豐財者也,故使子孫無忘其章。」

〔註55〕費秉勛:《中國舞蹈奇觀・〈戰爭與舞蹈起源〉》,(陝西西安:華岳文藝,1988年12月),頁7～8。

〔註56〕〔宋〕陳暘:《樂書・樂舞上》,(臺北:商務,1979年),卷一百六十五,頁2。

〔註57〕孫景琛:《中國舞蹈史(先秦部分)》,(北京:文化藝術,1983年10月),頁88。

〔註58〕舞碼:一個或一組完整的成品舞蹈,一般說來,舞臺上表演的舞蹈節目和劇碼,都叫「舞碼」。

以明語導祭、以美言悅神。《詩經‧楚茨》、《楚辭‧招魂》、《文心雕龍‧祝盟》〔註59〕有相關記載。

明陸容《菽園雜記》卷十一：

> 漢碑言（曹）娥父盱能按節歌舞婆娑樂神，婆娑蓋舞貌〔註60〕

《漢書‧卷二十五‧郊祀志》：

> 武帝既滅南越，嬖臣李延年以好音見上善之下公卿議曰：「民間祠有鼓舞樂，今郊祀無樂豈稱乎？」公卿曰：「古者祠天地皆有樂，而神祇可得而禮」。於是塞南越禱祠泰一后，上始用樂舞。〔註61〕

以上這兩段引文中「按節歌舞婆娑樂神」、「民間祠有鼓舞樂……古者祠天地皆有樂，而神祇可得而禮」都說明「巫」念祝禱詞進行儀軌的過程還和舞樂合一，這是後來「詩樂舞」三位一體最早的開端。

（三）卜、史

「卜」，《說文》：「灼剝龜也」〔註62〕周代設有葡官，專司占卜時的宗教儀式。葡官卜出的內容、結果，協助問者解決疑惑、判斷吉凶。周代以前，殷人依甲骨卜，周人則以筮占，之後從中發展出筮易。《易經》的功能之一便是占筮書，其中八卦重為六十四卦、三百八十四爻，並被編排出系統，葡官以此為依據，進而推測未來吉凶。

「史」，《說文》：「史，記事者也。」

《左傳》成公十三年：「國之大事，在祭與戎。」

「史」從歷史的「記錄者」衍義為所記之「史事」，《史》中所記，多有關於國家宗教活動的內容。據陳夢家考證，卜辭中出現武丁早晚期卜史的名字多達七十多人。而根據《周禮》所載，周代專設「太卜、太祝、太史」等官職，「太史」還掌管天文星曆。秦漢之際雖然史官與巫祝分工，但據司馬遷〈報任少卿書〉：「文史星曆，近乎卜祝之間。」是以「史」、「巫」兩者的工作性質類似，仍互相關聯。

〔註59〕《文心雕龍‧祝盟》：「天地定位，祀遍群神，六宗既禋，三望咸秩，甘雨和風，是生黍稷，兆民所仰，美報興焉！犧盛惟馨，本于明德，祝史陳信，資乎文辭。……」

〔註60〕 明陸容，《菽園雜記》，（臺北市：廣文，1970.12），卷十一，頁9。

〔註61〕《中國音樂史料》，頁2141。

〔註62〕〔東漢〕許慎著，〔清〕段玉裁注：《說文解字》，（臺北：書銘，1992），頁128。

（四）從「巫祝卜史」到敦煌舞

舞蹈最早的功能可以說是「以舞供神」，從《詩經》、《易經》、《春秋・左傳》、《楚辭・九歌・招魂》、《文心雕龍・祝盟》，可以簡單歸納為「巫史祝卜」之過程，

《論語》中有關於「巫」「舞雩」的紀錄；《春秋・左秋左傳》、《楚辭・九歌・招魂》、《文心雕龍・祝盟》有關於「巫」作為人與神的媒介，祈禱上天保佑，或祝禱國運昌隆，或祈求戰爭凱旋而歸，或在乾旱時祈雨求豐收。在祭祀大典中有負責做紀錄的「史」，寫下典禮中「祝」禱的過程內容、之後神降旨意於「卜」所預測的未來，以及主事者的決策乃至於之後的結果。

「巫」的早期功能從祈禱風調雨順國泰民安，到王位繼承、出征、打獵、婚喪喜慶；「史」記錄各種禮儀的進行、「巫」向神靈說的「祝」語、以及透過「巫」所傳達的神諭，乃至「巫」所「卜」的預測。或許「史」可能也有監督的意味（左史記言、右史記事），而他們所記錄的「卜」不但是「巫」所占卜的預測，也要在日後記錄應驗與否的結果。是以在遠古時代當「巫」舞動肢體，作為凡人與神明的溝通橋樑時，就已經包含「史、祝、卜」同步進行的儀式活動、預兆以及日後的對照了。《左傳》有：「國之大事，在祀與戎。」在「巫」的肢體語言已含括了宗教活動與左右國家重大決策的關鍵。

古中國的舞雩（祈神舞）「巫」，遇到來自印度佛教、出現在法會上的諸佛菩薩、護法諸天，然後經由供養人的構想，再藉由畫師的巧手繪製到石窟經變圖中的形象，必然添加許多中西融合的元素而更豐富，連帶的又活現於當今的敦煌舞。

「敦煌舞」有一大部份來自異國風情的西域文化，包含沙漠、綠洲、印度、中東、東歐等地。敦煌舞中的「天女」，在現在的柬埔寨舞中高棉貴族宮廷舞蹈仍有「天女」的輕歌慢舞，據其舞蹈史，來自古印度婆羅門教神祇濕婆，濕婆主掌豐收（葡萄等農作）、生殖（子孫繁衍）、破壞、舞蹈等，**對婆門教而言，跳舞也是一種宗教活動**，這一點和中國的「巫舞」祈福祝禱的情形相似，隨者印度佛教傳入中土，加上佛經的翻譯，《阿彌陀經》、《藥師琉璃光本願功德經》、《維摩詰經》、《妙法蓮華經》等經典都有以舞樂伎供養的內容，於是在石窟經變圖有了相關的畫作。當然，絲路自西漢張騫通西域之後，南疆、北疆可以經西藏到印度，更可遠達中亞、西亞，乃至地中海、東

歐，於是阿拉伯波斯、大食等回教世界，也在東西往返交流的文化融合中納進了敦煌舞，今天在敦煌舞者身上或有類似肚皮舞的裝扮，但因爲是「修行之舞」，所以會在腰圍及手臂上披披掛掛，或流蘇或綴飾，以減少袒胸露腹過於暴露的裝扮，因爲「寧動千江水，不動道人心」，觀賞「敦煌舞」演出的多是信徒，欣賞舞者的婀娜多姿可以「百花叢裡過，片葉不沾身」，但眾生修行尚未破除我相眾生相者，可能會引發遐想等欲望，是以在表演修行之舞的同時，也要提升自己的層次，淨化自己的內心，以心印心，希望敦煌舞反映佛心與眾生心不二，心心相印，千江印月，直指人心，直指佛性，心佛不二。

而在十三世紀盛行於今土耳其的「迴旋舞」，可能也受到唐代楊貴妃、安祿山都會跳的「胡旋舞」的影響，可能是從西方流行到東方，踵事增華之後又流行回西方。以下要探討敦煌飛天形象與中國古典文學中觀於神女形象的關聯，這是敦煌舞中西文化交流融合再創新猷的顯例。

二、「詩樂舞」三位一體

《墨子‧公孟》：「誦詩三百，弦詩三百，歌詩三百，舞詩三百。」〔註63〕墨子認爲《三百篇》不但皆可歌，而且皆可舞，與音樂舞蹈的結合十分密切。《禮記‧樂記》：「君子反情以和其志，廣樂以成其教。樂行，而民鄉方，可以觀德矣。德者，性之端也；樂者，德之華也。金石絲竹，樂之器也。詩言其志也，歌詠其聲也，舞動其容也。三者本於心，然後樂器從之。是故情深而文明，氣盛而化神，和順積中而英華發外，爲樂不可以爲僞。」〔註64〕

詩歌涉及舞蹈和音樂其來有自，「舞蹈和音樂都是時間性藝術」〔註65〕，詩歌的誦讀本來就有抑揚頓挫的節奏感，詩意的斷句也有停頓、延伸的音樂流動性；而詩意的傳情達意也常藉肢體語言表現抽象的文思，非音樂、舞蹈不足以達詩意、傳其神。

舞動人生的篇章始於《詩經》，欲理解「詩、舞、樂」三位一體的概念，必須先探討《詩經》中的「舞」詩。

〔註63〕〔清〕孫詒讓：《墨子閒詁》，（臺北市：河洛，1911 年），卷十二，頁 19。
〔註64〕〈樂記〉，錄自：漢鄭玄疏，唐孔穎達正義，田博元等分段標點，《十三經注疏‧禮記》（下），（臺北：新文豐出版，2001 年），頁 1709。
〔註65〕趙沛霖編著：《詩經研究反思‧〈關於詩樂關係〉》，（天津：天津教育，1989年 6 月），頁 224。

　　舞蹈以肢體語言傳情達意，當代多以表演藝術呈現，若溯自上古，肢體的活動轉而模擬生活、塑造情境，不但自娛娛人，統治者更運用於祭祀慶典、訓練田獵，進行軍事演習……等方式以統一民行、凝聚民心，可見舞蹈兼具實用性與藝術性。具規模之舞蹈表演通常包含音樂、道具以及戲劇性的情節推演，亦即「詩、樂、舞」三位一體。

　　中國最早的文學總集《詩經》，〈二雅〉、〈三頌〉既有貴族生活的紀錄，十五國〈風〉更有民間生活的寫眞，關於舞蹈的詩篇包含：依道具分爲「文舞」、「武舞」，依規模分爲「大舞」、「小舞」，依身份場合分爲貴族舞與平民舞。〔註66〕

　　《詩經》中的「舞」詩反映西周到春秋時代的宮廷生活、民間生活，以及不分貴賤的愛情時景。由這些舞詩，可以想像周朝泱泱大國的氣勢以及民間以舞會友的活潑生活。

　　《詩經》與音樂、舞蹈密切結合，詩歌之讀誦本有音韻斷句的節奏感，詩意的表達也常藉肢體語言表現抽象的文思。從朱孟庭的研究，〔註67〕到逐頁翻閱文獻以及搜尋中研院「瀚典」等線上資料庫，檢索《詩經》中約有九首出現「舞」字：〈鄭風‧大叔于田〉、〈魯頌‧有駜〉、〈魯頌‧閟宮〉、〈小雅‧伐木〉、〈小雅‧車舝〉、〈小雅‧賓之初筵〉、〈邶風‧簡兮〉、〈齊風‧猗嗟〉、〈商頌‧那〉。其中除了〈鄭風‧大叔于田〉「執轡如組，兩驂如舞」使用譬喻而非眞舞之餘，其他都多少描述了舞容及其背景，以及可能表達之情志。此外，檢索詩序及詩文內容，尚有：〈陳風‧宛丘〉、〈陳風‧東門之枌〉、〈王風‧君子陽陽〉、〈衛風‧竹竿〉、〈檜風‧隰有萇楚〉、〈小雅‧鼓鐘〉、〈周頌‧我將〉、〈周頌‧武〉、〈周頌‧賚〉、〈周頌‧般〉、〈周頌‧酌〉、〈周頌‧桓〉、〈周頌‧振鷺〉、〈周頌‧維清〉等篇亦言及「舞」。以下再細論「詩、樂、舞」三位一體的觀點論其價值意義。

（一）「舞」與「詩」的關係

　　〈詩大序〉曰：

　　　詩者，志之所之也。在心爲志，發言爲詩，情動於中而形於言。言之不足，故嗟嘆之。嗟嘆之不足，故詠歌之。詠歌之不足，不知手

〔註66〕陳宜青：〈舞動人生——論《詩經》中的「舞」〉，高師大：紀念林耀曾教授研討會，2009.11.14。

〔註67〕朱孟庭：《詩經與音樂》，（臺北：文津，2005年），頁261。

之舞之足之蹈之也。〔註68〕

《禮記・樂記》曰：

> 歌之爲言也，長言之也。說之，故言之；言之不足，故長言之；長
> 言之不足，故嗟嘆之；嗟嘆之不足，故不知手之舞之，足之蹈之
> 也。〔註69〕

由〈詩大序〉與《禮記樂記》之敘述可知，詩文創作本爲抒情，但語言文字
有其一定的抽象性，在傳情達意的過程中必然產生相當的侷限與模糊，需藉
助具體的動作，例如：嗟嘆、詠歌、舞蹈，一層遞進一層的方式，以清楚而
明確的肢體語言表達心之所志。而其中「舞蹈」又可細分爲「手之舞之，足
之蹈之」，「手舞」加上「足蹈」以比言行舉止更誇張的動作以輔助言談、詠
歌來表達內心的情意，也就是說因爲內心的感情或想法太含蓄，非藉活潑動
感的行爲不足以表達，或者說豐富的舞蹈動作使表情達意更正確、更清楚、
更完整。

李超認爲：「舞蹈是詩化的語言」〔註70〕，舞蹈以再度修飾的具象動態表
達抽象概念與情思，舞蹈的藝術結構呈現的形式感便是詩。當代舞蹈家林
懷民的雲門舞集便常常以舞蹈表現詩情畫意，並創造超越古今詩境的絕代
風華，例如：《九歌》、《流浪者之歌》、《薪傳》、《紅樓夢》、《狂草》、《行
草》。同時舞作的展演必然有音樂幫襯，於此轉入下一節「舞」與「樂」的
關係。

（二）「舞」與「樂」的關係

「樂」通常包括「徒樂」（純音樂）與賦詞（配上歌詞）兩種。

〈禮記・仲尼燕居〉：「『子曰：樂也者，節也。』」王夫之注曰：「節者，
性情之所必至，無過不及，而順以相生者也。」〔註71〕明朱載堉：「凡音聲皆
可以舞」〔註72〕。由此可見：伴奏、舞樂不可分——舞蹈的過程恰是時間的

〔註68〕〔漢〕毛氏傳，鄭氏箋：《毛詩》，（山東：友誼，1990 年 9 月），卷十二，頁
18～19。

〔註69〕〔漢〕鄭玄疏，唐孔穎達正義，田博元等分段標點：《十三經注疏・禮記》
（下），〈樂記〉，（臺北：新文豐出版，2001 年），頁 1763。

〔註70〕李超：〈舞言舞說・關於現代舞蹈語言的探討〉，北京舞蹈學院學報，2008 年
3 月。

〔註71〕王夫之：《禮記章句》，（臺北：廣文，1977 年 7 月），頁 1095。
原文：「子曰：『禮也者，理也；樂也者，節也。君子無理不動，無節不作。』」

〔註72〕〔明〕朱載堉：《樂律全書》，（臺北：商務，1983 年）。

藝術，舞蹈的結構便是時間的動感節奏，舞蹈展現音樂的速度、力度、韻味。徐常吉評注〈小雅‧鼓鐘〉說：

> 樂之章有詩，樂之容有舞。以詩歌，則音律分明；以舞蹈，則疾徐有節，所謂不僭也。以雅，以音而奏夫雅也；以南，以音而奏夫南也；以籥，以舞而協夫音也。〔註73〕

舞蹈必襯以經過設計之節奏方才完美，完整的節奏有賴人聲打拍子，或藉敲擊、吹奏絲竹（管絃樂器）之旋律翩然起舞，而所搭配之音樂或徒歌或賦予歌詞，總之，音樂是舞蹈不可或缺的靈魂伴侶。

再說，舞蹈動作（舞容）包含純肢體的藝術化，以及道具的幫襯。純肢體的藝術化，從人體的自然律動、美化肢體、模擬生活進而超越生活的想像動作，接著針對個人設計融入整體隊形變化，最後加上仿作現實生活的道具，或借代或象徵，終於形成一套完整的舞蹈作品。

總之，完整的舞蹈表演必須融合音樂、動作、道具於動作敘述之推演，以再現的不同面向或超越現實或寄託美好的理想，藉此提供反思並落實人生。

（三）《詩經》中的「舞」

《詩經》中有九首出現「舞」字：〈鄭風‧大叔于田〉（執轡如組，兩驂如舞）、〈魯頌‧有駜〉（振振鷺，鷺于下。鼓咽咽，醉言舞。）、〈魯頌‧閟宮〉（萬舞洋洋，孝孫有慶。）、〈小雅‧伐木〉（坎坎鼓我，蹲蹲舞我。）、〈小雅‧車舝〉（式歌且舞）、〈小雅‧賓之初筵〉（籥舞笙鼓、屢舞僛僛、屢舞傲傲、屢舞傞傞）、〈邶風‧簡兮〉（方將萬舞、公庭萬舞）、〈齊風‧猗嗟〉（舞則選兮）、〈商頌‧那〉（萬舞有奕）。其中除了〈鄭風‧大叔于田〉「執轡如組，兩驂如舞」使用譬喻法不是真的跳舞之外，其他都稍微或具體描述了舞姿舞容以及舞蹈的背景，在什麼地點跳舞，為什麼跳舞，進而可以想像舞者的表情變化，乃至可能表達什麼樣的心情。

此外從「詩、樂、舞」三位一體的觀點，檢索詩序及詩文內容，尚有：〈陳風‧宛丘〉、〈陳風‧東門之枌〉、〈王風‧君子陽陽〉、〈衛風‧竹竿〉、〈檜風‧隰有萇楚〉、〈小雅‧鼓鐘〉、〈周頌‧我將〉、〈周頌‧武〉、〈周頌‧賚〉、〈周頌‧般〉、〈周頌‧酌〉、〈周頌‧桓〉、〈周頌‧振鷺〉、〈周頌‧維清〉，亦言及「舞」。

〔註73〕裴普賢編著：《詩經評注讀本》（下），（臺灣：三民，1982～1983 年），頁272。

（四）從《詩經》「詩樂舞」三位一體到敦煌舞

《詩經》「詩樂舞」的「文舞」與「武舞」，發展到唐朝就是「軟舞」與「健舞」；延續至今，敦煌舞的發展既有優雅的飛天，也有胡旋舞、胡騰舞、金剛力士怒目威武的舞。古代的巫覡以司祭大臣的角色負責「以舞祭神」的大典，現代敦煌舞仿自石窟經變圖「以舞供養諸佛菩薩諸天」，搭配佛教梵唄音樂，演唱佛經內容，也是「詩樂舞」三位一體」的表演形式，同時呼應早期佛教沒有佛相時以蓮花、法輪等象徵圖案代表佛陀，之後衍變為「經在如佛在」，是以敦煌舞的演出既是現代眾生的修行，週為也有護法龍天庇佑，靜態的經變圖透過動態舞姿的呈現，給觀者帶來的開示，從「隨舞入觀」身化到舞姿背後所源的佛教經典，在觀想中如同正視經典般「隨文入觀」，並因個人修為不同，解讀仍是「佛以一音演說法，眾生隨類各得解」。至於《詩經》中記載的民間「以舞會友」，敦煌舞的演出學員確實也是「以舞會友」，而演出的同時帶給觀眾的，是作為眾生與佛教經典接軌的媒介，「以舞會友」之「友」可謂擴大為無量的眾生，透過敦煌舞「詩樂舞三位一體」的表演，開啟許多眾生與佛教的一段緣份，而這一個邁向圓滿的緣，串習的是過去到現在、未來的等流果。

第三節　「以舞供養」的佛教藝術思惟

一、從「神女」到「飛天」的形象

若要揣摩石窟經變圖中，古代畫師雕琢「飛天」（含「伎樂天」）翩翩起舞的丰姿，必然要溯源中國古典美女的原型——

在《詩經・衛風・碩人》已有「蝤首蛾眉，巧笑倩兮，美目盼兮。」的描繪，美女的額頭寬闊明朗如蝤；眉毛彎彎如蛾之觸鬚彎曲婉約有致。

（一）神女

《莊子・逍遙遊》：「藐姑射之山，有神人居焉，肌膚若冰雪，綽約若處子；不食五穀，吸風飲露；乘雲氣，御飛龍，而遊乎四海之外。」有位住在藐姑射之山的神仙，冰清玉潔、不食人間煙火，有時騰雲駕霧，有時騎飛龍遨遊四海，遺世而獨立。

順著戰國時代《莊子・逍遙遊》「神人」這樣的形象脈絡來到宋玉再到東漢末年楊修、王粲、應瑒一連串的〈神女賦〉，然後曹植感宋玉之作又有〈洛

神賦〉，推測這些賦多少成為畫師創作靈感的來源，之後摻入畫師自己的閱人經驗，並加上想像，逐漸型塑出魏晉南北朝、隋唐、乃至於宋元等不同朝代的「飛天」，從而在石窟壁畫中呈現不同風格的美姿美儀。接下來要深入探討幾篇「美色《賦》」中，關於美麗形象的描繪——

「美色賦」的創作來到漢魏六朝進入量產時期，根據李松的整理，許多文學家紛紛創作相關的題材，例如：司馬相如《美人賦》；蔡邕《協初賦》、《青衣賦》；王粲《神女賦》；楊修《神女賦》；應瑒《正情賦》；曹植《洛神賦》；陶潛《閒情賦》；江淹的《麗色賦》、《水上神女賦》；謝靈運《江妃賦》等等。

服飾是地位和德行的象徵。「美色賦」所寫的美女衣著華麗、佩帶金石飾物；身處深宮華殿、繡戶金屏；使用寶鏡銀燭、珠被芳褥；在在顯示出較好的出身和較高的地位。李松認為之所以要描寫那些高高在上的神女或貴婦有兩個原因：

其一，若即若離的態度，給人一種不可企及的神秘感和無限的遐思。

其二，藉著描摹美女之美，寄託賦作家追求的理想。

因為魏晉南北朝局勢動盪，朝不保夕，士人常有憂生之慨，特別容易感覺人是渺小的、患得患失的。所以在「美色賦」中，描寫的美女都是漂浮不定的、變幻無常的、令人費解的、難以捉摸的，所以若描寫的是端莊嚴肅的儀態會顯露嫵媚；在名媛淑女的風情中也會有矜持。若能兼顧端莊與嫵媚，就是一種完美。

「美色賦」中的美女或神女大都被冠以「淑」、「貞」之名，例如曹植《洛神賦》有「淑美」；張敏《神女賦》有「貞淑」、《正情賦》也有「淑美」；阮瑀《止欲賦》有「淑女之佳麗」；張華《永懷賦》有「美淑」等。

東漢許慎《說文解字》：「淑，清湛也。」《爾雅》：「淑，善也。」「淑」的本義是水清澈，引伸有「善良、美好」之意，包含內在美、德行美。「淑美」指美麗賢淑，「淑女」指美麗賢淑、有德的女子，《詩·周南·關雎》有「窈窕淑女，君子好逑」；《楚辭·招魂》中有「九侯淑女」；「淑女」是兼具才德貌的貴族女子，是世間女子的榜樣與標竿。〔註74〕這些「美色賦」常從描寫美女的外表和裝束開始。例如：

曹植《洛神賦》：

〔註74〕李松：〈漢魏六朝美色賦中女性的特徵〉，《文學研究》期刊，2011.08。

> 奇服曠世——披羅衣之璀璨兮，珥瑤碧之華裾，戴金翠之首飾，綴
> 明珠以耀軀，踐遠遊之文履，曳霧綃之輕裾。

洛神的披風放射玉光；碧玉做的耳環搭配衣服前後身側的大襟；頭套戴著金翠做的頭飾；用明珠串成的項鍊使周身遍體通明；腳踩繡花彩雲鞋可以雲遊四海；類似綴有蕾絲的澎澎裙就好像薄霧似的輕紗，果然是世間所無的神仙奇服。

王粲《神女賦》：

> 戴金羽之首飾，珥照夜之珠璫，襲羅綺之黼衣，曳縟繡之華裳。

王粲從頭飾、耳飾寫到上衣下裳。首飾一樣非金即玉，頭飾在造型上製成羽狀，應是精雕手工；耳飾非但是夜明珠還環佩叮噹；衣裙質地輕柔、花色豐美，而且刺繡的圖案手工精緻。

丁廙《蔡伯喈女賦》：

> 曳丹羅之輕裳，戴金翠之華鈿。

這兩句「衣、飾」涵蓋全身裝束，部分借代全體；先寫衣著的顏色為鮮豔的丹紅色、質料是輕柔的羅，再寫華麗的頭飾是黃金打造成翠鳥羽的髮簪。

蔡邕的《青衣賦》：

> 綺袖丹裳，躡蹈絲履。

《青衣賦》的主角是大戶人家的婢女，而且大概就是《紅樓夢》中襲人、晴雯、平兒、鴛鴦的地位。蔡邕這兩句聚焦於衣、鞋，綺麗的袖子應是雪白的水袖的改版，渲染為鮮豔的色彩，加上丹紅色的裳裙；足上蹬著絲縷細密繃著的鞋履。從作為綠葉陪襯的婢女裝扮已經這麼美，可想而知，所侍奉的女主人不知還要美多少倍了。

就像在敦煌舞的表演中也有主次之分，首席的舞藝最精湛、裝束要豔冠群芳，而當他出場之前，必然先有類似宮女、婢女的演出在音樂之後逐一出場、暖場子，當然這些陪襯的綠葉要先讓觀眾耳目一新，逐漸提高觀者的期待然後主角至少有一個，在眾星拱月中來到舞台中心，或者從空翩然降臨，獨舞再與舞群共舞，之後先行退場，舞群再逐一退場。這在其他藝術的呈現中也有類似的的層次分明，以層層遞進，再層層遞減；例如：《老殘遊記》第二回「明湖居聽書」一段寫到王小玉說書，先有胡琴演奏，之後黑妞出場唱贏得喝采，但大家屏息以待的是之後的主角白妞——王小玉，王小玉九彎十八拐的旋律聽得觀眾如癡如醉，直到戛然而止，仍餘音繞樑、不知所終；之

後黑妞又唱一小段，白妞再做結。又如：一套美味餐點，先有開胃前菜沙拉，然後湯品，再上主菜，之後水果、甜點、飲料。

　　但是若從石窟經變圖的構圖而言，以《維摩詰經變圖》而言，諸佛菩薩，尤其是與維摩詰居士對辯的文殊菩薩，是佛陀指派與維摩詰辯機給眾生開悟的兩者是弘揚佛法的主角，是紅花；天女散花是護持佛法的配角，是綠葉。但若從《法華經變圖》而言，多寶佛塔啓示眾生，一佛出世千佛護持，而這一佛，指的何止是已成佛的諸佛菩薩，他要接藝的是眾生皆有如來藏，皆能成佛，當然也包括散花的天女，這時主角就是眾生了。所以在表演時主次輕重要依據主題內容作調整，那麼多篇〈神女賦〉的裝束如果是高標，也是每一個舞者乃至於修行都是很好的提嘶與惕勵。

　　話說回敦煌舞「飛天」形象之裝束之摹本參考，極可能源於以下分析之數篇〈神女賦〉，賦文所描摹之裝束儀容雖著墨於外在修飾，卻不無蘊含表裡合一之內涵修養，其中最早應數戰國時代屈原之後的楚辭大家宋玉的〈神女賦〉〔註75〕，〈神女賦〉分作兩個部分，先序後賦：

　　第一部分以散文寫序，序文大意是：宋玉爲遊雲夢的楚襄王講一則巫山神女的故事，當夜楚襄王居然就夢見神女，翌日楚襄王描述夢中神女的形象，宋玉於是作〈神女賦〉。

　　第二部分的賦，先著墨於神女之美，再敘述與楚襄王若即若離產生愛情之後分離，本節在此沒有要討論楚王的愛情故事，只是要擷取關於「神女」的形象、舞姿，因爲這可能是「飛天」壁畫形象乃至於當代敦煌舞飛天的服飾、舞姿創作的原型。

　　賦文一開始總說「神女，其狀甚麗」，神女就是一般所稱的仙女，仙女有多美呢？接著說「茂矣美矣，諸好備矣。盛矣麗矣，難測究矣。」仙女充滿生命力，具備所有美麗的優點。所以說「上古既無，世所未見，瑰姿瑋態，不可勝贊。」這樣的美好應是世間所無，當他出現時，光芒四射如旭日東升，又皎潔如皓月當空（其始來也，耀乎若白日初出照屋梁；其少進也？皎若明月舒其光。）；他的美貌時時刻刻都令人驚豔，雖然明豔照人卻也溫潤如玉、含蓄內斂，（須臾之間，美貌橫生：曄兮如華，溫乎如瑩。）可以說神女就是集天地精華、鍾靈毓秀於一身，若仔細審視，他的神采煥發，早已吸引所有人的目光聚焦了（五色並馳，不可殫形。詳而視之，奪人目精。）神女

〔註75〕　〔清〕陳元龍輯：《歷代賦匯》，（北京市：北京圖書館，1999），頁702～705。

出眾的外表，顯見於裝束與身段，穠纖合度的身材穿著羅紈綺繢，其上鑲有繽紛燦爛的繡飾；同時神女舉止端莊輕盈飄逸，卻又婉約柔美似龍游於雲端（其盛飾也，則羅紈綺繢盛文章，極服妙采照萬方。振繡衣，被袿裳，穠不短，纖不長，步裔裔兮曜殿堂。忽兮改容，婉若游龍乘雲翔。）神女姣好美麗，匯聚天地陰陽之精華（夫何神女之姣麗兮，含陰陽之渥飾。）如此奪人眼目，豔冠群芳的形象不但躍然紙上，更栩栩如生的轉化於石窟壁畫，進而舞出經變圖中弘法布教的飛天護法，而有意思的是「披華藻之可好兮，若翡翠之奮翼」這兩句，神女披上華麗的藻飾凌空遨翔時，好像鮮豔的翡翠鳥振翼高飛。

關於「翡翠鳥」，有見於《說文》：「翡，赤羽雀也。出鬱林，從羽，非聲。」《說文》：「翠，青羽雀也。出鬱林，從羽，卒聲。」也就是說，在中國古代「翡翠」是鳥名，「雄赤曰翡，雌青曰翠。」雄鳥為紅色，謂之「翡」；雌鳥為青色，謂之「翠」，翠綠色，青翠的綠色。〔註76〕翡翠鳥曾被當作美麗的寵物，漂亮的綠色翠羽被做成首飾，清代曾作為貢品進入宮廷，尤受貴妃的喜愛。

宋玉〈神女賦〉這裏說：「披華藻之可好兮，若翡翠之奮翼」，「翡翠」既然指的是一種非常美麗的鳥兒，也就是把神女比喻為像「翡翠」這麼美；神女凌空翩然起舞，就像在空中飛翔的翡翠鳥。於是當神女的披肩轉化為敦煌「飛天」舞者的配件，也就成了披在肩上的飄帶，以輕柔的布料裁製成披肩或飄帶，其上有或有美麗的刺繡、鑲嵌、綴飾、流蘇？於是當「飛天」婆娑起舞時便也是凌空飛翔，也好似翡翠鳥展翅高飛。

神女形象之美，比之於沉魚落雁、閉月羞花的王昭君、西施，有過之而無不及（其象無雙，其美無極；毛嬙鄣袂，不足程式；西施掩面，比之無色。），因為神女的面貌、眼睛、眉毛、嘴唇、身段各方面皆無與倫比，無論遠觀近看都美，骨架婷勻、身材高挑；容貌端莊、豐潤，以現在的話來說就是不用保濕膚色也充滿水分（近之既妖，遠之有望，骨法多奇，……其狀峨峨，何可極言。貌豐盈以莊姝兮，苞濕潤之玉顏。）；眼睛炯炯有神、蛾眉飛揚、朱唇天然不點胭脂，可見氣色良好、精神抖擻，所以健美。（眸子炯其精朗兮，

〔註76〕雖然青色包括綠色（「青山綠水」）、藍色（「青」天白日）、黑色（垂「青」、「青」睞），但因「翡翠鳥」的毛色十分豔麗，這裡的青色若配合現在所見的鳥類及圖鑑的資料顯示，應是鮮豔的綠色。

多美而可視。眉聯娟以蛾揚兮，朱唇的其若丹。）整體看來，神女天生麗質，
舉止從容悠閒，而且動靜合宜，可以安於閒靜，有時也動如脫兔在人間婆娑
起舞，起舞或張開寬袖如鵬鳥振翼，或輕歌慢舞，餘音繞樑，響遏行雲。（素
質幹之實兮，志解泰而體閒。既于幽靜兮，又婆娑乎人間。宜高殿以廣意兮，
翼故縱而綽寬。動霧以徐步兮，拂聲之珊珊。）

接著賦文轉折描寫神女若即若離楚王的神態，這一部份以遠觀取鏡，在
宋玉筆下，描寫神女袖舞從「奮長袖以正衽兮」出發可以衍生多種變化式的
舞袖，也可以改編成有劇情貫串的一齣折子戲默劇，從中並可被裁切成幾部
份或再排列組合地被運用到當今敦煌舞者演出的多樣化「舞袖」：

> 望餘帷而延視兮，若流波之將瀾。奮長袖以正衽兮，立躑而不安。
> 澹清靜其兮，性沈詳而不煩。時容與以微動兮，志未可乎得原。意
> 似近而既遠兮，若將來而複旋。褰餘而請禦兮，願盡心之。懷貞亮
> 之清兮，卒與我兮相難。陳嘉辭而雲對兮，吐芬芳其若蘭。精交接
> 以來往兮，心凱康以樂歡。神獨亨而未結兮，魂煢煢以無端。含然
> 諾其不分兮，喟揚音而哀歎。頩薄怒以自持兮，曾不可乎犯干。……
> 於是搖佩飾，鳴玉鸞；奩衣服，斂容顏；顧女師，命太傅。

這一部分已接近〈神女賦〉的尾聲，仍從形貌、服裝、舞藝等方面描寫神
女，以文學的筆法而言，還在有限的文句中蘊含深邃的、內斂的文思；但若
轉移到表演就有更多高難度的內心戲，則需要更多的揣摩，才有辦法發揮。
光是「望餘帷而延視兮，若流波之將瀾」然後「奮長袖以正衽兮」的身段就
要停老半天，從眼神流轉到甩袖、振袖、整理領口、前襟，端肅儀容，看
似正色，內心卻是波濤洶湧、千迴百轉，所以「立躑而不安」，但緊接著「澹
清靜其兮，性沈詳而不煩。」她的教養可以稍快的使外在表現得若無其事，
但平靜的動作只能暫時掩飾內心的激動，畢竟根源問題並未釜底抽薪（「時
容與以微動兮，志未可乎得原。」）所以表現出若即若離、欲迎還拒的態度
（「意似近而既遠兮，若將來而複旋。褰餘而請禦兮，願盡心之。」），神女與
楚王的人神之戀，宋玉站在神女的立場，神女掌握主導權，幾經徘徊、思量
的拉鋸戰，最後選擇精神上的往來，但終是沒有交集（「懷貞亮之清兮，卒與
我兮相難。陳嘉辭而雲對兮，吐芬芳其若蘭。精交接以來往兮，心凱康以樂
歡。神獨亨而未結兮，魂煢煢以無端。」），大概類比西方的柏拉圖式的愛
情，或者也可以「宋玉」之名諧音雙關之「送欲」，把慾望送走，即使想要海

誓山盟卻終須一別，所以「含然諾其不分兮，唱揚音而哀歎。」然後毅然決然的「穎薄怒以自持兮，曾不可乎犯干。……於是搖佩飾，鳴玉鸞；盥衣服，斂容顏……」「穎」，斂容。不再優柔寡斷，快刀斬亂麻，說走就走，不再拖泥帶水。

在這一場相對漫長的描寫或演出中，沒有耐性或說沒有切身體會過何謂若即若離、天人交戰這些經驗的表演者，絕對表演不出這樣看似慢條斯理卻又情韻深邃的肢體語言；相對的，觀者若沒有類似的見聞經驗，恐怕也很難真的欣賞到位的演出與詮釋。

每個時代都有被公認的美人，也都有對於「美」的評價，只是這樣的價值觀對於外在與內在的比重有著或多或少的調整，順著宋玉〈神女賦〉這樣的脈絡以降，來到東漢末年楊修的〈神女賦〉〔註77〕，對於貴族美女（「惟玄媛之逸女，育明曜乎皇庭。」）外表的描寫，從吸收天地精華、天生麗質（「吸朝霞之芬液，澹浮遊乎太清。……華面玉粲，鬒若芙蓉。膚凝理而瓊絜，」）、上等的衣料裁剪成輕盈的外搭彰顯神女本質之美，其裝扮極盡富貴奢華之能事，不一而足（「盛容飾之本艷，奐龍采而鳳榮。……翠黼翬裳，纖縠文褂」）。

關於「翠黼翬裳，纖縠文褂」：

「黼」是「古代禮服上所刺繡的花紋，半黑半白，如斧之形。」《說文解字》：「黼，白與黑相次文。」《書經・益稷》：「作會、宗彝、藻、火、粉、米、黼、黻、絺、繡。」孔穎達《正義》：「（黼）蓋半白半黑似斧，刃白而身黑。」「黼黻」，衣裳繪繡的花紋。《左傳・桓公二年》：「火龍黼黻，昭其文也。」「黻冕」，古代一種祭服。《論語・泰伯》：「惡衣服而致美乎黻冕，卑宮室而盡力乎溝洫。」「翬」，一種具有五彩花紋的雞。《說文解字》：「翬，伊雒而南，雉五采皆備曰翬。」《詩經・小雅・斯干》：「如翬斯飛，君子攸躋。」

「褂」即「掛」，外衣。如：「短褂」、「長袍馬褂」。《清會典・卷八十・禮部・儀制清吏司三》：「服有袍，有褂。朝服蟒袍外，皆加補褂，冬則應服端罩者加端罩。」《老殘遊記・第三回》：「本日在大街上買了一疋繭綢，又買了一件大呢馬褂面子，拿回寓去叫個成衣匠做一身棉袍子馬褂。」

〔註77〕錄自《藝文類聚》七十九。費振剛、胡雙寶、宗明華輯校：《全漢賦》，（北京大學出版社，1993.4），頁650。
　　〔清〕陳元龍輯：《歷代賦彙》第10冊（北京市：北京圖書館，1999），頁707～708。

　　「翠䪌翬裳」的描寫是沿著宋玉〈神女賦〉的脈絡而來,「翠」應是「翡翠」的省稱,代表翡翠鳥斑斕的羽色,於是「翠䪌翬裳」強調的不只是神女所著之上衣下裳有多麼華麗,更是仍與「飛翔」有著密不可分的意象。也就是說,同樣以〈神女賦〉為題,一脈相承的是與鳥羽相關的服飾描寫,以呼應神女有別於人而能飛的意象;從宋玉「披華藻之可好兮,若翡翠之奮翼」中的「翡翠鳥」來到楊修的描寫變成了「翠䪌翬裳」,意思都是為了連接神女會飛的形象,但因為是神仙,本可騰雲駕霧「順風揄揚」、「飄若興動」,不用藉助翅膀也能有如同翅膀的功能(「順風揄揚,乍合乍離。飄若興動,玉趾未移。……體鮮弱而柔鴻。回肩襟而動合,何俯仰之妍工。」),所以說「詳觀玄妙,與世無雙。」

　　而同樣是東漢末年的〈神女賦〉,建安七子之一王粲所作〔註78〕,仍有與飛翔有關的意象描寫——「戴金羽之首飾」、「施華的兮結羽儀(釵)」。王粲也是著墨於神女的外型有多美,藉以凸顯嚮慕之情。開門見山先說神女乃天地鍾靈毓秀所孕育出之尤物(「惟天地之普化,何產氣之淑真。陶陰陽之休液,育天麗之神人。稟自然以絕俗,超希世而無群。」),再工筆勾勒神女的外表,身材纖細但勻稱、體態輕柔而豐盈(「體纖約而才足,膚柔曼以豐盈」);秀髮烏黑,雲鬢自然天成(「髮似玄鑒,鬢類刻成」);天生麗質、無須化妝素顏也美,套用李白的詩句來稱讚便是「天然去雕飾,清水出芙蓉」〔註79〕,臉色紅潤好似陽光照耀著春天盛開的花朵,唇色紅潤、眼神水汪汪,笑起來人比花嬌,整體說來便是氣色良好、精神煥發、神彩飛揚。(「質素純皓,粉黛不加。朱顏熙曜,曄若春華。口譬含丹,目若瀾波。美姿巧笑,屬輔奇葩。」);如此天生麗質,再配戴金羽所製的首飾、鑲嵌夜明珠的耳飾、穿上錦繡織就的衣裙、套上鮮豔的披肩,全身閃熠生輝(「戴金羽之首飾,珥照夜之珠璫。襲羅綺之䙱衣,曳縟繡之華裳。錯繽紛以雜袿,佩熠爛而焜煌。」)

　　上述美上加美、踵事增華的盛裝打扮,是書寫神女靜態停格的儀態;之後寫出局部動態,似藉此展現神女行動的魅力(「退變容而改服,冀致態以相移。稅衣裳兮免簪笄,施華的兮結羽儀(釵)」),挪移的情狀使用與飛翔意象

〔註78〕王粲〈神女賦〉。費振剛、胡雙寶、宗明華輯校:《全漢賦》錄自,《藝文類聚》七十九。(北京大學出版社,1993.4),頁672。
　　　　〔清〕陳元龍輯:《歷代賦匯》第10冊,(北京市:北京圖書館,1999),頁706～707。
〔註79〕語出〔唐〕李白:〈經亂離後天恩流夜郎憶舊游書懷贈江夏韋太守良宰〉。

連結「結羽儀」，有的版本作「結羽釵」，較有可能的原因是「儀」的簡體字作「仪」，「仪」右邊的聲符與「釵」的聲符「叉」字形類似，故在傳寫或刻印時造成兩種情形，但如果以動態而言，根據上下文，「儀」比較有可能，因為如果解為「釵」是說戴上羽毛裝飾的髮釵，但若解釋為「羽舞」的形式，也就是與「舞」的字源手持羽毛而舞有關，那麼「結羽儀」就是拿著羽毛舞蹈，而對神女而言，凌空亦飛翔亦羽舞。王粲走筆至此已近尾聲，這時神女已然準備道別，之後優雅美麗的飛起來，並在移動的同時，持續一貫的氣定神閒、斯文從容，並且篤定地朝目的地的方向起飛，安詳平和、穩定地前進（「揚娥微眄，懸藐流離。婉約綺媚，舉動多宜。稱《詩》表志，安氣和聲。」）

比王粲稍晚一些時間，才高八斗的曹植所作的〈洛神賦〉，仍是承襲宋玉〈神女賦〉原創關乎「絕色美」與「飛翔」的脈絡而來；先就「飛」的意象而言，賦中有「翩若驚鴻，婉若游龍……休迅飛鳧，飄忽若神」關乎飛翔之姿，若想遠一點「飛」的諧音是「妃」，「妃」「飛」了，是以再轉一個諧音便是「非」，「妃飛」了當然就「非妃」了，而且傳說中的洛神就史實無載而言或許似是而非，卻可以說是文學史上「美色賦」的顛峰之作，也就是「美色賦」的發煌之最。

曹植延續〈神女賦〉的傳統寫法，先從外型描寫神女的靜態美，再寫神女的動態美；有別於前人對於神話的想像，曹植所寫虛實交錯，有關甄妃由人成神的傳說、有關絕世美女的浪漫想像、有關個人的愛情故事，洛神的美姿美儀、一顰一笑、一舉手一投足，無不使觀者對於曹植的〈神女賦〉介於真實與想像的寫法倍覺真切，也倍覺空靈。

〈洛神賦〉也依照先序後賦的傳統寫法，序稱曹植由京城返回封地時，途經洛水，忽然有感而發：神話傳說伏（宓）羲氏之女因溺於洛水，而成為洛水之神（簡稱「洛神」），因作此賦。〔註80〕

〈洛神賦〉賦文一開頭就盛讚洛神「一麗人」，有多麼美麗呢？這麼美（「若此之艷也！」）：

洛神以翩翩舞姿的身影乍現，攫住觀者的目光，他的整體造型輕巧靈動，若打個比方，就像大鴻鳥翩然而至，而且婉約像遊龍；他容光煥發、光

〔註80〕原文：「黃初三年，余朝京師，還濟洛川。古人有言，斯水之神，名曰宓妃。感宋玉對楚王神女之事，遂作斯賦。」

彩照人，而且精神抖擻，像秋天陽光照耀下盛開的新菊，也像從冬天一直綠到春天的松樹（「其形也，翩若驚鴻，婉若游龍。榮曜秋菊，華茂春松。」）當他緩步輕移時好像薄紗似的浮雲掠過皓月，當他隨風起舞時好像雪花在風中飄搖、迴旋，姿態美妙。（「仿佛兮若輕雲之蔽月，飄飄兮若流風之回雪。」）遠觀洛神皎潔似朝霞燦美；近觀則明媚似出水芙蓉，身材穠纖合度，比例勻稱，膚質（「遠而望之，皎若太陽升朝霞；迫而察之，灼若芙蕖出淥波。穠纖得衷，修短合度。」）

「穠纖得衷，修短合度」語出《昭明文選‧宋玉‧登徒子好色賦》：「東家之子，增之一分則太長，減之一分則太短，著粉則太白，施朱則太赤。」這兩句含括總說洛神恰到好處的美，接者是細部著墨，但沒有按照順序，似乎是興之所至信手拈來，約略可以說先寫靜態美再寫動態美。

「靜態美」描繪神女的身材、五官之形容，反映當時男性社會對於女性審美觀的標準：削肩纖腰、頸項長且白晰（以當今的保養而言，脖子的皺紋容易洩漏年齡），未施脂粉麗質天生；烏黑秀髮梳成高髻、眉毛要畫長；嘴唇紅潤、明眸皓齒、笑容可掬、滿面春風。（「肩若削成，腰如約素。延頸秀項，皓質呈露。芳澤無加，鉛華弗御。雲髻峨峨，修眉聯娟。丹唇外朗，皓齒內鮮，明眸善睞，靨輔承權。」）

關於神女「靜態美」的描寫呼應《詩經‧邶風‧靜女》[註81]的「靜女其姝」，而神女之靜態美，不只豔冠群芳而且端莊大方，風情萬種不言而喻，而他的奇裝異服世上所無，仙風道骨就像從古代流傳下來的神仙圖卷中走出，他穿著璀璨的羅衣、戴著華貴的耳環、黃金翠玉鑲嵌明珠的頭飾，使得整體造型光彩耀人。（「瑰姿艷逸，儀靜體閒。柔情綽態，媚于語言。奇服曠世，骨像應圖。披羅衣之璀璨兮，珥瑤碧之華琚。戴金翠之首飾，綴明珠以耀軀。」）

神女之美，美於動靜皆宜，靜態之美如果是動態的先備工作，那麼動態美便是靜態的後發實踐。所以說：

　　踐遠游之文履，曳霧綃之輕裾。

　　微幽蘭之芳藹兮，步踟躕于山隅。于是忽焉縱体，以遨以嬉。左倚

〔註81〕《詩經‧邶風‧靜女》：「靜女其姝，俟我於城隅。愛而不見，搔首踟躕。靜女其孌，貽我彤管。彤管有煒，說懌女美。自牧歸荑，洵美且異。匪女之為美，美人之貽。」

采旄，右蔭桂旗。……揚輕袿之猗靡兮，翳修袖以延佇。休迅飛鳧，
飄忽若神，凌波微步，羅襪生塵。動無常則，若危若安。進止難期，
若往若還。轉眄流精，光潤玉顏。含辭未吐，氣若幽蘭。華容婀娜，
令我忘餐。

這一段動態描述綠野仙蹤，洛神騰雲駕霧遊戲人間，輕盈的身影越過群山萬壑（「忽焉縱体」），有時徘徊流連於山間、有時收拾水袖做較長時間的休憩（「步踟躕于山隅」、「翳修袖以延佇」），似與天地草木同壽；有時隨風飄流、行蹤飄忽不定，令人捉摸不定，倏忽之間了無蹤跡（「休迅飛鳧，飄忽若神，凌波微步，羅襪生塵。動無常則，若危若安。進止難期，若往若還。于是屏翳收風，川后靜波。」）倏忽之間洛神又出現蹤跡，在餘波盪漾之後，卻已是洛神要離開、沒入水中的排場，河伯馮夷擊鼓、女媧清歌歡迎，文采斑斕的魚兒為前導、沿路伴隨玉鸞聲響護送，六隻龍駕駛水雲車載著洛神隱沒於洛水之中。「馮夷鳴鼓，女媧清歌。騰文魚以警乘，鳴玉鸞以偕逝。六龍儼其齊首，載雲車之容裔」〔註82〕

以上諸篇與飛翔有關的意象描寫整理簡表如下：

	與「飛翔」有關的意象描寫
宋玉〈神女賦〉	「披華藻之可好兮，若翡翠之奮翼」
楊修〈神女賦〉	「翠鑣鞏裳」、「順風揄揚……飄若興動……體鮮弱而柔鴻。」
王粲〈神女賦〉	「戴金羽之首飾」、「施華的分結羽儀」
曹植〈洛神賦〉	「翩若驚鴻，婉若遊龍」、「休迅飛鳧」、「鳴玉鸞以偕逝」

討論至此，要繼續思惟的是諸篇〈神女賦〉中反映的相對審美觀點——

（二）「飛天」融合「神女」形象

以上「美色賦」之諸篇〈神女賦〉系列從宋玉、楊修、王粲、曹植，先對神女的裝束細加節描寫再連結與飛翔有關意態；諸賦先從頭飾、髮型、耳飾、衣、鞋，乃至於全體造型，作家為文雖是以一位神女（仙女）為高標，實際上應是以當時所熟悉的美女典範為基礎、加上豐富的想像力、再運用華美的辭藻、呈現一幅幅當代美人圖像，藝術成就獨特，並因此紀錄了當時貴

〔註82〕曹植〈洛神賦〉原收錄於蕭統，《昭明文選》，今節錄自〔清〕陳元龍輯：《歷代賦匯》第 10 冊（北京市：北京圖書館，1999），頁 712～716。

族階層的時尚審美觀，反映在敦煌石窟壁畫、經變圖、乃至於當代舞者在舞台上的表演服裝，莫不是充滿唯美又莊重卻又飄忽遙不可及的風采。

審美的相對觀點包含：靜態美、動態美；被稱讚與稱讚者；被當作祭拜用的舞蹈與純欣賞的舞蹈；有所寄託與旁觀者的立場，以下簡表比較之：

〈神女賦〉中的「神女」	石窟經變圖中的「飛天」
文學想像中戀愛女神的想像	護法、弘法
靜態美	動態美
外表裝束打扮，唯美又莊重	飛翔，飄忽遙不可及的風采
以貴族女子的打扮為基底	附加想像、寄託世人的希望

「飛天」可以說是，中西合璧的藝術美，融合中國「神女」之美與「供養者」的仰慕想像。

在天界的天人都有神通，「飛天」能變化自在，自由飛行，可說具有「神足通」。〔註83〕壁畫中的飛天，多披掛瓔珞，飛行於天空，或奏天樂，或散天花，或獻供養。自印度以來、佛教多用飛天表現法界的莊嚴。天人沒有皮肉筋脈脂血髓骨等質礙，所以可以隨意變現各種形象，無邊無礙，緩急自如。〔註84〕

唐代飛天總是配合佛說法，例如：初唐 329 窟〈乘象入胎〉彩雲花朵齊飛，五彩繽紛喜氣洋洋，空中飄滿托著象腳的飛天，由乘龍的天人帶路，護送悉達多太子投胎；同一窟中的〈夜半逾城〉，滿空的飛天歡呼悉達多太子逾城出家求道。盛唐第 320 窟飛天，又名「香音神」，飄帶乘風飛舞輕盈，在天空散花的「飛天」前後呼應，形象優美，刻畫精細，是唐代壁畫飛天的代表作。中唐 158 窟飛天歡樂，烘托時代的繁榮氣氛。〔註85〕敦煌莫高窟現存洞窟 492 個，大型經變畫二十四種，一千餘幅；其中唐代是莫高窟歷史上建窟最多的朝代，而且規模宏偉，計有 232 個洞窟，四百餘幅經變畫，幾乎佔現存洞窟的一半。〔註86〕飛天之作至唐代達於鼎盛，此應與唐太宗貞觀年間玄

〔註83〕聖嚴法師：《學佛知津》，（臺北：東初，1979 年 3 月），頁 121。

〔註84〕慈怡主編：《佛光大辭典》（上），頁 1332 中。

〔註85〕高國藩：〈隋唐時代惹人喜愛的飛天〉，《敦煌學百年史述要》，頁 27～29。

〔註86〕謝生保：〈敦煌壁畫中的唐代「胡風」——之一「胡樂胡舞」〉，《社科縱橫》，1994 年第 4 期。

奘法師留學印度、翻譯佛經，以及武后護持佛教有關。唐19窟（伯）龕西壁
頂說法圖旁之飛天，自身軀以下向上完全曲折，乘飛雲而下，〔註87〕**護持佛
陀說法**。例如《觀無量壽經》：

> 時韋提希禮已，舉頭見釋尊釋迦牟尼佛，身等金色，坐百寶蓮華，
> 目連侍左，阿難侍右，釋梵護世諸天在虛空中，普雨天華持用供
> 養。〔註88〕

「釋梵護世諸天」便是飛天，「在虛空中普雨天華持用供養」，天人灑落如雨
般的香花以莊嚴道場，供養佛陀。又如《地藏經》卷下〈囑累人天品第十
三〉：

> 爾時，十方一切諸來，不可說不可說諸佛如來及大菩薩、天龍八部，
> 聞釋迦牟尼佛稱揚讚歎地藏菩薩大威神力不可思議，歎未曾有。是
> 時忉利天雨無量香華、天衣、珠瓔，供養釋迦牟尼佛及地藏菩薩已，
> 一切眾會俱復瞻禮，合掌而退。〔註89〕

孝順的佛陀為早逝而升忉利天宮的母親說《地藏經》，經末，一切眾會法喜充
滿，此時「忉利天雨無量香華、天衣、珠瓔，供養釋迦牟尼佛及地藏菩薩」，
天人撒佈無量香花、天衣、珠瓔，莊嚴道場，供養佛陀及地藏菩薩。

關於飛天曼妙的舞姿還有其他解讀，高金榮認為：「香音神」的「飛天」，
「和現實生活相距甚遠，但依然是人間舞蹈的昇華」。〔註90〕以「敦煌舞」
為修行之舞的周玉卿認為：「諸佛菩薩莊嚴優雅，飛天輕盈喜悅。」〔註91〕
常書鴻認為「『飛天』是浪漫主義思想方法與創作方法結合的產物，是古人
最善良、最美麗的理想憧憬的進一步飛騰與昇華。」〔註92〕劉一認為「飛
天」是「當代文化的理想人體夢幻，是佛教看透欲界虛幻達到無上快樂之意
義。」〔註93〕

〔註87〕陳國寧：《敦煌壁畫佛像圖研究》，頁134～136。

〔註88〕《觀無量壽經》，董國柱：《佛教十三經今譯》，哈爾濱市：黑龍江人民，1998年。

〔註89〕《地藏菩薩本願經經》，《大正新脩大藏經》第十三冊，編號412，（臺南：
和裕，2008年），頁777。

〔註90〕高金榮：〈古老舞蹈的新生命——洞窟裡的舞蹈傳奇〉，《表演藝術》第20期，
1994年6月。

〔註91〕周玉卿：〈修行之舞的發軔〉，《金色蓮花》，1995年7月。

〔註92〕常書鴻、李承仙：《敦煌飛天》，（北京：中國旅游，1980年），頁2。

〔註93〕劉一：〈當代中國大陸敦煌舞及其歷史背景試談〉，《金色蓮花》，1995年8
月，頁50～57。

　　高金榮以「飛天」提昇舞蹈的精神層次，舞蹈不只是肢體語言，更是心靈精神層次的躍進。周玉卿之意，應為敦煌舞的精蘊在於舞出發自內心，本自具足的佛性生發的禪悅法喜。常書鴻所言之理想憧憬與現實創作之結合，給持續編導「敦煌舞」的創作者莫大鼓勵。劉一所言之「無上快樂」應理解為跳出六道輪迴之樂，而不是指追求生天，因為「天人」福報仍有享盡之時，五衰相現〔註94〕，仍會下墜輪迴六道，除非及時念佛、修行。

二、佛菩薩的思維

（一）慈悲濟世

　　佛菩薩的思維總在慈悲濟世（例如藥師佛思維要滿足生者所有美好的願望〔註95〕），成佛之前的階位是菩薩，何謂「菩薩」？菩薩「上求佛道，下化

〔註94〕【五衰】（丁福保編，《佛學大辭典》）天人將死時，現五種之衰相。經論所說不一：
　　　《涅槃經十九》曰：「釋提桓因，命將欲終，有五相現：一者衣裳垢膩，二者頭上花萎，三者身體臭穢，四者腋下汗出，五者不樂本座。」
　　　《佛本行集經五》曰：「爾時護明菩薩大士，天壽滿已，自然而有五衰相現。何等為五？一者頭上花萎，二者腋下汗出，三者衣裳垢膩，四者身失威光，五者不樂本座。」
　　　《俱舍論十說大小之五相》曰：「然諸天子，將命終時，先有五種小衰相現：一者衣服嚴具出非愛聲，二者自身光明忽然昧劣，三者於沐浴位水渧著身，四者本性囂馳，今滯一境，五者眼本凝寂，今數瞬動。此五相現，非定當死。復有五種大衰相現：一者衣染埃塵，二者花鬘萎悴，三者兩腋汗出，四者臭氣入身，五者不樂本座。此五相現，必定當死。」
〔註95〕《藥師琉璃光如來本願功德經》中的「思惟」
　　　爾時、世尊讚曼殊室利童子言：「善哉！善哉！曼殊室利！汝以大悲，勸請我說諸佛名號，本願功德，為拔業障所纏有情，利益安樂像法轉時諸有情故。汝今諦聽！極善思惟！當為汝說」。
　　　佛告曼殊室利：「如是！如是！如汝所說。曼殊室利！若有淨信善男子、善女人等，欲供養彼世尊藥師琉璃光如來者，應先造立彼佛形像，敷清淨座而安處之。散種種花，燒種種香，以種種幢幡莊嚴其處。七日七夜，受八分齋戒，食清淨食，澡浴香潔，著清淨衣，應生無垢濁心，無怒害心，於一切有情起利益安樂，慈、悲、喜、捨平等之心，鼓樂歌讚，右遶佛像。復應念彼如來本願功德，讀誦此經，思惟其義，演說開示。隨所樂求，一切皆遂：求長壽，得長壽，求富饒，得富饒，求官位得官位，求男女得男女」。
　　　「世尊！有諸眾生，信根不具，聞說諸佛甚深行處，作是思惟：云何但念藥師琉璃光如來一佛名號，便獲爾所功德勝利？由此不信，返生誹謗。彼於長夜失大利樂，墮諸惡趣，流轉無窮！」佛告阿難：「是諸有情若聞世尊藥師琉璃光如來名號，至心受持，不生疑惑，墮惡趣者無有是處」。「阿難！此是諸

眾生」，要能「自利利他」。

中國最有名的是四大菩薩：「大悲觀世音菩薩、大智文殊師利菩薩、大願地藏王菩薩、大行普賢菩薩」，在大乘佛教中代表「悲智願行」，祂們的坐騎、法器、手印、寶冠各有特色：

大悲觀世音菩薩，道場在南海普陀山。觀世音菩薩的形象在唐朝以前是男相，《華嚴經》稱觀音爲「勇猛丈夫」，《悲華經》稱「善男子」，《法華經 普門品》中有三十二化身，《瑜伽焰口施食要集》（「放焰口」法會的經本）化身鬼王面然大士，民間流傳妙善公主與千手千眼的故事，而西藏度母在《本緣經》有左眼滴綠度母，右眼滴白度母，是觀世音菩薩慈悲的眼淚與化身。〔註96〕

文殊菩薩騎獅子，普賢菩薩騎象王。

大智文殊師利菩薩，智慧第一，許多經典都推崇祂爲七佛之母、諸佛之師，因爲祂曾發大願：十方法界若有一尊佛要成就，祂沒有幫上忙的話，祂就誓不成佛。文殊師利是梵語 Manjushri 的音譯，在漢傳佛教的經典中，或稱爲曼殊室利，簡稱文殊，意譯爲妙德、妙首、妙吉祥等。他手持寶劍、經卷或如意，表示智慧的銳利；騎著獅子，表示智慧的威猛——以此代表文殊菩薩指引眾生，幫助眾生增長智慧和斷除煩惱的能力。文殊菩薩的道場在山西五臺山。

大願地藏王菩薩，示現說法的道場在安徽九華山。九華山之名，乃因爲這座山有九個山峯，形似蓮花，所以叫做九華山。莫高窟第四十五窟繪有中唐的地藏王菩薩〔註97〕。

地藏王菩薩，現出家相、比丘相，戴毘盧帽，坐騎善聽。「地藏」之名乃

佛甚深所行，難可信解；汝今能受，當知皆是如來威力。阿難！一切聲聞、獨覺，及未登地諸菩薩等，皆悉不能如實信解，唯除一生所繫菩薩。阿難！人身難得；於三寶中，信敬尊重，亦難可得；聞世尊藥師琉璃光如來名號，復難於是」

《藥師琉璃光如來本願功德經》，（臺南市：和裕，2008），頁3～4、49、55。

〔註96〕 《大正新脩大藏經》第三冊，編號 153，《菩薩本緣經》，CBETA 電子佛典 Big5 App 版，2009.04.15。

觀世音菩薩見眾生難以救度，不禁左眼流下了一滴眼淚，化爲綠度母，右眼流下了一滴眼淚，則化爲白度母。而白度母一面三目，於掌心、足心亦各具一目，共有七目，所以又稱之爲「七眼度母」（或稱「七眼女」）。

〔註97〕 鍾玲：〈地藏菩薩的前生今世〉，《人間福報》，2012.11.20。

因，菩薩的忍辱精神堅固如大地，禪定的功行幽深秘密如寶藏，所以稱爲「地藏」。

地藏王菩薩曾受釋尊佛陀的囑咐，在無佛的世代中教化六道眾生，使他們永離一切痛苦，並且立下宏願：「地獄未空，誓不成佛；眾生度盡，方證菩提。」因爲又稱爲「大願地藏王菩薩」。他的形貌一般是站立或結跏趺坐，右手拿著錫杖，表示愛護眾生。左手握著寶珠，表示能滿足眾生的願望。

大行普賢菩薩示現的道場在四川峨眉山。因這座山有兩個山峯，有如一雙巍峨高聳的眼眉，所以叫做峨眉山。

普賢，解作功德遍佈任何地方，普賢菩薩是釋尊右脅的侍者，祂拿著如意、騎著六牙白象，象徵他的修行嚴謹穩重有如象王，而且具有堅毅實踐的精神，恰好和象徵智慧的文殊菩薩相配合。普賢菩薩普賢菩薩發願要保護和指導弘揚佛法的人。

四大菩薩代表「悲智願行」的行動力，然而眾生要如何實踐菩薩道？——悲智雙運；發菩提心、四無量心、四弘誓願〔註98〕；行四攝法（布施、愛語、利行、同事）〔註99〕；行六度波羅蜜〔註100〕

行菩薩道尤其是「四無量心」，《觀藥王藥上二菩薩經》：「繫念思惟……慈悲喜捨……苦諦集諦滅諦道諦……六和敬」〔註101〕

「四無量心」：慈悲喜捨；「慈無量心、悲無量心、喜無量心、捨無量心」，及佛光工作信條「給人信心，給人希望，給人歡喜，給人方便」。「四無量心」，視一切眾生，長我者如父母兄姐；幼我者如弟妹子女。密勒巴尊者有言：「把自己當成泥土，讓眾生踩成康莊大道。」《陀羅尼經》：「心如大地，承載萬物；心如大海，容納百川；心如橋船，方便接引；心如虛空，容納萬道。」因爲「四無量心」，所以長養一切善法，成就一切善緣。

慈，無量。慈能予樂，攝受一切眾生；一旦自己的慈無量，所攝受的眾生、所教化的眾生也是無量。

悲，無量。倘若自己的悲心無量，那麼所救度的眾生也是無量。

〔註98〕四弘誓願：「眾生無邊誓願度、煩惱無盡誓願斷、法門無量誓願學、佛道無上誓願學」。

〔註99〕行四攝法：布施、愛語、利行、同事。

〔註100〕行六度波羅蜜：布施、持戒忍辱、精進、禪定、智慧。

〔註101〕〔南北朝〕畺良耶舍譯：《觀藥王藥上二菩薩經》，臺北市：新文豐，1987。（古籍善本影印無頁碼）

喜，無量。喜就是歡喜，歡喜任何人的長處，沒有一絲一毫的妒嫉心；見到人家慈悲，拔眾生的苦，我也隨喜讚歎；見到其他人行菩薩道修行，愈修行自己愈歡喜。凡此皆名喜無量心。

第四要捨，行種種「慈、悲、喜」這三種無量心之後，不執著，不著行跡，都要捨，捨去「慈無量心、悲無量心、喜無量心」，就是「行所無事」——，捨也無量，捨無量心。學佛法，就是要去掉執著、沒有我相，既然沒有我相，還有什麼苦、樂？所以苦樂都沒有了。

（二）觀世音

「觀世音菩薩」名號之「觀世音」，顧名思義就是：觀聽世間眾生的聲音，然後救度眾生。民間最奉行觀世音菩薩，觀世音菩薩思維的重點就是：

聞聲救苦，拔苦予樂；眾生平等皆能成佛。

1. 觀世音的由來、三十三觀音

「觀世音菩薩」傳入中國大約是魏晉時期，隨著魏晉時期「淨土宗」的盛行而日益深入人心。「淨土宗」信仰「稱名念佛」往生西方淨土。觀世音菩薩與大勢至菩薩同為西方極樂淨土中阿彌陀佛的左右脇侍菩薩。「家家彌陀佛，戶戶觀世音」，民間稱念佛號，多是念「阿彌陀佛」或「觀世音菩薩」。

魏晉時期社會動亂使得淨土信仰盛行。在戰亂頻仍、天災人禍的無常苦難中，百姓以救苦救難的觀世音菩薩為皈依。觀世音菩薩「施無畏」撫慰人心，給予安全感。然而中國民眾信仰觀音菩薩，接受印度的佛菩薩並非全部照搬，而是改造為「中國菩薩」。隨著佛教中國化的發展，印度的觀音形象逐漸發生變化——男相變女相。

觀音傳入中國初期的造像，以「男」菩薩的形象高坐佛殿，例如甘肅敦煌莫高窟的壁畫和南北朝的木雕，觀音雕塑都是男子形象，嘴唇上留有兩撇小鬍子。唐宋以後，觀音形象多變為「女」菩薩。

中國佛教對觀音的改造，與「妙善公主」的傳說有關——印度的男觀音投胎為西域興林國妙莊王的三公主。類此女觀音的身世說，早見於宋代朱弁《曲洧舊聞》（《四庫全書薈要・子部・宋》）；其後有宋末元初管道升著《觀世音菩薩傳略》，之後陸續又有《香山寶卷》、《南海觀音全傳》、《觀音得道》等關於相關的故事書，廣泛流傳，深入人心，導致中國化的女觀音菩薩，完全取代了印度佛典中的男觀音菩薩。

　　觀音菩薩經常變身化爲不同的形貌去拯濟不同的眾生，如同〈觀音讚〉所頌：「三十二應遍塵刹，百千萬劫化閻浮。」《楞嚴經》卷六：

> 故我能現眾多妙容，能說無邊秘密神咒，其中或現一首、三首、五
> 首、七首、九首、十一首，如是乃至一百八首、千首、萬首、八萬
> 四千爍迦羅首〔註102〕；二臂、四臂、六臂、八臂、十臂、十二臂、
> 十四、十六、十八、二十，至二十四，如是乃至一百八臂、千臂、
> 萬臂、八萬四千母陀羅臂；二目、三目、四目、九目，如是乃至一
> 百八目、千目、萬目、八萬四千清淨寶目；或慈，或威、或定、或
> 慧，救護眾生，得大自在。〔註103〕

因爲觀音菩薩示現多樣顯化的緣故，觀音菩薩傳入中國後，在各佛教宗派和民間就供奉著各種觀音，例如密宗所傳有六觀音，天臺宗所傳爲六觀音，中國民間則盛傳三十三觀音。

　　密宗六觀音爲：千手千眼觀音、聖觀音、馬頭觀音、十一面觀音、准胝觀音〔註104〕和如意輪觀音。

　　天臺宗崇奉六觀音爲：大悲觀音、大慈觀音、師子無畏觀音、大光普照觀音、天人丈夫觀音、大梵深遠觀音。

　　中國唐以後民間流傳三十三觀音，三十三觀音的形象，由古代畫家依據流傳故事而精心創作：〔註105〕

>　（1）楊柳觀音：造型爲立像，手持淨瓶、楊枝，常戴女式風貌和披肩長
>　　　　巾。
>　（2）龍頭觀音：造型爲雲中乘龍。
>　（3）持經觀音：坐在崎嶇岩石上，手持經卷。
>　（4）圓光觀音：合掌坐於岩石上，身後現圓光火焰。
>　（5）遊戲觀音：乘五色雲，左手放於偏臍處。
>　（6）白衣觀音：身披白衣，左手持蓮花，右手作與願印。
>　（7）蓮臥觀音：臥于池中蓮花之上。

〔註102〕爍迦羅是堅固不壞之意。此頭刀劈斧斫，俱不能壞。表目利行滿。
〔註103〕《大佛頂首楞嚴經》，臺北縣中和市：世樺，2003。
〔註104〕准胝觀音，又稱「準提觀音」、「准提佛母」、「尊提觀音」。「准提」爲清淨之
　　　　意，乃心性潔淨的意思。
〔註105〕參考《普陀洛伽山觀音殿──千手觀音與三十三觀音》，高雄市：佛光山文教
　　　　基金會，2012.2，2版1刷。

（8）瀧見觀音：坐岩石觀賞瀑泉。

（9）施藥觀音：手持藥草。

（10）魚籃觀音：手提魚籃。

（11）德王觀音：趺坐於岩畔，左手置膝上，右手持樹枝。

（12）水月觀音：法相現身月色水光中。

（13）一葉觀音：乘一片蓮花飄於水面。

（14）青頸觀音：坐於斷岩，右膝立起，右手置膝，左手扶岩壁。

（15）威德觀音：坐岩畔，左手執金剛杵，右手持蓮花，作觀水狀。

（16）延命觀音：頭戴寶冠，或著白衣，手持草藥赤檉柳。

（17）眾寶觀音：坐地上，右手向地，左手放在彎膝上，身掛寶物。

（18）巖戶觀音：在山洞中打坐，欣賞水面。

（19）能靜觀音：佇立海岩邊上，望海沉思。

（20）阿耨觀音：左膝倚於岩上，兩手相交，眺望海景。

（21）阿摩提觀音：三目四臂，乘白獅，身有光焰，天衣瓔珞，手持寶棍，怒目瞋容。

（22）葉衣觀音：四臂，身披千葉衣，頭戴寶冠，冠上有無量壽佛像。

（23）琉璃觀音：乘一片蓮葉，雙手捧琉璃壺，輕浮水面。

（24）多羅觀音：直立乘雲，合掌持青蓮花。

（25）蛤蜊觀音：乘蛤蜊上，或居於兩扇蛤蜊殼中。

（26）六時觀音：左手執摩尼寶珠，右手持梵筴，立像，常作居士裝束。

（27）普悲觀音：頭戴天冠，身披天衣，立于山嶽之上，爲大自在之化身形象。

（28）馬郎婦觀音：右手持《法華經》，左手持頭骷骨，爲民婦形象。

（29）合掌觀音：合掌立於蓮臺上。

（30）一如觀音：坐於雲中蓮座上，立左膝，作飛行狀。

（31）不二觀音：兩手重疊，在水中坐蓮葉上。

（32）持蓮觀音：坐蓮葉，持蓮莖，常作童女或童男面孔。

（33）灑水觀音：又稱「滴水觀音」，右手執灑杖，左手執灑水器，作灑水相；或作右手持瓶瀉水狀。

除三十三觀音外，中國民間還有大量各不相同的觀音，如「自在觀音、不空羂索觀音、送子觀音、三面觀音、不肯去觀音、鼇頭觀音」等等。

　　觀世音菩薩的形象變化多，因此造像也多，這代表觀世音菩薩博施濟眾，深入民間廣受百姓信仰崇敬。

2. 觀世音菩薩「聞聲救苦，拔苦予樂」

　　在民間，和眾生的生活和生命密切聯繫在一起的，是觀世音菩薩。觀世音菩薩在大乘佛教中顯現大悲大愛，以慈航普渡眾生。佛門課誦〈觀音讚〉：「千處祈求千處現，苦海常作度人舟。」

　　觀世音菩薩聞聲救苦，不稍停息。《妙法蓮華經・觀世音菩薩普門品》（姚秦三藏法師鳩摩羅什譯）：

> 觀世音菩薩以何因緣，名「觀世音」？佛告無盡意菩薩：善男子，
> 若有無量百千萬億眾生、受諸苦惱，聞是觀世音菩薩，一心稱名，
> 觀世音菩薩即時觀其音聲，皆得解脫。

「觀音」，全稱「觀世音」是梵文「अवलोकितेश्वर Avalokites' Vara」的意譯，因為避唐太宗李世民諱，略去「世」字，簡稱「觀音」、「大悲」，又譯有「觀自在、觀世自在、光世音、觀音、觀音聲」等名號，別稱「救世菩薩、蓮花手菩薩、圓通大士」等。〔註106〕

　　「觀世音」意思就是，眾生一旦遭遇危難只要一心稱念觀世音菩薩名號，觀世音菩薩觀其音聲就會前來搭救。因為觀世音菩薩大慈大悲，拯救一切苦難眾生，故全稱「大慈大悲救苦救難觀世音菩薩」。

　　眾生遇到種種災難苦惱，只要稱念觀世音菩薩，觀世音菩薩就會尋聲解救。然而聲音為何不用「聽」而是「觀」？乃因佛家謂「六根互用」，六根，即「眼、耳、鼻、舌、身、意」六種感官及其功能。「根」為「能生」之義，如：眼根能識色，耳根能聽音，鼻根能嗅香，舌根能嘗味，身根有所觸，若是凡人，各根各司其職；但諸佛菩薩則神通妙用，即六根可以互用，是以六根中任何一根都能替代其他諸根的作用。例如《涅槃經》：「如來一根則能見色、聞聲、嗅香、別味、知法，一根現爾，餘根亦然。」釋迦牟尼佛六根可以互用，觀音菩薩也具有「六根互用」的神通，因之，以目觀可聞塵世中苦難眾生之呼救，進而前往解危。

　　「觀音」又名「觀自在」，語出初唐玄奘所譯《心經》：「觀自在菩薩行深般若波羅蜜多時，照見五蘊皆空，度一切苦厄。」「觀自在」的含義，一是表

〔註106〕《觀音菩薩經典》，（臺北市：全佛文化，1995），頁 11。

示大智慧，能夠自在地洞察世界，達到《華嚴經》所謂「事理無礙」的境界；二是表示大慈悲，觀音菩薩能夠應機赴感、尋聲救苦不稍停息，爲眾生拔除一切苦難。《千手千眼大悲心陀羅尼經》：

> 觀世音菩薩，不可思議威神之力；已於過去無量劫中，已作佛竟，
> 號正法明如來。大悲願力，爲欲發起一切菩薩，安樂成熟諸眾生故，
> 現作菩薩。

觀世音菩薩早已成究竟覺，佛號「正法明如來」，但爲了濟度一切眾生，所以倒駕慈航，示現菩薩之身。例如《瑜伽焰口施食要集》中觀世音菩薩化身爲鬼王「面然大士」，要救度超拔餓鬼道的眾生，幫助它們拔苦予樂。

3. 《法華經・普門品》聞聲救苦

觀世音菩薩聞聲救苦，不稍停息。《妙法蓮華經・觀世音菩薩普門品》（姚秦三藏法師鳩摩羅什譯）：

> 觀世音菩薩以何因緣，名「觀世音」？佛告無盡意菩薩：善男子，
> 若有無量百千萬億眾生、受諸苦惱，聞是觀世音菩薩，一心稱名，
> 觀世音菩薩即時觀其音聲，皆得解脫。

「若有無量百千萬億眾生，受諸苦惱，聞是觀世音菩薩，一心稱名，觀世音菩薩即時觀其音聲，皆得解脫。」

由「普門品」之「普門」可見，觀音法門的廣大，觀世音菩薩的悲願弘深，念茲在茲的就是：救度眾生、拔苦予樂，不遺餘力。

> 爾時無盡意菩薩白佛言：世尊，觀世音菩薩。云何游此娑婆世界。
> 云何而爲眾生說法。方便之力。其事云何。佛告無盡意菩薩。善男
> 子。若有國土眾生。應以佛身得度者。觀世音菩薩。即現佛身而爲
> 說法。應以辟支佛身得度者。即現辟支佛身而爲說法。應以聲聞身
> 得度者。即現聲聞身而爲說法。應以梵王身得度者。即現梵王身而
> 爲說法。應以帝釋身得度者。即現帝釋身而爲說法。應以自在天身
> 得度者。即現自在天身而爲說法。應以大自在天身得度者。即現大
> 自在天身而爲說法。應以天大將軍身得度者。即現天大將軍身而爲
> 說法。應以毘沙門身得度者。即現毘沙門身而爲說法。應以小王身
> 得度者。即現小王身而爲說法。應以長者身得度者。即現長者身而
> 爲說法。應以居士身得度者。即現居士身而爲說法。應以宰官身得
> 度者。即現宰官身而爲說法。應以婆羅門身得度者。即現婆羅門身

而爲説法。應以比丘、比丘尼、優婆塞、優婆夷身得度者。即現比
丘、比丘尼、優婆塞、優婆夷身而爲説法。應以長者、居士、宰官、
婆羅門、婦女身得度者。即現婦女身而爲説法。應以童男、童女身
得度者。即現童男、童女身而爲説法。應以天、龍、夜叉、乾闥婆、
阿脩羅、伽樓羅、緊那羅、摩睺羅伽、人、非人等身得度者。即皆
現之而爲説法。應以執金剛神得度者。即現執金剛神而爲説法。無
盡意。是觀世音菩薩。成就如是功德。以種種形。游諸國土。度脱
眾生。

觀世音菩薩千百億化身，如《普門品》所載：觀世音菩薩有三十二應身：

1 佛身、	2 辟支佛身、	3 聲聞身、	4 梵王身、
5 帝釋身、	6 自在天身、	7 大自在天身、	8 天大將軍身、
9 毘沙門身、	10 小王身、	11 長者身、	12 居士身、
13 宰官身、	14 婆羅門身、	15 比丘、	16 比丘尼、
17 優婆塞、	18 優婆夷身、	19 婦女身、	20 童男身、
21 童女身、	22 天、	23 龍、	24 夜叉、
25 乾闥婆、	26 阿脩羅、	27 伽樓羅、	28 緊那羅、
29 摩睺羅伽、	30 人、	31 非人等身、	32 執金剛神身

觀世音菩薩，爲廣度眾生「以種種形。游諸國土。度脱眾生」，其示現之形象
千變萬化，「應以何身得度者，即現何身而爲説法」，例如隋唐時代及日本的
觀音相蓄髭鬚，現男子身相。而今流傳民間的觀世音菩薩塑像，則都現女相，
以其柔和愛語的母性特質，代表菩薩憫念眾生的慈悲心腸，例如：「送子觀
音」、「魚籃觀音」。

　　其中「魚籃觀音」又名「馬郎婦觀音」，是在民間廣爲流傳的故事。根據
《佛祖統紀》記載，觀世音菩薩化身爲美麗的賣魚女，之後嫁作「馬郎婦」，
故稱「馬郎婦觀音」。

　　相傳唐憲宗時，在陝西有一村子，曾出現一位清秀的姑娘，手挽魚籃沿
街叫賣，吸引許多男眾一擁而上。然而，姑娘卻説：「魚是要賣給人放生用的，
不是給人吃的。」藉口要買魚的人，醉翁之意不在酒，實則對姑娘起了愛慕
之情，但姑娘只有一人，如何能嫁給眾人呢？於是她教大家誦《普門品》，誰
能一夜之間背熟，就嫁給他。到了天亮，能背誦的有好多人。

　　於是姑娘又教大家誦《金剛經》，誰能在一夜間背熟的，就嫁給他。結果

能背誦的，仍然有很多人；於是，姑娘又教眾人誦《法華經》七卷，約定三日之內，若有人能背誦，就嫁給他。三日之後有位「馬郎」能背誦，於是歡天喜地迎娶姑娘。不料，剛娶進門，嬌妻就死了，樂極生悲的馬郎痛苦不已。

數日後，一位老和尚來到馬郎家安慰他：「不要悲傷了，那位賣魚姑娘，其實是觀世音菩薩，特別化現來此度化你們學佛的。若不信，可撬開墳墓看看。」說完人就凌空而去。馬郎馬上找人撬開棺一看，愛妻果然已不知去向，只留下一副閃亮的金鎖，當下恍然大悟。此後，陝西一帶的人民虔信佛法。宋代以後，供奉「馬郎觀音」（又名「魚籃觀音」）尤為盛行。〔註 107〕

4. 平等觀，眾生皆能成佛

《瑜伽焰口施食要集》菩薩思維眾生皆可成佛，即使是正在被放焰口救拔的惡鬼眾生。〔註 108〕《法華經・普門品》「千手觀音」普渡眾生，《法華經・常不輕菩薩品・第二十》：

我不敢輕於汝等，汝等皆當作佛。

敦煌壁畫中出現諸佛菩薩，當今敦煌舞中常表演「千手觀音」，此與觀音信仰之普及有關，所謂「家家彌陀佛，戶戶觀世音」。

千手觀音對待眾生一視同仁，「不怕念頭起，只怕覺照遲」，凡是請求觀世音菩薩協助的眾生，都有平等的機會得到接引，只要願意得度都有機會超脫，走上成佛大道。

自唐朝天台宗盛行傳布《法華經》（全名《大乘妙法蓮華經》）宣導「眾生皆可成佛」，尤其《法華經》第二十五品〈觀世音菩薩普門品〉人盡皆知，多能背誦，民間求平安拜福慧，都會稱念「大慈大悲救苦救難廣大靈感觀世音菩薩」，因為觀世音菩薩千手千眼，發願聞聲救苦，「悉發菩提心蓮花遍地生，三十二應周塵剎，百千萬劫化閻浮，瓶中甘露常遍灑，手內楊枝不計秋，千處祈求千處應，苦海常作渡人舟。」是以「敦煌舞」的演出，常以觀音手印，舞出菩薩的「智慧與慈悲，撫慰人心，給人鼓勵。《妙法蓮華經・觀世音菩薩普門品》有云：

〔註 107〕〔宋〕釋志磐：《佛祖統紀》54 卷，《續修四庫全書・子部・宗教類 1287》，上海市：上海古籍，1995。

《大正新脩大藏經》第四十九冊，編號 2035，《佛祖統紀》CBETA 電子佛典 V1.51 普及版，2011.9.1。

〔註 108〕《瑜伽焰口施食要集》，（高雄市：裕隆，1997.1），頁 88。

若有無量百千萬億眾生受諸苦惱，聞是觀世音菩薩，一心稱名，觀
世音菩薩即時觀其音聲，皆得解脫……應以何身得渡者即現何身而
為說法。

觀世音菩薩無處不在，而且尋聲救苦，不但給生者救濟，也接引往生者到西
方極樂世界。千手千眼的觀世音菩薩形相，源於《千手千眼大悲心陀羅尼
經》。經云：在過去千光王靜住如來佛住世的時候，觀世音菩薩被教導受持
〈大悲咒〉，那時他發願，如果將來可以利益安樂一切眾生，身上就會長出千
手千眼來，當他發完願後，果然立刻出現千手千眼。觀世音菩薩的千手拿著
各式各樣的東西，例如法器、武器、文物等，眾生需要用什麼樣的方法脫離
煩惱、痛苦，觀世音菩薩就用什麼樣的方法來救度。〔註109〕

5. 觀音法門

根據終生修持觀音法門的聖嚴法師的整理，除了《妙法蓮華經》，許多佛
經也介紹其應化事蹟，例如：《悲華經》記載：阿彌陀佛成佛後，有兩位大菩
薩作為侍者，常住極樂世界，一為觀世音，一為大勢至，三位稱為「西方三
聖」。《阿彌陀經》、《無量壽經》和《觀世音菩薩授記經》皆云，觀世音菩薩
是極樂世界的一生補處菩薩，在阿彌陀佛涅槃後，觀世音菩薩就會成佛。《觀
無量壽經》云，娑婆世界的眾生，若希望生到阿彌陀佛的極樂世界，臨命終
時阿彌陀佛會帶領觀世音菩薩、大勢至菩薩等諸聖人手持蓮臺來接引。《華嚴
經》善財童子五十三參，其中第二十八位就是觀世音菩薩，住在印度南方海
邊的「普陀落伽山」。

浙江省定海縣普陀山為觀世音菩薩的道場，始自五代日僧慧鍔來華求
法，欲請一座觀音像回日本，但行船經過舟山群島時，被狂風以及海上長滿
的鐵蓮花阻擋，只好將觀音送至小島供養，此後朝拜者日多，於是更名為「普
陀山」，並成為中國佛教四大名山之一。

西藏拉薩布達拉宮，即「梵文普陀落伽」之意。西藏傳說著名藏王及達
賴喇嘛皆觀音菩薩化身，所以稱其住處為「布達拉」（即普陀落伽），觀音信
仰亦普及西藏，西藏人都會念〈六字大明王咒〉——「唵嘛呢叭彌吽」（或稱
「觀世音菩薩六字陀羅尼」），這和念「南無觀世音菩薩」的功能完全相同。
太虛大師曾說：「清淨為心皆補怛（普陀），慈悲濟物即觀音。」聖嚴法師說：

「只要修觀音法門，念觀音聖號，觀音菩薩就在你的面前。」

聖嚴法師提出「七種觀音法門」：

（一）《法華經・普門品》的持名法門。

（二）《大悲心陀羅尼經》的〈大悲咒〉修持法。

（三）〈六字大明咒〉誦「唵嘛呢叭彌吽」。

（四）《白衣大士神咒》〔註110〕

（五）《延命十句觀音經》〔註111〕

（六）《楞嚴經》的耳根圓通法門。

（七）《心經》的「照見五蘊皆空」法門。

這些法門涵蓋兩則心要：自利、利他。自利往內，圓修智慧，淨覺解脫；他利向外，普門示現，悲濟救拔。〔註112〕

觀世音菩薩以諸多法門普渡眾生，其「悲智願力穿越時空，帶給眾生心靈撫慰」，所以他「不只三十三種化身」，而是「千手護持、千眼照見」、「千百億化身」，且「當我們相信觀音的救拔力量，對菩薩具足信心，自己也會跟著轉變，學習菩薩慈悲心懷，進而成無觀音的化身，廣濟有情。」因此即使只是念一句「南無觀世音菩薩」只要「持之以恆，身心相續」，都會產生莫大的力量。〔註113〕

佛教東傳後，觀音信仰普及於西藏、中國、日韓、臺灣，深受佛教影響的「敦煌舞」，是以必然出現觀音形象，訓練過程中也要求「慈眼」（低眉，開「三分眼」）之練習，模擬觀世音菩薩「慈眼視眾生」的悲智雙運；許多舞者合作漸層展示「千手」，手中有「法眼」，或持「法器」，尋聲作苦化身「千手觀音」。若分解舞者手部姿勢，溯源於《千手千眼大悲心陀羅尼》之「觀音手印」以及焰口法會拜誦的《瑜伽焰口》，《瑜伽焰口》載觀音菩薩化身「面然大士」救度受苦鬼道之眾生，經由諸佛菩薩的手印，接引眾生離苦得樂，

〔註110〕《白衣大士神咒》：「南無大慈大悲救苦救難廣大靈感觀世音菩薩摩訶薩（三稱三拜）南無佛，南無法，南無僧，南無救苦救難觀世音菩薩，怛姪他，唵，伽囉伐哆，伽囉伐哆，伽訶伐哆，囉伽伐哆，囉伽伐哆，娑婆訶，天羅神，地羅神，人離難，難離身，一切災殃化為塵，南無摩訶般若波羅蜜。」

〔註111〕《延命十句觀音經》：「觀世音，南無佛，與佛有因，與佛有緣，佛法僧緣，常樂我淨，朝念觀世音，暮念觀世音，念念從心起，念念不離心。」

〔註112〕聖嚴法師：〈自利利他的七種觀音法門〉，《人生》第312期，2009年8月。

〔註113〕聖嚴法師：〈念觀音　求觀音　學觀音　做觀音〉，《人生》第312期，2009年8月。

生者吉祥如意。〔註114〕「千手觀音」的形象不但廣泛運用於敦煌舞中，也影響琉璃藝術家楊惠珊，其近年來「千手千眼護人間」系列作品，亦源於《千手千眼大悲心陀羅尼》。

　　總之，「敦煌舞」是「天人和菩薩的舞蹈」，菩薩的慈眉善目來自慈悲心，「飛天」散發的喜悅神韻源於供養布施心。例如佛光山敦煌禪舞集團長鄭秀真，安排團員「參加法會、禪修、讀書會、敦煌學」等課程集訓，希望透過攝心守意的學習，以修身養性，提升心靈層次。藉由內化的宗教體驗，讓學習者將飛天的歡喜、菩薩的慈悲展現在曼妙的舞姿中。〔註115〕

三、信徒的思維

　　「敦煌舞」的表演，站在信徒的立場，有兩種思惟：娛神，娛人。

　　娛神，信徒以供養者的立場「以舞供佛」，獻上敦煌舞讓諸佛菩薩高興，表達感恩，感恩諸佛菩薩護佑蒼生之恩，進而因為感念懷德而弘揚佛法，度化有緣人。

　　娛人，敦煌舞的演出，不但娛樂到有緣欣賞表演的眾生，也取悅自己，一方面是學習敦煌舞的過程是一個雖辛苦卻快樂的修行過程，一方面在於表演給眾生欣賞時，產生成就感，是謂自我實現。

（一）娛神，感恩懷德以弘法

　　敦煌舞者代表供養者、信徒們「以舞供佛」，獻上優美的「敦煌舞」的視覺饗宴，感念諸佛菩薩的守護與指引；而且因為「敦煌舞」的背景是大乘佛教的經典《阿彌陀經》、《藥師經》、《維摩詰經》、《瑜伽焰口施食要集》、《水懺》、《梁皇寶懺》，「經在如佛在」，所以舞時諸佛菩薩諸天降臨，眾生在此氛圍的加持之下，修行必然加行。因此「敦煌舞」的演出是「以樂舞淨化人心」，督促眾生「聞思修」、「戒定慧」。眾生的回報唯有感恩，感謝諸佛菩薩護佑之恩，然後精進修行，才有能力追隨佛菩薩的腳步弘揚佛法，造福眾生。

　　敦煌舞「以舞供佛」的舞碼，以〈六供養〉〔註116〕為例〔註117〕：

〔註114〕《瑜伽焰口》，高雄市：裕隆，1997 年 1 月。
〔註115〕米亞：〈敦煌舞　巡迴世界公演〉，《人間福報・宗教》，2009 年 6 月 29 日。
〔註116〕《瑜伽焰口》，頁 52、76～77。
〔註117〕陳宜青：〈論「敦煌舞」〈六供養〉呈演圓教之美——以 2011.3.27 佛光山南區「禪淨密」法會之演出為例〉，國家圖書館：鶴山國際宗教論壇，2011.5。

1. 供養

「供養」，梵語 pūjanā，意指供食物、衣服等予佛法僧三寶、師長、父母、亡者等。供養包含「身體行爲」（「身分供養」）、「精神供養」（「心分供養」）。〔註118〕施主稱「供養主」，佛前的供物稱「佛供」。敦煌壁畫中的「供養主」爲天人，供養對象的爲諸佛菩薩，「供養物」以「花」爲主，天人供養諸佛的行爲屬於修行的一種，是以天女散花，花香、修行之香（如：戒定眞香）因之遍灑世間；而「敦煌舞」模擬天人諸佛菩薩之修行，便不只是表演，而既是供養也是修行。

例如《阿彌陀經》中「供養」有：

> 又舍利弗。彼佛國土，常作天樂。黃金爲地。晝夜六時，雨天曼陀羅華。其土眾生，常以清旦，各以衣祴盛眾妙華，供養他方十萬億佛，即以食時，還到本國，飯食經行。〔註119〕

在阿彌陀佛的極樂淨土中，晝夜六時，時時都有天人以曼陀羅華供養及他方十萬億佛，而供佛除了供養已成就的佛，也供養未來佛，包含自己。

《藥師琉璃光如來本願功德經》中「供養」有：

> 爾時、曼殊室利童子白佛言：「世尊！我當誓於像法轉時，以種種方便，令諸淨信善男子、善女人等，得聞世尊藥師琉璃光如來名號，乃至睡中亦以佛名覺悟其耳。世尊！若於此經受持讀誦。或復爲他演說開示；若自書、若教人書；恭敬尊重，以種種華香、塗香、末香、燒香、花鬘、瓔珞、幡蓋、伎樂，而爲供養；以五色綵，作囊盛之；掃灑淨處，敷設高座，而用安處。爾時、四大天王與其眷屬，及餘無量百千天眾，皆詣其所，供養守護。世尊！若此經寶流行之處，有能受持，以彼世尊藥師琉璃光如來本願功德，及聞名號，當知是處無復橫死；亦復不爲諸惡鬼神奪其精氣，設已奪者，還得如故，身心安樂」。〔註120〕

> 佛告曼殊室利：「如是！如是！如汝所說。曼殊室利！若有淨信善男子、善女人等，欲供養彼世尊藥師琉璃光如來者，應先造立彼佛形

〔註118〕《佛光大辭典》，頁 3065。

〔註119〕《佛說阿彌陀經》，《佛光山宗務委員會課誦本》，（高雄：佛光出版社，2004.10），頁 2～14。

〔註120〕《藥師琉璃光如來本願功德經》，（臺南市：和裕，2008），頁 43～44。

　　像，敷清淨座而安處之。散種種花，燒種種香，以種種幢幡莊嚴其
　　處。七日七夜，受八分齋戒，食清淨食，澡浴香潔，著清淨衣，應
　　生無垢濁心，無怒害心，於一切有情起利益安樂，慈、悲、喜、捨
　　平等之心，鼓樂歌讚，右遶佛像。復應念彼如來本願功德，讀誦此
　　經，思惟其義，演說開示。**隨所樂求，一切皆遂**：求長壽，得長壽，
　　求富饒，得富饒，求官位得官位，求男女得男女」。〔註121〕

供養藥師佛的準備工作比較多，但得到的功德也很多。

　　供養藥師佛要「造立佛像，敷清淨座而安處之」、散花、燒香，掛幢幡、
受八分齋戒，沐浴內外，無垢濁心、怒害心，起「慈、悲、喜、捨」平等之
心，鼓樂歌讚，遶佛，念佛，誦經，思惟，演說開示」。

　　供養得到藥師佛的加持會如願以償——

　　隨所樂求，一切皆遂：求長壽，得長壽，求富饒，得富饒，求官位
　　得官位，求男女得男女。

供養諸佛諸天護佑眾生。獻供時，用真誠懇切、感恩感謝的心來敬上禮下，
並以謙恭整潔的身儀參與法會，才是真正的禮敬三寶。

　　伎樂供養，可見於印度大乘佛教經典，後秦鳩羅摩什譯：《妙法蓮華經》
（簡稱：《法華經》）列出對佛的「十供養」：一華（花）、二香、三瓔珞、四
抹香、五塗香、六燒香、七繒蓋幡幢、八衣服、九伎樂、十合掌。《法華經·
序品》：「香花伎樂，常以供養。」《法華經·普門品》、《地藏經》、《藥師經》、
《梁皇寶懺》、《水懺》都有關於供養的記載，〔註122〕而只要有佛像的地方，
就有為佛奏樂起舞的各種壁畫、雕塑。

　　法會中，《梁皇寶懺》有「十供養」，《瑜伽焰口》有「六供養」，《慈悲三
昧水懺》則有「三供養」。

　　2. 十供養

　　《梁皇寶懺》有「十供養」，《梁皇寶懺》又名《慈悲道場懺法》，內容共
有十卷，每卷開頭都會以梵音、依照供品唱誦一段供養讚，象徵與會者為祈
請佛菩薩降壇加持演法，而獻上歡喜至誠之意。「十供養」為：「香、花、燈、
水、果、茶、食、寶、珠、衣。」一～十卷開頭讚文如下：

〔註121〕《藥師琉璃光如來本願功德經》，頁49。
〔註122〕例如，《地藏經》第六、十品提到「供養」的功德，第十品提到散花「南方世
　　　　界湧香雲，香雨花雲及花雨」，頁13。

第一卷　香供養，象徵「戒香」，戒定眞香。讚文曰：

> 戒定眞香　焚起沖天上　眾等虔誠　蒸在金鑪放　頃刻氤氳
> 即遍滿十方昔日耶輸　免難消災障　南無香雲蓋菩薩摩訶薩

〔註123〕

參加法會或個人修行時，只要虔誠，頃刻之間，戒定眞香就能傳遍十方；虔誠的心香一瓣，當然也會上達諸佛諸天。而燃香時，香自滅而留香與人；將己香傳給他人，忘卻自己，這就是佛教中捨己爲人的精神。佛教有「五分香」之說，以香比喻「五分法身」：戒身、定身、慧身、解脫身、解脫知見身，以香喻之，則稱爲「戒香、定香、慧香、解脫香、解脫知見香。」〔註124〕五分香，可從抽象精神意涵解之：

> 守戒者，心自然有定力，眾人欽仰，故戒生香；由戒行而生禪定，修禪定者，眾人敬羨讚嘆，故定生香；慧由定發，靜定啓發智慧，故慧生香；解脫放下，無所執著，故生香；正知正見生香。〔註125〕

五分香可謂德行之香，劉禹錫《陋室銘》「唯吾德馨」；戒定眞香，德行之香。供養諸佛菩薩，培養自己成佛的因緣，《法華經》載龍女亦可成佛，何況天人獻供修行，凡人以敦煌舞獻供，皆爲培植成佛之因緣。

第二卷　花供養，象徵：微妙萬行開花結果

> 花奉獻　文殊共普賢　牡丹芍藥眞堪羨　百花獻納黃金殿
> 花開花謝綻金蓮　青衣童子持花親睹慈尊面
> 南無普供養菩薩摩訶薩〔註126〕

初唐莫高窟207西壁龕楣有「獻花飛天」、初唐莫高窟322西壁龕頂有「散花飛天」。〔註127〕諸經記載之供養物種類繁多，其中有關「花供養」者如：《大日經‧供養法疏》之「事供養」，供養香花等。《十地經論》卷三之「恭敬供養」，供養香花、幡蓋等。《大日經義釋》卷十一，有「香花、合掌、慈悲、運心」等四種供養。《無量壽經》卷下，有「懸繒、燃燈、散花、燒香」等四種供養。《蘇悉地羯囉經》卷下，有「塗香（持戒）、花鬘（布施）、燒香

〔註123〕《金山御製梁皇寶懺》卷一，（臺北：白馬，1996年10月），頁11～12。
〔註124〕《佛光大辭典》，頁1067。
〔註125〕星雲大師：《星雲法語‧最好的供養‧十供養》，（高雄：佛光，1993年）。
〔註126〕《金山御製梁皇寶懺》卷二，（臺北：白馬，1996年），頁107。
〔註127〕鄭汝中、台建群主編：《飛天畫卷》，（香港：商務印書館，2002年），頁159、167。

（精進）、飲食（禪定）、燃燈（智慧）」等五種供養。《法華經‧法師品》有「花、香、瓔珞、末香、塗香、燒香、繒蓋、幢幡、衣服、伎樂」等十種供養。〔註128〕

　　敦煌舞的表演中常有「天女散花」的橋段，模擬壁畫飛天常在佛陀講經說法圓滿時，雨滿香花供養，供養花的功德，象徵微妙萬行開花結果。若追溯禪宗的起源，有佛在靈山「拈花微笑」的典故，《大梵天問佛決疑經》載：

> 梵王至靈山，以金色波羅花獻佛，捨身爲床位，請佛說法。世尊登座，拈花示眾，默默無言，一時百萬人天，悉皆罔措，獨金色頭陀，破顏微笑。世尊曰：「吾有正法眼藏，涅槃妙心，實相無相，微妙法門，不立文字，教外別傳，付囑摩訶迦葉。」〔註129〕

經變壁畫中的法會多有「飛天」供養莊嚴法會壇場。莊嚴（alaṃkāra）是指以各種寶石、寶花、寶蓋、瓔珞、幢幡等眾寶來裝飾佛國道場。方初惠認爲：「『莊嚴』是佛教藝術的精神所在，敦煌藝術的精神便是要透過藝術表現來達到莊嚴的境界」。又說「『莊嚴』具有理想性及象徵性的理念，『莊嚴具足的內在』象徵佛陀歷世修行的功德圓滿，具有非凡的功德力」。〔註130〕《悲華經》云：

> 菩薩以供養因緣故，不久當得受佛職位，一生成就阿耨多羅三藐三菩提，若香供養，不久當得無上定香：若花供養，不久當得無上智華〔註131〕

敦煌舞之飛天既展演天人的「法相之美」，並揭示「花供養」、「香供養」的修行深意。

　　佛陀拈花微笑，以心印心，直指人心，見性成佛。「飛天」散花，自己也滿身香，此香不只花香，還因供養而生香，供養亦修行法門，修行有「戒定慧三學」，（指戒律、禪定與智慧。據《翻譯名義集》卷四：「防非止惡爲戒，息慮靜緣爲定，破惡證眞爲慧。」學此三法可達無上涅槃，故稱三學。此三學在聖者之身爲無漏，故亦稱三無漏學。）〔註132〕據此推知，飛天若供養諸

〔註128〕釋慈怡主編：《佛光大辭典》，（高雄：佛光出版社，1989），頁3065。

〔註129〕聖嚴法師：《拈花微笑》，（臺北市：法鼓文化，1999年），頁186～187。

〔註130〕方初惠：〈瑰麗燦爛的壁畫藝術〉，《表演藝術》20期，1994年6月。

〔註131〕北涼天竺藏曇無讖譯：《悲華經》，《中華大藏經》第十六冊，（上海：中華書局，1986年4月），卷一，頁126。

〔註132〕《佛光大辭典》，頁2908。

佛，學佛修行，此後必當生戒定眞香。

　　總之，佛教雖有神通，但修行的過程或目的並不重視神通，而是重視開啓的智慧以及文化。〔註133〕是以敦煌舞中的「飛天」形象，雖以飛行之美攝受眾生，然而「飛天」是爲了護持諸佛菩薩講經說法的壇場，爲供養而存在，例如釋尊宣說《阿彌陀經》時，無量諸天大眾俱與諸佛菩薩在場聆聽，「諸天」便是諸位天人〔註134〕。

第三卷　燈供養，象徵：光明

　　燈晃耀　盈煌列寶台　光明遍照周沙界　昏衢朗耀俱無礙
　　閻魔瞻禮紫金台　然燈佛成道曾受人天拜
　　南無普供養菩薩摩訶薩

供燈，最有名的就是「貧女難陀點燈」改變命運的故事，其誠心使神通第一的佛弟子也搧不滅。

　　關於點燈，星雲大師舉佛光山大雄寶殿門口對聯爲例：「兜率娑婆去來不動金剛座，琉璃安養左右同尊大法王」。說明本山大雄寶殿內，中間供奉由兜率入胎娑婆世界的釋迦牟尼佛；右爲東方琉璃世界藥師如來；左爲極樂安養世界阿彌陀佛。雖然供有三寶佛，實則「一佛即一切佛，一切佛即一佛」，就像一盞燈能照亮全場，幾十盞燈也能照遍全場，彼此間不爭執、不妨礙。所謂「燈燈相映，光光無礙，佛佛道同。」星雲大師表示，修行最重要的是：「心靈燈光要亮起來」，無論做人、做事或說話都要有佛法、禪味，就像「千年暗室，一燈明亮！」〔註135〕

　　點燈點心燈，「燈」是光明與智慧的象徵，能除黑暗的煩惱，是佛門中重要的供養具之一。《華嚴經》卷七十八〈入法界品〉云：「譬如一燈入於暗室，百千年闇悉能破盡。菩提心燈亦復如此，一入眾生心室之內，百千萬億不可說劫，諸業煩惱種種暗障，悉能除盡。」爲解一切眾生之倒懸，度脫無始以

〔註133〕聖嚴法師：《學佛知津》，（臺北：東初，1979年3月），頁141。
〔註134〕如是我聞。一時佛在舍衛國，祇樹給孤獨園。與大比丘僧，千二百五十人俱，皆是大阿羅漢，眾所知識：長老舍利弗、摩訶目犍連、摩訶迦葉、摩訶迦旃延、摩訶俱絺羅、離婆多、周利槃陀伽、難陀、阿難陀、羅侯羅、憍梵波提、賓頭盧頗羅墮、迦留陀夷、摩訶劫賓那、薄拘羅、阿那樓馱，如是等諸大弟子。并諸菩薩摩訶薩：文殊師利法王子、阿逸多菩薩、乾陀訶提菩薩、常精進菩薩，與如是等諸大菩薩。及釋提桓因等，無量諸天大眾俱。
〔註135〕星雲大師：〈藥師佛十二大願　含融人間佛教〉，記者：宋滌姬報導，《人間福報》，2012.11.9。

來的有情眾生，令其福慧法緣增長，乃至成就菩提。《佛說施燈功德經》提到點燈的種種利益：「若有眾生於佛塔廟施燈明者，得於四種可樂之法。何等為四？一者色身；二者資財；三者大善；四者智慧。」這是說點燈供養佛菩薩的人，可以獲到相貌莊嚴、資材充足、具備善根及大智慧的好處。總之「點燈功德殊勝行，利益人天無窮盡。」所以「禪淨密三修法會」最後要獻燈供佛，《佛說施燈功德經》〔註136〕說明點燈的功德：

　　1. 雙目、四肢永遠完好不生缺陷。

　　2. 身無病痛，嗓門柔軟，聲音妙好。

　　3. 心地清明聰慧，不為愚痴所轉。

　　4. 心身自在，善財善寶滾滾而來。

　　獻燈意在共結法緣。平常我們在寺院共修結緣，最少是數十人，大型法會最多也僅是數百人，但是「禪淨密三修法會」，是萬人的一個法會活動，太虛大師說：「未成佛道，先結人緣」。有「緣」才會有「圓」，有了好緣，人生在做人做事方面才會更圓滿。在這樣的獻燈供養中，我們不僅可以點燈供佛植福外，更和萬人共結法緣、共結善緣。而大眾在共修，以一念清淨心供養諸佛菩薩，人人清淨心，人人淨化，社會便多一份祥和和歡喜。

第四卷　水供養，象徵：甘露水，撫慰眾生煩惱

　　曹溪水　一派向東流　觀音瓶內除災咎　醍醐灌頂滌塵垢

　　楊枝灑處潤焦枯　咽喉中甘露自有瓊漿透

　　南無普供養菩薩摩訶薩

第五卷　果供養，象徵：出世聖果

　　祇園果　滋味甚堪嘗　青瓜紅柿阿梨樣　荔枝龍眼堪供養

　　唵摩羅果世無雙　婆羅門仙人親獻蓮臺上

　　南無普供養菩薩摩訶薩

第六卷　茶供養，象徵：清醒

　　春先蕊　百草甚奇青　茶芽點出馨香噴　玉甌展內雪花輝

　　趙州公案又重新　睡魔王能退幾度黃昏陣

　　南無普供養菩薩摩訶薩

〔註136〕《大正新脩大藏經》第十六冊，編號702，《佛說施燈功德經》，CBETA 電子佛典 V1.12（Big5）普及版，2009.04.23。

第七卷　食供養，象徵：禪悅妙食

天廚供　純陀最後來　饑餐麻麥充皮袋

仙人又送齋食在　雙雙牧女獻香糜

四天王捧缽遙望靈山拜　南無普供養菩薩摩訶薩

第八卷　珠供養，象徵：摩尼寶珠

世間寶　歷代古今傳　珊瑚琥珀銀絲線　硨磲瑪瑙連珠串

給孤長者舍祇園　金輪王說法永鎮龍宮殿

南無普供養菩薩摩訶薩

第九卷　寶供養，象徵：法寶

一百八　持經滿藏圖　消災延壽藥師佛　毘盧心內瑜伽部

大乘經典共彌陀　證南方龍女直至菩提路

南無普供養菩薩摩訶薩

第十卷　衣供養，象徵：柔和忍辱，出離生死

衣奉獻　綾羅錦繡紗　銷金掛子難描畫

龍女織就金絲帕　波斯匿王舍袈裟

馬鳴王菩薩誓願神通化　南無普供養菩薩摩訶薩

「十供養」總共十種供養物「香、花、燈、塗、果、茶、食、寶、珠、衣」奉獻於佛前，各有其不同的功德，同時具有十種不同的象徵意義；十供養蘊含著豐富的佛教典故，也透露豐富的漢傳文化，並表達供養者的祈福與期許。

3.六供養

《瑜伽焰口施食要集》〔註137〕有「六供養」，供佛諸天六種供品：

香、花、燈、塗、果、樂。

在佛光山，每年春節之後，國曆三月都會舉辦「禪淨密」共修法會，分臺灣北中南三區辦三次法會普度眾生，例如：2011.3.27 還為 311 日本東北大地震祈福，會後又再度為日本災區募捐。「六供養」是「禪淨密」法會儀軌之一，也是每年年底「水陸法會」或不定期之「焰口法會」的儀軌之一。法會開始，先禮請十方諸聖賢，悉來赴會，六道眾生悉皆皈依三寶，大眾以〈六供養〉供養諸佛菩薩。

〔註137〕《瑜伽焰口施食要集》，高雄市：裕隆，1997.1。

　　《瑜伽焰口》此書中有許多佛菩薩的手印，應與敦煌舞手姿有關，例如：「思惟菩薩」似「推擺手加托腮」〔註138〕；在頭上「雙手手掌上下交疊」似「攤手」變形，似「阿彌陀佛手印」〔註139〕；「抱拳」似「結三寶印」〔註140〕。

　　在徐師編排之〈六供養〉舞譜，也符合儒道藝術傳統「詩樂舞三位一體」設計，歌詞的部分由佛光山梵唄研究小組依據《瑜伽焰口》〈六供養咒〉〔註141〕的精神製作漢字歌詞，然後譜上新曲，再由徐師一音樂旋律編舞、訓練舞者，學生陳宜青記錄文字舞譜。〔註142〕

　　（女）維此妙香眞法供　久修戒定慧爲熏　以由中道觀心融　遍法
　　　　　界中常奉供
　　（男）我佛如來　有獻香眞言　謹當宣誦
　　（眾）唵薩婆怛他揭多　杜婆布闍瞑伽　三慕達囉　窣發囉挈　三
　　　　　末曳吽（鼓鈸）
　　（女）維此現前眞法供　忍衣智食妙難思　以由中道觀心融　遍法
　　　　　界中常奉供
　　（男）我佛如來　有獻衣眞言　謹當宣誦
　　（眾）唵薩婆怛他揭多　阿弩怛囉婆　日嚕跛摩　三摩地　婆鉢那
　　　　　跛那　部折那　薩網那　布闍瞑伽　三慕達囉　窣發囉挈
　　　　　三末曳吽（鼓鈸）
　　（女）妙寶現前眞法供　金剛能斷智難思　以由中道觀心融　遍法
　　　　　界中常奉供
　　（男）我佛如來　有獻寶眞言　謹當宣誦
　　（眾）唵薩婆怛他揭多　摩訶跛折嚕　嗢婆摩怛那　波羅密多　布
　　　　　闍瞑伽
　　三慕達囉　窣發囉挈　三末曳吽〔註143〕

〔註138〕《瑜伽焰口》，頁88。
〔註139〕《瑜伽焰口》，頁140。
〔註140〕《瑜伽焰口》，頁145。
〔註141〕《瑜伽焰口》〈六供養咒〉中，「布思必」代表花，「度必」代表香，「哑嚕吉」代表燈，「干的」代表塗，「你尾的」代表食，「捨不荅」代表樂器等六種供物。全咒的意義是說：正心奉獻，普結供養一切如來。
〔註142〕詳細的文字舞譜，見本論文第二章，頁90～94。
〔註143〕佛光梵唄法音清流之14，《梵音樂曲》。

（1）〈六供養〉圓形舞譜的思惟

國學大師季羨林盛讚敦煌舞發展前途無量，他認為「要弘揚中華優秀文化，絕不能忘記敦煌文書，而在敦煌文書中，舞譜又佔有特殊的地位，敦煌舞譜的研究出版，將會促進敦煌學的研究。」〔註144〕

徐師在〈六供養〉的舞碼中編排許多隊形「圓形」與舞者旋轉的舞姿，於是從探究「圓形」的美學原理再次思考牟宗三先生提出的圓教論點：

圓形的設計從單純配合節拍的舒徐或快轉到盛唐時的胡旋舞；圓形思既可上溯《易經》太極圖「陰陽對轉」「周而復始、循環往復」「物極必反、相反相成」，又可回到佛教《華嚴經》「重重無盡」的思考。

經變圖中的有「對舞」者，其圖示為左右兩個圓，橫放為「∞」，阿拉伯數字「8」，而分析要彩帶的路線也是走「8」，「∞」為數學符號之「無限」之義；從「無限」之義又可連結《阿彌陀經》、《無量壽經》之佛號「阿彌陀佛」可意譯為「無量光、無量壽、無限的時空之美、無量的祝福」，又可引申為：兼容多元文化的敦煌舞可創造超越時空的無限美。

圓形舞譜設計

〈六供養〉圓形舞譜的設計運用於：

> 手姿諸如：雲手、盤轉手、小五花、風火輪、臥魚、鷂子翻身。
> 腳步諸如：移步、躦步、碎步、踏步、踩步、各種跳躍步，跑圓場，
> 　　　　　整體圓形的走位。

四十位舞者演出之〈六供養〉，共排成三組前、中、後的隊形：

> 前：面向佛陀紀念館：四位飛天寬幅飄帶
> 中：環繞「禪」、「淨」、「密」三字中心內圈：四位伎樂天站在蓮花
> 　　座上彈撥：箜篌、鼓、琵琶、中阮，並有五位飛天舞動細彩帶
> 後：環繞「禪」、「淨」、「密」三字中心最外圈：二十五位飛天持「香、
> 　　花、燈、塗、果」五種供品。

各組的動作配合三段音樂設計「簡單的動作重複做」，表現整齊莊重的氣質，並隨三段音樂中的過片換位。

舞者自轉與舞團走位跑圓場

探求舞蹈的規律和把握其特徵，是研究各種舞蹈形式美的重要課題。歸

佛光山梵唄研究小組：法音清流之14，《梵音樂曲》，如是我聞，1998.9。
〔註144〕〈後記〉，董錫玖編：《敦煌舞蹈》，（新疆：新疆美術攝影，1992年），頁158。

納石窟經變圖（例如：維摩經變、藥師經變、彌陀經變、金剛經變）等壁畫〔註 145〕中「敦煌舞」各類的舞姿並加以分析其動勢，可總結其基本型態是 S 型。〔註 146〕S 型是典型的曲線美，不但普遍存在於敦煌佛雕、佛畫、印度舞的三道彎造型亮相，也存在於其他藝術形象，例如：雲貴地區的傣族舞蹈、義大利愛神維納斯的雕像……，推知 S 型的曲線美應是舉世共通的審美典型。回到太極圖，s 其實就是陰陽魚之間的分界，若以虛線連起 S 右上起點與左下終點，仍是一個圓；經變圖中，兩位飛天各自快速自轉，就是各自兩個圓，並形成「∞」，既是數學符號「無限」的意思，也是一個橫著的 8，又是一個上下 s 的合併，好像一個太極圖重複旋轉的形象。

　　太極圓中有陰陽有動靜，因為陰陽的轉變，所以從靜態壁畫與雕塑舞出動態，所以有不言而教慈悲的手印普渡眾生，所以《維摩詰所說不可思議解脫經　佛國品》說：「佛以一音演說法，眾生隨類各得解。」〔註 147〕，圓形之舞舞出佛法與禪意。

　　圓的妙用無窮，展現技巧時，可以快速旋轉如胡旋舞，搭配舞裙，如一朵瞬間盛開的花，許多舞者拿著自製的七色蓮花一起轉，便一起開出如同西方極樂世界的蓮池海會；音樂太長時，可以慢慢地自轉作滿拍子，也可以團體跑圓場配合節拍的時間。前者如第三段咒語的部分拍子較多，舞者就向左及向右慢慢轉一圈；後者如一二段之間和二、三段之間有間奏過片以及第三段之後的尾聲，最外圍的「香、花、燈、塗、果」五組飛天就小碎步跑圓場，把音樂節拍填滿。

〔註 145〕劉恩伯：〈談經變中的伎樂〉，《敦煌舞蹈》，新疆：新疆美術攝影，1992 年，頁 23～31。在浩如煙海的敦煌壁畫中，以「經變」最多。經是佛經，以繪畫或雕刻表現佛經故事的場面，叫作「變現」、「變相」，或簡稱「變」，「經變」就是佛經的圖像。以唐代而言，因為流行淨土宗的信仰，所以以「西方淨土變」、「觀無量壽經變」為多。以《阿彌陀經》為範本描繪「極樂世界」。

〔註 146〕許琪歸納為「S」形的運動到「S」形的造型。（〈我們怎樣使敦煌壁畫舞起來的〉，《敦煌舞蹈》，頁 131。）
　　　　李振甫解析南北朝時期的人物動態壁畫，把前肢、手腕手背和手指四部分順氣而貫，形成由曲線組成的一個較大的「S」型。（〈敦煌的手〉，《敦煌舞蹈》，頁 99。）
　　　　葉寧認為「三道彎」並非印度各派古典舞的特徵。（葉寧：〈宗教、神話和印度舞蹈〉，《舞蹈論叢》第二輯，1983 年。）

〔註 147〕《維摩詰所說不可思議解脫經　佛國品》（《大正新脩大藏經》第十四冊，編號 475、537），臺南市：和裕出版社，2008。

圓形的運轉還可解讀為《老子》「物極必反」、「周而復始」、「往復回環」如同「串珠」的象徵意義，所以任何一點都可以是起點也可以是終點，既然如此，也就是說，不管從哪一點起舞、從哪一個時空切入，都可以開始修行之旅，八萬四千法門都可以進入學佛的圓滿歷程。

總之，善用「圓」，既可豐富舞姿與隊形變化，更可彈性處理表演的時間，使整個表演活絡迴旋的空間，最終使整個演出圓滿順利，與會信眾共成圓緣。

（2）禮五方佛

〈六供養〉歌詞有三段，每段中都有咒語，舞到咒語時，向右、左一圈，且各踏、點五次，「五個方位」的踏點搭配禮敬五方佛。

五方佛禮讚見於《瑜伽燄口》施食法會初的壇場結界儀式中。修法時，為防魔障侵入，故劃一定之區域，以保護壇場及一切行者。其內容先以讚佛偈誦出，後唱禮五方佛偈並行「觀想」，最後以〈六供養咒〉及三稱完成結界儀式。

「五方佛」又稱「五智佛」、「五智如來」；根據《菩提心論》記載，大日如來為教化眾生，將其自身具備的五智變化為五方五佛，分別對應著佛教中的五種智慧。在五方（東、南、西、北、中）中，是以五佛莊嚴功德為壇場之結界。又隨方位，禮五方佛、觀想五佛各放本光（青、黃、赤、白、黑五色），結手印執持法器（五種不同的法器代表佛之五種大智慧；如「輪」表法界清淨智，「杵」表大圓鏡智，「寶」表平等性智等）。

五佛者，均遮那佛所現。所謂遮那如來內心證自受用已，成於五智：一、大圓鏡智，流出東方阿閦如來對治疑毒，執金剛杵；二、平等性智，流出南方寶生如來對治貪毒，執摩尼珠；三、妙觀察智，流出西方彌陀如來對治癡毒，執妙蓮華；四、成所作智，流出北方成就如來對治慢毒，手輪相交；五、法界清淨智，即中央毗盧遮那如來對治瞋毒。〔註148〕

（3）〈啟告十方〉

法會唱到〈啟告十方〉時，舞者化身天女，灑菩提葉，典故源於《維摩詰經》「天女散花」，2011.03.27 南區「禪淨密法會」並超薦日本東北大地

〔註148〕郭金桂臺北報導，《人間福報》，2010.8.24。
「佛光山普門寺 8 月 22 日啟建孝道月第十四場「瑜伽燄口法會」，超過 600 位的信眾前來參加，住持永富法師於法會結束後開示……」

震,「敦煌舞」的程序除了原有的〈六供養〉比 2010 年 3 月法會多舞〈啓告十方〉,〈啓告十方〉是「瑜伽燄口」施食法會〔註 149〕中的一段祈願召請文,旨在稟告十方諸佛菩薩,慈念眾等至誠懇切祈禱,而慈悲加持世界和平、人民安樂。十方,指東、西、南、北、東南、西南、西北、東北、上、下等方位。〈啓告十方〉乃其內容如下:

> 啓告十方諸佛菩薩、護法諸天、歷代祖師:
> 我今眾等,以至誠心,懇切祈禱,願佛垂慈護念攝受,福我世界國
> 富太平、社會安和、人民樂利,全民上下團結一致,同心協力步上
> 民主,佛教興隆信仰淨化,身心自在、前途光明。今承佛力再啓十
> 方:
> 世界和平、天長地久、佛光普照、共建淨土。〔註 150〕

禮拜五方佛,五個方位代表所有空間,方位與陰陽五行思想不無關連,《類說》引古本《教坊記》云:「開元十一年(公元七二三年),初製《聖壽樂》,令諸女衣五方色衣以歌舞之。」〔註 151〕祈求諸佛菩薩,引導參加法會的眾生,及其歷代祖先、累劫冤親債主,往生西方極樂淨土、共成佛道,一如法會結束之〈回向偈〉所祝福:「願生西方淨土中　九品蓮花爲父母　花開見佛悟無生　不退菩薩爲伴侶。」

(4)「圓教」的精神

「圓教」是敦煌舞〈六供養〉表演的精神中心,舞姿與隊形的起承轉合,都表現圓融的銜接。

「圓教」一詞見於中國佛教之判教,中國佛教宗派將經典教法批判分類,並以本派所宗之經典教法爲最圓滿究竟的教法,謂之「圓教」,但各派思想不同,所認爲的圓教各異,如:天台宗以《法華經》和《大般涅槃經》爲圓教,〔註 152〕華嚴宗以《華嚴經》爲圓教,道宣以唯識思想爲圓教。

〔註 149〕佛門爲救拔地獄、餓鬼等眾生而舉行「瑜伽燄口」施食法會,例如在:清明、七月梁皇法會、水陸法會……中的最後一場、《人間福報》訂報戶,或應信徒需要特別舉辦。

〔註 150〕〈啓告十方〉,佛光山梵唄研究小組:法音清流之 14,《梵音樂曲》,如是我聞,1998.9。

〔註 151〕《敦煌文學作品選》〈劍器詞〉注 5,(臺北市:新文豐,1988.10),頁 102。

〔註 152〕以天台宗來說,將釋尊所傳,以「五時八教」(教相判釋)分類:
先按時間區分爲華嚴時、阿含時、方等時、般若時、法華涅槃時五個時期;
再將經典按照內容和形式兩方面,區分成四類,合稱爲「八教」,與五時合稱

以天台宗而言，《法華經》一念三千之法門，明示所有眾生和宇宙法界非各自存在，而是一體不離的關係，以凡夫之身就可達成即身成佛；也就是說，煩惱即菩提、生死即涅槃、眾生即佛、九界即佛界等，一切眾生皆能平等地打開成佛之道。

以華嚴宗而言，於舊譯《華嚴經》卷五十五，有為善財童子說圓滿因緣修多羅之記載。

在中國，將諸經典內容體系化，以作教相判釋，而稱究竟圓滿之教為圓教，例如：

北魏慧光判立漸、頓、圓三教，而將《華嚴經》列入圓教。

隋代智顗大師判五時八教，其中化法四教即包括三藏教、通教、別教和圓教；其中圓教之「圓」即不偏而圓滿之意。據《止觀輔行傳弘決卷一之五》載，若就教理義門之大小而言，則通、別二教為「小中大」，圓教為「大中大」；若就教相之偏圓而言，則藏、通、別三教為「偏中圓」，圓教為「圓中圓」；若就教義之圓滿究竟與否而言，則通、別二教為「半中滿」，圓教為「滿中滿」；若就權實而言，則別教為「權中實」，圓教為「實中實」；若就頓漸而言，則別教為「漸中頓」，圓教為「頓中頓」；若就諦理之真俗而言，藏、通、別三教為「俗中真」，圓教為「真中真」；若就義法之了義與否而言，藏、通二教為「不了義」，別教為「不了中了」，圓教為「了中了」；若就經典之判釋而言，於華嚴、方等、般若之說法中，雖亦皆說圓教，但均屬未開顯之圓，而非純粹之圓教，僅有《法華經》方屬純圓。

唐代法藏判立小乘教、始教、終教、頓教、圓教等五教，而將《華嚴經》列入第五之圓教。圓教即一乘教法，分為同教一乘、別教一乘二種。但以別教一乘超越諸經，乃說《華嚴經》之圓融無礙，故圓教又特指別教一乘。〔註153〕

「佛性同圓，豈有差別？但若不說，法則不顯，依眾生根器不同，分別而說。」蕅益大師《教觀綱宗》認為：藏、通、別、圓四教，只因「眾生根器」分別而有所不同，並非真實有不同。圓教根器的眾生，所悟的是「無作四諦」、「不思議不生滅十二因緣」、「稱性六度、十度」，施為法界，一切法趣

〔註153〕　「五時八教」。其中，以內容區分的「化法之四教」的第四個，即是圓教，圓滿無缺的教法之意。其具體代表是，《法華經》。
　　　　　《佛光大詞典》，《五教十宗》，《華嚴經旨歸》、《金剛頂經疏》卷一末，《四教義》卷一，頁 1146，2011.3.28。

施，是趣不過等。一切即一，一即一切。

「圓教」的觀念爲當代新儒家牟宗三先生所重視，牟先生認爲圓教的提出可解決西方哲學中「圓善」此一哲學的終極問題。對圓教的討論，可以理解爲儒釋道之圓融匯聚。〔註154〕「圓教」，說明世間一切存在之物，其根底皆是相互融合存在。〈六供養〉的舞姿舞容兼容並包儒釋道，舞出圓教的融合精神。

是以〈六供養〉以舞供養者，六供品即一切供品，供養者即包含六道的一切眾生，供養之六根六識，所供養之六觸六塵，即部分代替全體一切，舞者以一切舞姿舞容代表一切眾生奉獻誠心供養諸佛諸天眾生，舞出包容儒釋道融合的圓教精神。

（二）娛人，改往修來

「以舞供神」的功能除了娛神也娛人，「娛神」以表達信眾的感恩懷德，「娛人」則包含「自娛、娛人」。就舞者而言「自娛」，是一種自我實現的成就感；就舞者表演給觀眾欣賞是「娛人」，而眾人及眾生都是未來佛，是以雖名爲娛人，實則也是娛佛，娛未來佛。而眾生在欣賞敦煌舞姿的同時，可能興發慕道向學之心，甚至發心精進修行，是以敦煌舞的演出功德無量。

1. 自我實現

就敦煌舞者而言，在演出前要花許多時間排練（熟練舞姿、節拍、隊形變化，培養團員間搭配的默契），製作道具、租借服裝、打扮得體，最後要克服在眾人面前演出的恐懼大方而自然的表現天人的莊嚴，漫長的準備過程到圓滿的演出，是一種「自我實現的成就感」，懷著

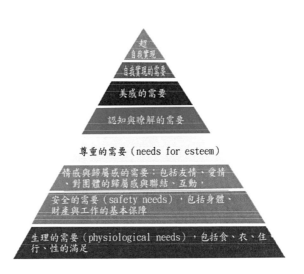

〔註154〕參見：

　　牟宗三：〈圓善論，臺北市：臺灣學生，1985。

　　黃敏浩：〈牟宗三先生論佛教的圓教〉，《第六次儒佛會通文集》，《漢學研究通訊》，2002.5。

虔誠修行的恭敬心，以舞供養諸佛也包含供養「個人」，因為見賢思齊，自己將成為「未來佛」。這也是美國心理學家馬斯洛（Abraham Harold Maslow，1908～1970）「需求層次理論」最高層次的「超自我實現」。〔註155〕

馬斯洛認為，人類價值體系存在兩類不同的需求：

一、是沿生物譜系上升方向逐漸變弱的本能或衝動，稱為低級需要和生理需要。

二、是隨生物進化而逐漸顯現的潛能或需要，稱為高級需要。

為了求生存，人類需要「生理、安全、社會、尊重、自我實現」這五種不同層次的需求，但在不同時期表現出各種需要的迫切程度不同。按照需要的重要性和層次性排成一定的次序，從基本的（如：食、住）到複雜的（如：自我實現）。人的需要影響其行為，當某一級的需要得到滿足後，才會追求高一級的需要，如此逐級上升，成為更上層樓的內在動力。

人的最高需求即「自我實現」。馬斯洛認為人在「自我實現」的創造性過程中，會產生出一種「高峰體驗」的成就感，這時候是最激盪人心的時刻，是人存在的最高、最完美、最和諧的狀態。

許多敦煌舞者在一次又一次的編舞、排練直到表演結束，這一連串的過程中，創造了多次「自我實現」的成就感，也是繼續走下的內在動力與背後支持。

2. 懺悔發願

敦煌舞的演出，提醒舞者與觀眾修行，依據《水懺》中的思惟，修行以跳出輪迴，如何修行？「改往修來，懺悔發願」。

《水懺》上卷說：

> 懺悔者。本是改往修來。滅惡興善。

又說：

> 人之居世誰能無過。學人失念尚起煩惱。羅漢結習動身口業。豈況凡夫而當無過。但智者先覺便能改悔。愚者覆藏遂使滋蔓。所以積習長夜曉悟無期。若能慚愧發露懺悔者。豈唯止是滅罪。亦復增長無量功德。豎立如來涅槃妙果。

修行首先就是要懺悔改正錯誤，不要再犯同樣的過錯，眾生輪迴不知已有多

〔註155〕王美緒編著：《圖解心理學》，新北市：華威國際，2012.5。

少世，所造因果業報不知凡幾，只要慚愧肯懺悔改過，不但可以滅罪，還會增長無量功德，證得涅槃妙果。《水懺》上卷說：

> 弟子某等今日所以懺悔者。正爲無始以來。在凡夫地。莫問貴賤。罪相無量。或因三業而生罪。或從六根而起過。或以內心自邪思惟。或藉外境。起諸染著。如是乃至十惡增長。八萬四千諸塵勞門。然其罪相雖復無量。大而爲語。不出有三。一者煩惱。二者是業。三者是果報。此三種法。能障聖道。及以人天勝妙好事。是故經中目爲三障。

眾生如我等者，自從無始劫以來不知道已犯了多少過失（「凡夫之人。舉足動步。無非是罪。又復過去生中。皆悉成就無量惡業。」），總括來說犯錯的原因有三種「煩惱、業、果報」，稱爲「三障」障礙我們修行的絆腳石，諸佛菩薩憫念眾生，所以教我們用「懺悔」的方式來解冤釋結、改過遷善，「懺悔」是洗滌罪惡最快的方法。

《水懺》上卷：

> 所以諸佛菩薩。教作方便。**懺悔除滅。此三障滅。**則六根十惡。乃至八萬四千諸塵勞門皆悉清淨。是故弟子某甲等今日運此增上勝心。懺悔三障。欲滅三障者。當用何等心。可令此障滅除。先當興七種心。以爲方便。然後此障乃可得滅。何等爲七。**一者慚愧。二者恐怖。三者厭離。四者發菩提心。五者怨親平等。六者念報佛恩。七者觀罪性空。**

「懺悔」是洗滌罪惡最快的方法，懺悔之前要先起七種心：「慚愧、恐怖、厭離、發菩提心、怨親平等、念報佛恩、觀罪性空。」

> 第一慚愧者。自惟我與釋迦如來。同爲凡夫。而今世尊成道以來。已經爾所塵沙劫數。而我等相與耽染六塵。輪轉生死永無出期。此實天下可慚可愧。可羞可恥。

第一，首先要發慚愧心，慚愧我們怠惰，佛陀跟我們一樣曾經是凡夫俗子，因爲精進修行已成佛，我們卻還在六道輪迴，尚未轉迷成悟、轉識成智。

> 第二恐怖者。既是凡夫。身口意業。常與罪相應。以是因緣。命終之後。應墮地獄畜生餓鬼受無量苦。如此實爲可驚可恐。可怖可懼。

第二，要發恐怖心，我們每天時時刻刻一直在造身口意三惡業，再不改進，死後就會墮入三惡道（「地獄、畜生、餓鬼」）受無量的痛苦。如果害怕墮入

三惡道，就不要再造三惡業。

> 第三厭離者。相與常觀生死之中。唯有無常苦空無我。不淨虛假如水上泡。速起速滅。往來流轉猶如車輪。生老病死八苦交煎。無時暫息。眾等相與但觀自身。從頭至足。其中但有三十六物。髮毛爪齒。眵淚涕唾。垢汗二便。皮膚血肉。筋脈骨髓。肪膏腦膜。脾腎心肺。肝膽腸胃。赤白痰癊。生熟二藏。如是九孔常流。是故經言。此身眾苦所集。一切皆是不淨。何有智慧者。而當樂此身。生死既有如此種種惡法。甚可患厭。

第三、生起厭離心，不要執著肉身，這一身體縱使有再漂亮的外貌，從生到死，從外到內，每天整天都在排泄廢物，不乾淨，所以不用執著此軀殼，為了這個軀殼造作惡業，貪吃貪愛縱欲，不值得。

> 第四發菩提心者。經言。當樂佛身。佛身者。即法身也。從無量功德智慧生。從六波羅蜜生。從慈悲喜捨生。從三十七助菩提法生。從如是等種種功德智慧生如來身。欲得此身者。當發菩提心。求一切種智。常樂我淨。薩婆若果。淨佛國土成就眾生。於身命財。無所吝惜。

第四、發菩提心，學習行菩薩道，所以要廣行「無量功德」，「成就眾生，於身命財。無所吝惜」；要長養一切「智慧」，修習「六波羅蜜」，最後「常樂我淨。薩婆若果」，將來也要成佛

> 第五怨親平等者。於一切眾生。起慈悲心。無彼我相。何以故爾。若見怨異於親。即是分別。以分別故。起諸相著。相著因緣生諸煩惱。煩惱因緣。造諸惡業。惡業因緣。故得苦果。

第五、生起怨親平等心，「於一切眾生。起慈悲心。」眾生平等，對待人物不要起分別心，不用分討厭與喜歡，只要泯除分別心就不會執著，也就不會起煩惱，不起煩惱就不會造惡業嘗苦果。

> 第六念報佛恩者。如來往昔無量劫中。捨頭目髓腦。支節手足。國城妻子。象馬七珍。為我等故。修諸苦行。此恩此德。實難酬報。是故經言。若以頂戴。兩肩荷負。於恒沙劫。亦不能報。我等欲報如來恩者。當於此世勇猛精進。捍勞忍苦。不惜身命。建立三寶。弘通大乘。廣化眾生。同入正覺。

第六、「念報佛恩」，生起感恩佛陀的心，佛陀在過去生中為了救度我們吃了

好幾輩子很多的苦，所以我們要努力修行——「當於此世勇猛精進。捍勞忍苦。不惜身命。建立三寶。弘通大乘。廣化眾生。同入正覺。」也成為有能力助人的人分攤佛陀的辛苦，最後也成佛來報答佛恩。

> 第七觀罪性空者。罪無自性。從因緣生。顛倒而有。既從因緣而生。亦從因緣而滅。從因緣而生者。狎近惡友。造作無端。從因緣而滅者。即是今日洗心懺悔。是故經言。此罪性。不在內。不在外。不在中間。故知此罪。從本是空生。

第七、生起「觀罪性空」。「罪無自性。從因緣生。顛倒而有。」「從本是空生」，所以說「菩薩畏因，眾生畏果」，我們只要不造惡因就不會受惡果。

生完七種善心，接著進行懺悔，祈求諸佛菩薩加持：

> 若欲行此法者。先當外肅形儀瞻奉尊像。內起敬意緣於想法。緣想十方。諸佛賢聖。擎奉合掌。披陳致禱。慚愧改革。舒瀝心肝。洗蕩腸胃。如此懺悔。何罪而不滅。何福而不生。

然後懺悔煩惱障、業障、因果障，煩惱皆因「貪嗔癡」三毒引起：

> 第一先應懺悔煩惱障。而此煩惱。皆從意起。所以者何。意業起故。則身與口。隨之而動。意業有三。一者慳貪。二者瞋恚。三者癡闇。由癡闇故。起諸邪見。造諸不善。是故經言。貪瞋癡業。能令眾生。墮於地獄、餓鬼、畜生受苦。……今日至心歸命諸佛，求哀懺悔。

煩惱因蔓不斷，皆因無明，一方面我們要自己斷除愚痴無明，一方面仰仗諸佛菩薩智慧的加持，祈求佛菩薩大慈大悲給我們力量，尤其再遇到瓶頸，困頓疲乏的時刻，更需要諸佛菩薩的鼓勵。

很多佛經典中都有記載懺悔的方法，共修或法會中最常用的是《大方廣佛華嚴經　普賢行願品》懺悔業障願中的四句偈：

> 我昔所作諸惡業，皆由無始貪瞋癡，
> 從身語意所生，我今一切皆懺悔。

總之，懺悔有幾個重點：

懺悔，要發慚愧心，要在發現錯了之後立即懺悔，以後也不要再犯同樣的錯，「未來之惡更不敢造」。

懺悔，要相信因果報應，知道自己的所作所為肯定會得到相應的果報。

懺悔，要對著佛法僧懺悔，並祈求諸佛菩薩的做證與加持，要精進修行，發願以後要行菩薩道，也要成佛做祖。自己也要學佛成就「法身佛、報

身佛、化身佛」三身：

「法身」，眾生本自具足的眞如佛性，無始無終、不生不滅、不去不來、能生萬法，不會斷滅的正念，此正念能「見、聞、知、覺」一切千變萬化的世界，含融一切的顯現。這永不斷滅的心念，就是我們法身。有情眾生的生命，從出生至死亡的過程，只是一期一期輪迴報應身的呈現；「法身」則無始無終、不生不滅。

「報身」，報應所得之身；例如六道眾生，都是不同的報應身。就人而言，有人出生富貴、有人出生貧賤；有人長相莊嚴健康、有人殘缺多病，有人聰明伶俐、有人愚昧魯鈍。爲什麼？一切都是自作自受，自己造業就要承受果報。《大寶積經》云：「所作業不亡，縱經百千劫，因緣會遇時，果報還自受。」〔註156〕因爲過去所造的業因不同，所以現在感得的果報身也不一樣。因果報應，是宇宙間最公平的法則。

「化身」，千變萬化之身份。以人而言，在不同的時空，就會有不同的身份。例如：在父母面前是子女；在子女面前就是父母；在配偶面前是丈夫或妻子；在同事面前則成了主管或員工；下了班，若在職進修，又變成學生。——雖然是同一人，但是場合對象不同、時空因緣不同，身份亦隨之改變。

瞭解了自己的法、報、化三身後，我們要進一步地認識佛的三身：「清淨法身佛、圓滿報身佛、千百億化身佛。」

清淨法身佛

「法身」空寂，本自清淨，周遍含融，能生萬法。眾生心即佛心，但因無明障蔽，所以眾生不能自見本自清淨與佛無異之法身。「心、佛、眾生三無差別。」〔註157〕若能證悟空性，漏盡無明，所謂「無明分分破，法身分分見」，最後必能契悟清淨法身佛的境地。

圓滿報身佛

「報身」，因智慧心起觀照作用、行一切善法，而成就圓滿報身佛的果報。

要證果地報身佛，須悲智雙運、廣度眾生、積累功德。

我們一旦覺悟了，曉得世界上的種種現象都是虛假幻化，如鏡花水月了

〔註156〕《大正新脩大藏經》第十一冊，編號 310，《大寶積經》CBETA 電子佛典 V1.42 普及版，2011.9.1。

〔註157〕《大正新脩大藏經》第九冊，編號 278，《大方廣佛華嚴經》CBETA 電子佛典 V1.43 普及版，2011.9.1。

不可得，便不去造業，也就跳脫受苦的輪迴；同時大悲之心油然而生，發起大願，廣度不斷造業受報的眾生。

大悲從大智生出，沒有大智也不能度眾生。因為要度眾生，須識眾生的根基，方能對機說法，所以度眾生要悲智雙運。功德圓滿了，感得的報身是果德大光明的報身。〔註158〕報身佛位居淨土世界，例如：釋迦牟尼佛的報身居於華藏世界，此淨土世界中尚有諸多菩薩，他們是報身佛所教化的對象。

千百億化身佛

眾生無量，諸佛無量；世界無量，佛土亦無量。

諸佛應機化現在百千萬億世界中，教導眾生。不同世界的化身佛，各有其名號，例如：娑婆世界的教主，化現為：南無本師釋迦牟尼佛，這一佛身就稱「化身佛」。

法身是萬法的本體，報身和化身則是法身所呈現的相貌和作用。「體、相、用」三位一體，「法、報、化」不即不離，總不出這一念心的範圍。修行就是要在這一念心上用功，時時覺察、覺照自己的言行舉止、起心動念，是否是善念？善行？先以世間善法為基礎，修一切善斷一切惡，然後更進一步修善不執著善，契悟空性，觀空不住空，惑破塵沙，終究必能成就「法報化一體三身」的佛果。〔註159〕

眾生皆有佛性，人人皆可成佛，所以大家要發大願，替自己訂下早日成佛的目標與計畫，然後老實修行，眾成佛道。

小　結

「開悟在《楞嚴》，成佛在《法華》。」依照《法華經》給信徒的信心——眾生都是未來佛——，因此信徒供養諸佛的「佛」也包含自己這個「未來佛」，但要「信願行」三者並進。

學佛要「解、行並重」，修行不能只是研讀理論句讀訓詁就奢望能改往修來，還要加倍精進修行以克期取證，也就是《瑜伽師地論第31》所說的「加行」，這就是為什麼說敦煌舞是「修行之舞」的原因，也就是說敦煌舞姿的「核心」及「內在精神」就是修行。

〔註158〕參見元音老人主講：〈法身、報身、化身〉，《報恩佛網》杭州，1990.11.12。
〔註159〕元音老人主講：〈法身、報身、化身〉，《報恩佛網》杭州，1990.11.12。

第六章　敦煌舞的美學相對思惟

　　誦讀佛經時要「隨文入觀」，觀賞敦煌舞時要「隨舞入觀」。敦煌舞的演出既表現舞姿舞容的「外在美」，也發揚佛教精神的「內在美」──莊嚴的「宗教美」，這就是敦煌舞的佛教美學相對論

　　就「外在美」而言，東漢傅毅〈舞賦〉云：「歌以詠言，舞以盡意，是以論詩不如聽聲，聽聲不如察形，⋯⋯舞！材人之窮觀，天下之至妙」〔註1〕。唐平洌〈舞賦〉（《全唐文》卷 406）有言：「樂者所以節宣其意，舞者所以激揚其氣，不樂無以調風俗，不舞無以攄情誌。」〔註2〕

　　記錄漢代歌舞的傅毅〈舞賦〉，最可貴的是提出「舞以盡意」的觀點。因為自古以來舞樂只被視為教化的工具之一，傅毅還指出舞樂「寓教於樂」的作用，但不是單純的娛樂，是一種情意教育，包含藝術文化的薰陶、人文的素養，不是死版的教條，而是在舞姿的美感律動中，自然而然、不著痕跡地淨化人心、昇華人的精神性靈。

　　李澤厚分析「美的三層」：「審美對象、性質（素質）、美的本質根源。」〔註3〕有關「美的本質」，他在《美學三題議》（1962 年）說：「美只有在主觀實踐與客觀現實的交互作用的意義上，才可說是一種主客觀的統一。」〔註4〕以敦煌舞來說，「審美對象」是表演的舞碼，「美的本質根源」是眾生皆有審美的本能、佛性的光輝。「審美的性質（素質）」，是觀眾欣賞（「主觀實踐」）

〔註1〕章滄授、芮寧生：《漢賦》，（珠海出版社，2004.6.30），頁 138。
〔註2〕唐平洌：〈舞賦〉，《全唐文》卷 406，上海市：上海古籍出版，1990。
〔註3〕李澤厚：《美學四講》，（臺北市：三民，2001.10），頁 46。
〔註4〕李澤厚：《美學四講》，頁 49。

演出（「客觀現實」）的交互作用，是觀賞與感受的作用，是認知賞析與情意的作用。

第一節　佛教的相對思惟

一、一本萬殊

敦煌舞的演出運用許多相對的設計，從佛教的觀點而言，萬變不離其中，「萬法歸一，一歸萬法」〔註5〕，——「一」是眾生皆有佛性，「萬」是千變萬化的舞姿，是三藏十二部經典，是八萬四千法門。《維摩詰經·佛國品第一》：

> 佛以一音演說法，眾生隨類各得解。

「佛以一音演說法」是一本；「眾生隨類各得解。」是萬殊。

「一本萬殊」，宋明理學家稱之為「理一分殊」，根本道理只有一個佛家總稱為「共相」或「總相」（例如：佛性），但表現在萬事萬物方面就有千變萬化的可能稱為「殊相」或「別相」（例如：眾生）。

又譬如「千江映月」，月亮只有一個（代表佛性），倒映在千江（代表眾生）；「千江有水千江月」，就是眾生雖然外表不同但皆有佛性。月亮是「一本」、「共相」，千江月就是「萬殊」、「殊相」，佛的應化身，佛佛道同。

再如《易傳》：「易有太極，是生兩儀，兩儀生四象，四象生八卦。」太極就是「一本」、「共相」，兩儀、四象、八卦就是「萬殊」、「殊相」。

萬殊一本，殊途同歸，眾生及萬事萬物之「萬殊」、「殊相」，終究要回到一本」、「共相」，及殊途同歸。也就老子所言「歸根復命」，道法自然。

《莊子·知北遊》：

> 天地有大美而不言，四時有明法而不議，萬物有成理而不說。

天地是個大熔爐，而造化則是技藝高超的大匠人，它們陶熔澆鑄了宇宙萬物，萬物的生息繁衍、生死榮枯、得失悲喜，都歸入這大熔爐中渾然一體，在過程中消融、順應。

天地的大美，四時的序列，萬物的榮枯，那都是由於「惛然若亡而存，油然不形而神，萬物畜而不知。」自然的運轉所致，人在宇宙面前，只要虔

〔註 5〕曉雲法師：〈佛教變相之美育傳播　中國藝術與中國佛教藝術〉，《佛教藝術講話》，（臺北市：原泉，1994.7），頁 138。

敬謙卑、順其自然，就能悠遊自得。

《莊子‧知北遊》：「惛然若亡而存」，「惛然」就是《道德經》裏的「惚兮恍兮，恍兮惚兮」，在恍惚迷糊之中，生出眞空妙有；「若亡而存」，看似沒有，實際上卻存在，說它「有」又好像「無」，說它「無」又好像「有」。

「油然不形而神，萬物畜而不知」，大道展現了千變萬化而又神秘莫測，生養了天地萬物而不被萬物所知。這就是萬物的「根本」，把握住了「根本」，就可以觀天下了。

「大道」、「美」，就是「一本」；「天地萬萬物的生成變化」、敦煌舞演出的各種舞碼就是「萬殊」，但「萬殊」的動態不管如何變化，最後「殊途同歸」回到「道」，佛教也稱「般若」、「眞如」、「如來藏」，這就是「理一分殊」、「萬殊一本」的道理。

二、呼吸止觀

「敦煌舞」是佛教修行的法門之一。佛家修行號稱八萬四千種法門，周玉卿認爲「敦煌舞」屬於修行之舞，透過佛法的修持，開發出內在的覺性；透過敦煌舞的修行實踐，以體悟佛法；以表演來供養眾生並弘揚佛法。其中最基礎的修行是：「調息呼吸」及「靜坐法」——觀察呼吸的節奏以訓練專注力，例如天台宗的止觀修行法便與呼吸有關；恆常鍛鍊靜坐，可以啓發自性、開發潛能、拓展智慧。可見「敦煌舞」既自度消業又弘揚佛法。〔註6〕

隨舞觀想

誦經或拜懺時著重「專注」以隨文觀想經文的意涵，依此類推，「敦煌舞」與修行密切相關，在訓練或表演的過程中模擬壁畫中的「飛天」菩薩護持壇場，引領自己修行，同時也引領觀眾隨舞觀想，成爲修行的示範與表率。

（一）呼吸

敦煌舞的基本訓練爲呼吸，不論坐式、站式、蹲式，都以深沈的呼吸培養專注力。坐式時，如同打坐，腳跟和腳跟成一直線，或單盤、雙盤（腿），雙手佛手（蓮花指）或蝶姿（蘭花手）放兩膝，閉眼或開三分眼（又稱慈眼，取觀世音菩薩慈眼視眾生之意），眼觀鼻、鼻觀心數息或念佛。瑜伽、《黃庭外景經‧二十呼吸》、北宋〈悟眞篇〉都討論過呼吸。呼吸吐納以生息，《四

〔註6〕周玉卿：〈修行之舞的發軔〉，《金色蓮花》，1995年7月。

十二章經》第三十七章云：「人命在呼吸間」。

    佛問沙門：「人命在幾間？」對曰：「數日間。」

    佛言：「子未知道。」

    復問一沙門：「人命在幾間？」對曰：「飯食間。」

    佛言：「子未知道。」

    復問一沙門：「人命在幾間？」對曰：「呼吸間。」

    佛言：「善哉！子知道矣。」〔註7〕

《水懺》上卷：

    且復人命無常。喻如轉燭。一息不還。便同灰壤。

《水懺》下卷：

    多欲之人多求利故。苦惱亦多。知足之人雖臥地上。猶以爲樂。不
    知足者雖處天堂猶不稱意。但世間人忽有急難。便能捨財不計多
    少。而不知此身臨於三塗深坑之上。一息不還便應墮落。忽有知識
    勸營功德。令修未來善法資糧。執此慳心無肯作理。夫如是者極爲
    愚惑。何以故爾。經中佛說。生時不齎一文而來。死亦不持一文而
    去。苦身積聚爲之憂惱。於己無益徒爲他有。無善可恃無德可怙。
    致使命終墮諸惡道。是故今日歸命三寶。至誠懺悔。

萬物隨時都在呼吸，當呼吸停止時生命即殞落，呼吸以證明生命的存在。佛
陀以呼吸說明生命的可貴，提醒眾生珍惜人生。坐禪的入門方法就在於學習
呼吸，最常用的是「數息法」或是觀察呼吸出入的「隨息法」。《法句經·惜
念品》：「出息入息念，具滿諦思惟。從初竟通利，安如佛所說。是則炤世間，
如雲解月現。起止學思惟，坐臥不廢念。」〔註8〕藉由數息打坐，可助人正念
分明、屏除雜念，進而入「定」，洞悉實相，例如：釋尊在菩提樹下靜坐而開
悟，密勒日巴尊者在山洞中靜坐而有廣大神通，太虛大師長期閉關靜坐之後
閱藏開悟。〔註9〕在吐納間「定慧不二」以心觀心，照見本來面目。

（二）「止」、「觀」

    「敦煌舞」最基本也重要的訓練是「呼吸」，而呼吸與佛教的「止觀」修

〔註7〕釋聖嚴：《四十二章經講記 觀世音菩薩普門品講記》，（臺北市：法鼓文化，
    1999年），頁65。

〔註8〕吳根友釋譯：《法句經》，臺北市：佛光文化，1997年。

〔註9〕周玉卿：〈修行之舞的發軔〉，《金色蓮花》，1995年07月。

行，密切相關。

「止」即「禪定」，止，如是住；定，本自具足佛性，眾生皆有佛性。

「觀」即「般若」，乃觀照之智慧。大圓鏡智〔註10〕，照而不藏，定會不二。

當今有些歐美人士仍循小乘的傳統，修習「毘缽舍那」──也就是「內觀」或「正念」的冥想法。〔註11〕但佛教東傳到中國乃大乘「自渡渡人」之佛教，敦煌舞既以舞自我修行，也是接引眾生趣入佛道的弘法方式之一。

據諸經論闡釋「止觀」有多種意義，〔註12〕佛教東傳中國後「止觀」向

〔註10〕 法相宗立四種如來的智慧：「成所作智、妙觀察智、平等性智、大圓鏡智。」
唐慧能，《六祖壇經・機緣品》：「大圓鏡智性清淨，平等性智心無病，妙觀察智見非功，成所作智同圓鏡。」
唐劉禹錫，《〈毗盧遮那佛華藏世界圖贊〉序》：「《佛說華嚴經》直入妙覺，不由諸乘，非大圓智不能信解。」
明李贄，《與馬曆山書》：「蓋人人各具有是大圓鏡智，所謂我之明德是也。」
清譚嗣同，《仁學》二六：「七十從心所欲不逾矩，藏識轉爲大圓鏡智矣。」
大圓鏡智，由第八識所轉，轉識成智。眾生無明不會用的時候，就是識；返本還原，轉第八識，就成大圓鏡智。
〔註11〕 〈佛陀再起──步出寺院，走入人生〉，《國家地理雜誌》中文版2005.12，頁92。
〔註12〕 另如：
《大乘起信論》卷下，舉出修行止觀門之方法：止息一切境界散亂之相而隨順奢摩他（止）；分別因緣生滅之相而隨順毘婆舍那（觀），以此二義漸漸修習，不相捨離而得成就。《佛光大辭典》「五行」，頁1085。
曇鸞，《往生論註》卷下，將奢摩他譯作止，止者，止心一處不做惡；將毘婆舍那譯作觀，觀者，心緣其事。《佛光大辭典》「五念門」，頁1109。
《成實論卷十五止觀品》，廣說止觀之行相，即：止爲定；觀爲慧，一切善法從修而生者，皆爲止觀所攝。止能遮結；觀能斷滅。又世間之眾生皆墮於二邊，若苦若樂：止能捨樂，觀能離苦。另七淨中之戒淨、心淨爲止，其餘五淨爲觀；八大人覺中之六覺爲止，二覺爲觀；四憶處中之三憶處爲止，第四憶處爲觀；四如意足爲止，四正勤爲觀；五根中之四根爲止，慧根爲觀；五力中之四力爲止，慧力爲觀；七覺分中之三覺分爲止，三覺分爲觀，念覺分則止觀俱隨；八道分中之三分爲戒，二分爲止，三分爲觀，其中，戒亦屬於止。又止能斷貪，觀則能除無明。
《北本大般涅槃經》卷三十，修習止與觀之三種事由：（1）爲不放逸、莊嚴大智、得自在等三事，而修習奢摩他（止）。（2）爲觀生死惡果報、增長善根、破諸煩惱等三事，而修習毘婆舍那（觀）。
另如：《瑜伽師地論》卷四十五、梁譯，《攝大乘論釋》卷十五、《修習止觀坐禪法要》、《中阿含・卷十五三十喻經》、《長阿含經》卷九、《增一阿含經卷十一・六妙法門、止觀大意、守護國界章》卷上之下。《佛光大辭典》「三十

為重要修行法門之一。以「一心三觀（空假中）、圓融三諦、一念三千」聞名的隋僧智顗大師為天台宗（法華宗）初祖，以《法華經》（觀音信仰）為主要教義根據，天台宗以「止觀」為實踐法門，隋唐時代為敦煌壁畫的鼎盛時期，是以敦煌舞必與「止觀」有關。

「止」為梵語 śamatha（奢摩他），「觀」為梵語 vipaśyanā（毘婆舍那）之譯；止息一切外境與妄念而貫注於特定之對象，並生起正智慧以觀此一對象，稱為止觀，即指定、慧二法。又作寂照、明靜。〔註13〕《會疏》：「止觀無礙，故名解脫」。止是放下，觀是看破，止觀沒障礙，不但沒有障礙，就像水火既濟，相輔相成，止幫助觀，觀又幫助止，互相幫助，故名解脫。」〔註14〕

敦煌舞首重呼吸，呼吸之道可謂止觀之一面，止觀相輔相成以完成佛道，一如鳥之雙翼、車之兩輪。

智顗《摩訶止觀》卷三上，將止觀各立三義，稱為「三止三觀」：

「止」有「止息、停止、對不止止」三義。運用於呼吸打坐可以三個層次進化鍛鍊，即：煩惱妄想寂然而停息→緣心諦理，繫念現前而停住不動。→對不止而明止。無明與法性不二，然稱無明為不止，稱法性為止，乃相對而論，為以不止而明止。

「觀」有「貫穿、觀達、對不觀觀」三義，運用於呼吸打坐也可以三個層次進化鍛鍊，即：利用智慧以穿滅煩惱。→觀智通達以契會真如→對不觀而明觀。

止，謂法性寂然；觀，謂寂而常照。止如明鏡止水，觀如明鏡止水，影現萬象，故止與觀，實一體而不二。《止觀輔行傳弘決》卷一之二（大四六·一五一下）：「中道即法界，法界即止觀；止觀不二，境智冥一。」〔註15〕

無明與法性不二，稱無明為不觀，稱法性為觀，以不觀而明觀，乃相對而論，由此可見：「止觀雙修」且「止觀不二」。止觀具有相對與絕對之義，是以敦煌舞的修練亦應期許：斷煩惱、生智慧、超越對待，智斷不二法性之德。

從呼吸到止觀，佛家要眾生在修行中逐漸領生死一如，藉假修真，藉著色身修成佛身，煩惱即菩提，淤泥生紅蓮。

道品」，頁 506。
〔註13〕「四種念佛」，《佛光大辭典》，頁 1804。
〔註14〕錄自：淨空法師，《淨土大經解演義》第二四八集，2011.1.22。
〔註15〕《佛光大辭典》，頁 1476。

敦煌舞是修行之舞，是人間佛教弘法的法門之一，敦煌舞的訓練最基礎也最重要的是調整呼吸，形而下的身體要呼吸，形而上的精神心靈是「止」、「觀」修行；身體的律動呼應的是內在止觀、涅槃寂靜，常樂我淨。

第二節　敦煌舞的美學思惟

美學，是研究美的一般規律與原則的科學。美學主要探討美的本質、藝術創作的一般規律、藝術和現實的關係等。

李澤厚認為依形式而言，「美」有三種：

一，表示感官愉快的強形式。美必須具有感性形式，從而訴諸人的感性。

二，倫理判斷的弱形式。把原來屬於倫理學範圍的高尚行為的仰慕、敬重、追求、學習，作為一種觀賞、讚嘆的對象時，常用「美」這個字以傳達情感態度和贊同立場。所以，它實際上是一種倫理判斷的弱形式，即把嚴重的倫理判斷採取欣賞玩味的形式表現出來，這可說是《說文》「羊人為美」，美、善不分的延續。

三，專指審美對象。凡是能夠使人得到審美愉快的欣賞對象都較「美」。審美對象的出現是需要人在欣賞時的一定條件的，而審美對像是由人們的審美感受、審美態度所創造出來的。而審美的對象，是依賴於主體的作用才成為對象。〔註16〕

李澤厚說：「人的審美感知的形成，就個體來說有，有其生活經歷、教育薰陶、文化傳統的原由。就人類來說，它是通由長期的生活實踐（首先是勞動生產的基本實踐），在外在的自然人化的同時，內在自然也日漸人化的歷史成果；亦即在雙向進展的自然人化中產生了美的形式和審美的形式感。」〔註17〕

李澤厚又說：「審美的性質，就形式說，希臘講美的各種比例、對稱、和諧、秩序、變化、多樣統一和數學規律性；古代中國講究所謂五色、五色的協調和諧；荀子和《呂氏春秋》講到音樂中的數學；文藝復興獎黃金分割，凡此等等，都說明「美」具有一定的客觀性質和形式規律。這在美學上很重

〔註16〕李澤厚：《美學四講》，（臺北市：三民，2001.10），頁40～42。
〔註17〕李澤厚：《美學四講》，頁46。

要，特別在造型藝術中，所謂『按照美的規律來造形』」〔註18〕

一、模糊美學的相對意涵

（一）模糊美學

本節以「模糊美學」來賞析敦煌舞，乃因專家之言——俄國大文豪列夫・托爾斯泰認爲「美的客觀定義是沒有的」〔註19〕，王明居《模糊美學》說：

> 歷代美學家，都窮盡畢生精力，去尋找美的定義；但他們卻往往忽略：美是模糊的、不確定的、流動的、變幻的，用一個固定的框架去桎梏五彩繽紛的說不盡的美，是徒勞無功的。因此，研究模糊美學，更有助於我們去多角度地認識美的本質，而不至於陷入僵化的形而上學的理論泥沼中。〔註20〕

王明居界定「美」是「模糊的、不確定的、流動的、變幻的」，無法「用一個固定的框架去桎梏五彩繽紛的說不盡的美」，所以不要「陷入僵化的形而上學的理論泥沼中」，要借助「模糊美學」，「多角度地認識美的本質」。吳功正〈審美型態論〉談到「模糊美」的屬性是：

> 游移而生動的表象，非定量化和定性化，難以確定卻並非不可把握，難以窮盡卻遠非不可接近。模糊美是靠體驗所獲取、所創造，它是納入審美一般屬性的特殊形態。〔註21〕

吳功正說「模糊美」的屬性是「游移而生動的表象，非定量化和定性化」，這也就是王明居說的「不確定的、流動的、變幻的」，但吳功正進一步說「難以確定卻並非不可把握，難以窮盡卻遠非不可接近。」就給「模糊美學」指引一條研究的康莊大道，那就是「**模糊美是靠體驗所獲取、所創造，它是納入審美一般屬性的特殊形態。**」

這一句「模糊美是靠體驗所獲取、所創造」對於敦煌舞的「模糊美學」的研究太重要！諸葛亮〈戒子書〉有言：「夫學須靜也，才須學也；非學無以廣才，非志無以成學。」

〔註18〕李澤厚：《美學四講》，頁43。

〔註19〕俄國・列夫・托爾斯泰：《藝術論》，（北京：人民文學出版社，1958年），頁39。

〔註20〕王明居：《模糊美學》，〈自序〉，（北京：中國文聯出版公司，1992年），頁1。

〔註21〕吳功正：〈審美型態論〉，收錄於林文欽編著：《文學美學研究資料選集》，（高雄：春暉出版社，2003年9月），頁111。

「夫學須靜也，才須學也」；敦煌舞從靜態的石窟經變取材，敦煌舞的練習由靜坐而舞動，再復歸於靜止。

「非學無以廣才，非志無以成學。」敦煌舞的學習包括中西文化融合的豐富舞姿，也內涵儒釋道三家會通的文化深義；如果有心立志並堅持長時間的學習，就不會遇到困難就半途而廢。

「臺十一分鐘，臺上下年功」，敦煌舞整個表演其實包含靜心的訓練與修行，而不只是繽紛亮麗的彩衣、繁弦急管的伴奏，還有對諸佛菩薩諸天護法的禮敬、感恩懷德與見賢思齊的慕道之心。

「美」之所以難下定義，就是因為「美」具有模糊的特質。

關於藝術的境界，宗白華說：「以宇宙人生底具體為對象，賞玩它的色相，秩序，節奏，和諧，藉以窺見自我的最深心靈底反映；化實景而為虛境，創形象以為象徵，使人類最高的心靈具體化，肉身化，這就是『藝術境界』。」〔註22〕

黑格爾說：「藝術的最重要的一方面從來就是尋找引人入勝的情境，就是尋找可以顯現心靈方面的深刻而重要的旨趣和真正意蘊的那種情境。」〔註23〕

以文學情境而言，意境有兩個基本要素，一是情景交融、意與境渾的意象，二是要有韻味，具有含蓄不盡的言外之意。權德輿《左武衛冑曹許君集序》云：「凡所賦詩，皆意與境會，疏導情性，含寫飛動，得之於靜，故所趣皆遠。」〔註24〕

就繪畫藝術的審美過程來看，張耀進則認為：「創作主體對物象本質的認識與感受，具有一種獨特的把握方式，審美主體基於感情生命，又不滯於其本身，從而釋形凝心，冥想妙理，以身心合一的整體生命去體悟審美物件，充分展開和調動形象思維，……作品就易於達到神合氣合，覺天盡性，參贊化育的新奇境界。」〔註25〕

張耀進的見解也適合運用在敦煌舞的審美過程，因為取自於的石窟經變圖、造像（靜態）的敦煌舞（動態）也是如此，畫師的創作畫出佛經的片段，而片斷借代經典全文；敦煌舞亦然，舞出經變圖中的一部分，而局部以代表佛經原文的精髓，——諸佛菩薩教化人心的用心於此可見一斑，眾生皆有佛

〔註22〕宗白華：《美學的散步》（I），（臺北：洪範書店，2007 年 8 月），頁 13。
〔註23〕黑格爾：《美學》第一卷（北京：商務印書館，1981 年），頁 254。
〔註24〕權德輿：《權德輿文集》，甘肅：人民，1999。
〔註25〕張耀進：〈試論意境的模糊性〉，《畫學新論》（繪畫版），頁 13。

性，皆是未來佛。現在只因無明牽引，致使眾生執著煩惱，顛倒妄想，只要萬緣放下，復歸眞如本性，是心即佛，是心做佛，皆能成佛。所以石窟經變圖、造像、敦煌舞的演出，不只展現諸佛菩薩形像的藝術美，還要點化人心，直指人心，眾生自己本具清淨佛性，皆能成佛，都是未來佛。總之，敦煌舞兼具外在美（形象美）與內在美（心神美、佛性清淨之美）。

然而，無論是文學的情境或繪畫舞蹈等藝術的境界，一切藝術都是按照「相對」的法則產生的，如動靜、顯隱、虛實等。以下要從「虛實」這兩個相對觀點來看，葉朗認爲：

藝術形象必須虛實結合，才能眞正反映有生命的世界。〔註26〕

所謂「留白天地寬」，以中國古典文學藝術而言，書法、國畫、詩詞曲、小說、戲劇等的意象結構中，沒有虛空（空白、想像的空間），就無法表現空靈的意境，因爲虛實相生，有無相成，或以虛爲實、或以實爲虛，虛中有實、實中有虛，凡此都是中國美學思想中的重要表現。

藝術作品的形象層隱含幻想世界，只可意會不可言傳，意會與想像的空間無限遼闊，經常具有：

「多樣性、朦朧性、寬泛性、非確定性、不可解說性，是這個又那個，是 A 又不是 A 等等，它「大」於一般的邏輯思維，包含著無意識性和非自覺性。這種創作和欣賞狀態，如同感知形式層一樣，常常不可傳授只有經過自己親身活動去積累，才能夠眞正感受到、體會到它的存在。」〔註27〕

徐復觀解釋中國詩文中「文有盡而意有餘」的一段話：

意有餘之「意」，決不是「意義」之意，而是「意味」之意。「意義」之意，是以某種明確的意識爲其內容；而意味之意，並不包含某種明確意識；而只是流動著的一片感情的朦朧縹緲的情調，……，一切文學的最高境界，乃是在有限的具體事物之中，敞開一種若有若無、可意會而不可言傳的主客合一的無限境界。〔註28〕

「文（舞）有盡而意有餘」——

欣賞「敦煌舞」的演出何嘗不是如此？在飛天繚繞的飄帶旋轉中，暈頭轉向的不是舞者，而是觀者自己的心；眼花撩亂的遐想，來自於物欲的氾濫，

〔註26〕葉朗：《中國美學史》，（臺北：文津出版社，1996 年 1 月），頁 16。
〔註27〕李澤厚：《美學四講》，（臺北市：三民，2001.10），頁 159～160。
〔註28〕徐復觀：《中國文學論集》，（臺北：學生書局，1980.5），頁 114～11。
　　　　轉引自李澤厚：《美學四講》，頁 163～164。

欲深谿壑的背後是朦朧、渾沌的第八意識，那藏著累世記憶的黑盒子，有多少無明妄想待去除，有多少顛倒執著待放下，有多少愛恨情仇待解脫？然而在朦朧中，有熠熠發亮的真如本性清楚地等待我們明心見性。

（二）「模糊美」

模糊美的特性有三：不確定性、整體性、互滲性。茲分論如下：

1. 不確定性

宇宙萬物都在流動之中，沒有永恆的事物，生命的過程就是一種流動、不確定性，而這不確定性是造成模糊性的一個主因。黑格爾在《自然哲學》中言：

> 運動的本質是成為空間與時間的直接統一；運動是通過空間而現實存在的時間。〔註29〕

王明居認為：

> 美感心理空間場所承受的只是特定視覺範圍內的美的刺激。當美的刺激在視網膜上逐漸消失時，美感心理空間場亦隨之逐漸消失，變得模糊起來。美感心理空間場雖然消失了，但卻作為信息保存在記憶的倉庫裡。〔註30〕

當下的美感感受，不是固定不變的，前一刻的美會消失，後一刻的美會湧現；美，是流動的變化。王明居因此說，不確定性是形成模糊美的根本原因：

> 美，在流動中是離不開特定的空間與時間的。因此，美，具有它本身所處的時間性與空間性。**在流動中，由於時間和空間的變化，美也在變化。在變化中，由於時間和空間的變化，美也在變化。**在變化中，出現許許多多不確定的中間環節，相互過渡，而顯示出特有的模糊狀態。由此可見，由流動性所導致的不確定性，乃是形成美的模糊性的根本原因。〔註31〕

美，隨著流動中的時空變化，也在不停的變化中。在綿延的時間中、在無限的空間中，這變化中的美，出現許多不確定的環節，飄忽不定而展現模糊狀態──流動中變化的不確定性，是模糊美的一個特性。

〔註29〕黑格爾：《自然哲學》，梁志學等譯，（北京：商務印書館，1980年），頁58。
〔註30〕王明居，《模糊美學》，（北京：中國文聯，1992年2月），頁304。
〔註31〕王明居，《模糊美學》，頁215。

2.整體性

由整體所生發出的整體性是模糊美的一個重要特性。整體和整體性是緊密相連的：整體是整體性產生的母體，整體性是整體體現的程度。

就「整體」言。德國古典美學家謝林（1755～1854）說：

> 真正的藝術作品，個別的美是沒有的，唯有整體才是美的。〔註32〕

許許多多小的整體，構成一個大的整體；而一個大的整體，又分為許許多多小的整體。然而大大小小的每個整體，又在不停地流動、運轉，發展成各種不確定的狀態，這就是模糊狀態。

就「整體性」言。瑞士心理學家皮亞傑（1896～1980），確定結構整體性的原則，他說：

> 一個結構是由若干個成分所組成的，但是這些成分是服從於能說明
> 體系之成為體系特點的一些規律的。這些所謂組成規律，並不能還
> 原為一些簡單相加的聯合關係，這些規律把不同於各種成分所有的
> 種種性質的整體性質賦予作為全體的全體。〔註33〕

可見，整體性是各個部分的有機結合。各個部分在彼此滲透中，不斷地融合，終至失去原來的本質，並在這種相互滲透、融合中，重新組合成一個統一的整體特質。而這整體特質是朦朧的、混沌的，是一種模糊美。

文學中，情景交融的美，是一種整體美。王夫之在《薑齋詩話》中強調「情中景，景中情」：

> 情景名為二，而實不可離。神於詩者，妙合無垠。巧者則有情中景，
> 景中情。〔註34〕

情景交融的整體性，「妙合無垠」，難以言傳，自有一種模糊美。

3.互滲性

互滲性，是中介的滲透性與過渡性，是模糊美的另一個特性。

中介，就是中間的環節、過渡的橋樑，是事物彼此之間聯繫的紐帶。事物透過中介的環節、橋樑，彼此互相滲透、轉化，達到亦此亦彼的境界。而亦此亦彼就是一種模糊的狀態。

〔註32〕 朱光潛譯：《西方美學家論美與美感》，（臺北：漢京文化，1984年4月），頁246。

〔註33〕 引錄自王明居：《模糊美學》，頁221。

〔註34〕 〔明〕王夫之：〈夕堂永日緒論內篇〉一四，收錄於船山全書編輯委員會編校：《船山全書》第15冊，《薑齋詩話》，（長沙：嶽麓書社，1996），頁824。

　　黑格爾明確提出了事物與事物之間有「中介區域」聯繫。〔註 35〕黑格爾
認為：

　　　　中介性包含由第一進展到第二，由此一物出發到別的一些有差別的
　　　　東西的過程。〔註 36〕

黑格爾又說：

　　　　對立兩方的同一，之所以能達到，乃是由於「中介作用」，也就是「都
　　　　在直接的過渡裏揚棄其自身，一方過渡到對方」。〔註 37〕

黑格爾的中介區域論，顯現客觀事物的中間環節，不斷相互滲透、過渡，而
呈現出亦此亦彼的模糊性。就意象及其意象群的塑造言。文學模糊美感，必
須藉由意象及其意象群的塑造，加以展現表達。文學的模糊美，吳功正說：

　　　　它如同林中霏煙、江上霧雨、山間嵐氣，淒迷而朦朧，無法確切指
　　　　明其狀貌和性態，顯得籠統而模糊。〔註 38〕

可見，模糊美因為其他的形象和形象群之間，彼此互滲、交融、轉化，改
變原有的情態，出現「霧裡看花，終隔一層」的模糊美感。就主體的模糊
體驗言，審美體驗是主體的情感、情緒體驗，「是心靈中的不確定的模糊隱
約部分」，〔註 39〕變動不定的飄忽，隨機而充滿變化，如同葉燮《原詩》所
言：

　　　　意中之言，而口不能言；口能言之，而意又不可解。〔註 40〕

如此模糊心理狀態，使得審美體驗具有不確定性、多樣思惟性，相互交融。
吳功正說：

　　　　朦朧是對物象具體實在性的否定，摻和著虛幻的象徵體，造成物象
　　　　的不可坐實，並導入意緒性。詩人在審美中發現了意緒的波蕩、空
　　　　渺，難以確定，並且把斷續、虛玄的意識流作為審美觀照的對象，
　　　　構成似是而非的模糊意緒。〔註 41〕

〔註 35〕黑格爾：《邏輯學》，楊一之譯，（北京：商務印書館，1974 年），上卷，頁 45。

〔註 36〕黑格爾：《小邏輯》，賀麟譯，（北京：商務印書館，1981 年），頁 176。

〔註 37〕黑格爾：《小邏輯》，頁 294。

〔註 38〕吳功正：《中國文學美學·〈上卷·理論建構篇〉》，（南京：江蘇教育出版社，
　　　　2001 年 9 月），頁 407。

〔註 39〕黑格爾：《美學》之語，引錄自吳功正：《中國文學美學·〈上卷·理論建構
　　　　篇〉》，頁 409。

〔註 40〕葉燮：《原詩》，霍松林校注，北京：人民文學出版，1979 年。

〔註 41〕吳功正：《中國文學美學·〈上卷·理論建構篇〉》，頁 408。

可見，主體的模糊體驗構成了模糊美。模糊美的思維機制是一種直觀、直覺的思維，是一種整體綜合性的情感體驗。關於「美」，楊恩壽說：

> 所謂美者，姿色在其次，第一則在風致也。風致，非姿色可比，可意會而不可言傳。〔註42〕

具體的「姿色」可以作知性評述，卻不是構成美的首要條件；模糊性的「風致」，閃爍不定，飄忽移動，只能感性體驗，「可意會而不可言傳」，反而構成美的第一要素。一旦用情感體驗，就歸入模糊思維機制。吳功正以為：

> 中國傳統的思維機制主要是經驗、直觀，通過體驗、感受等多種心智機能等共同參與，去把握對象。直覺的非理性思辨傾向，使得藝術品很少作邏輯推理，但並不排斥中國詩人作家的深沈思慮。直覺思維易於導入模糊美學，理性思維便則易流入說教。〔註43〕

理性思辨易於流入說教，直覺思維易於導入模糊美學。直覺性、整體性的思維機制，形成了中國文學「似花非花」、「似與不似」的多值之美。多值模糊之美，打破了「非此即彼」的二值美學思維機制，創造**審美多維值**。吳功正說：

> 模糊美打破了美的單一性，避免了美的平直淺近無意味，使得藝術美呈現出王世貞批《琵琶記》所描述的那般境界：「這般恍惚心緒，似夢似醒，若有若無，舌底模糊，道不出處，卻寫得朗朗淒淒，真乃筆端有舌。」〔註44〕

「言語不可明白說盡，含糊則有餘味」，〔註45〕正是模糊思維機制體驗的感性特色。言語既不可說盡，以舞代言，「舞有盡而意無窮」，更符合佛說「不可說 不可說」，綜合上述「模糊美」的三大特性：「不確定性、整體性、互滲性」，也可闡釋「敦煌舞」的發展——

不確定性

確定性是暫時的、相對的，是從靜止的角度去觀照的；不確定性是永久的、絕對的，是從運動的角度去觀照的。

〔註42〕引錄自吳功正：《中國文學美學‧〈上卷‧理論建構篇〉》，頁 412～413。
〔註43〕吳功正：《中國文學美學‧〈上卷‧理論建構篇〉》，（南京：江蘇教育出版社，2001.9），頁 414。
〔註44〕吳功正：《中國文學美學‧〈上卷‧理論建構篇〉》，頁 415。
〔註45〕〔元〕范德機：《木天禁語》，收錄於〔清〕何文煥輯：《歷代詩話》，（臺北：漢京文化，1983.1），頁 746。

　　從北涼開鑿石窟經變圖以來，經變中的諸佛菩薩、飛天、供養人，表現胡漢不同膚色、體型樣貌：印度人膚色黑，濃眉大眼，金剛怒目，受到犍陀羅藝術（希臘）的影響，展現身材體格之美；胡人體型壯碩，善於騎馬打仗，胡騰舞表現金剛力士（藥叉形像）的粗曠豪邁；漢人膚色黃，丹鳳眼，書卷氣濃，展現文人清秀的風骨，而同樣是漢人，唐朝和宋朝的諸佛菩薩或供養人的形象也不同，呼應的也是國勢的興衰。同樣的，「敦煌舞」的展演，隨著表演空間（舞臺）的大小，時間長短，加上歷代舞蹈有各自的特色，至今許多專業的舞者在清末西風東漸之後，都受過西方芭蕾舞的訓練，所以在史上胡漢與當代中西的融合過程中，敦煌舞美在每一次的展演過程中都有其「不確定性」，也因為如此，「敦煌舞」的發展與時俱進，有古典傳統，也有當代更新。

整體性

　　前文說過，由整體所生發出的整體性是模糊美的一個重要特性。整體和整體性是緊密相連的。德國古典美學家謝林說：「真正的藝術作品，個別的美是沒有的，唯有整體才是美的。」許許多多小的整體，構成一個大的整體；而一個大的整體，又分為許許多多小的整體。然而大大小小的每個整體，又在不停地流動、運轉，發展成各種不確定的狀態，這就是模糊狀態。

　　「敦煌舞」的演出也是如此，每一個舞者是一個小的整體，每一個舞者舞出一個整體的隊形、舞碼，每一個舞者不停地舞動、運轉，發展成各種狀態，這在「千手觀音」的演出中尤其明顯，每一個舞者伸出手的時間不一樣，停放的高度、角度不能一樣，一個接一個如輪狀的動作，各自動作然後結合成一整體，然後在加速動作中產生朦朧美，尤其從遠距離更可感受到雖然朦朧卻形成一種模糊美。而且是「情景交融」的美，就是王夫之所說的「情中景，景中情」，許多舞者不且各自美，也舞出千手觀音，千手千眼，百千億化身，聞聲救苦，悲智雙運之美。

互滲性

　　「互滲性」主要就主體的模糊體驗言。做為一個「敦煌舞」舞者，特別有感觸，許多不同類型舞蹈的經驗經常互滲，以民族舞蹈來說，許多舞蹈來自生活經驗中的兩性互動（例如：新疆舞、雲南的傣族舞），都有眉目傳情的部分，眼神要勾（閩南語謂：「駛目尾」，歌仔戲謂：「小生小旦目尾牽電線」），但「敦煌舞」主要是「天人」之舞，所以徐玉珍師特別叮嚀要「美而不媚」；而 S 型三道彎的「推胯」也不是扭尾擺臀（俗稱「搖屁股」，閩南語謂：「搖腳穿花」）要

莊嚴，所以這個部分，在一開始切換模式時，身體與眼神要如何拿捏分寸，是個很容易被忽略的模糊地帶（互滲性）。每一支新舞碼在學習的開始，都是先聽音樂記動作，跳了很多次熟練舞步之後，才有辦法要求要跳出「韻味」，「韻味」約略就是前文所謂「主體的情感、情緒體驗」，是「心靈中的不確定的模糊隱約部分，變動不定的飄忽，隨機而充滿變化。」可是，一次又一次，不可計數，互滲的自己學佛的經驗，對諸佛菩薩的禮敬與心嚮往之，想要舞出佛菩薩的慈悲與智慧，想要感動觀眾、鼓舞觀眾，增加學佛行佛的信心，同時也勉勵自己，出淤泥而不染，濯清漣而不妖，悲智雙運，福慧雙修。

二、敦煌舞的相對思惟

美學研究從相對的觀點審美，可以衍生多方面的賞析與品評範疇，例如：「虛靜、虛實」；「盛美、含蓄」；「澹遠、神妙」；「中和、美刺」；「境界、神思」；「風骨、風神」；「意象、意境」；「奇正、高古」；「興寄、興象」；「自然、沖淡」；「綺麗、平淡」；「雄渾、沈雄」；「清雅、閒雅」；「趣味、氣味」；「清曠、幽邃」；「方圓、雅俗」；「妙悟、形神」；「肌理、寄託」等。

相對思惟在《易經》的太極圖中，以曲線一分為二，一半白一半黑，白者陽、黑者陰，白中有一黑點，黑中有一白點，表示陽中有陰，陰中有陽，又稱「陰陽魚」。此圖說明：世上的一切，乃陰陽兩種對立、相互關聯、往復循環的一體。例如：天地、水火、奇偶、外內、美醜、零一、善惡、得與失等，對照到文學的發展，諸如：散文與韻文、駢儷與散行、文人詩（五言古體詩）與民謠（樂府詩）、《花間集》與敦煌石窟中的《雲謠集》、格律與犯律等。在文學發展的脈絡中，與「陰陽魚」一樣有著往復循環、相生相轉的軌跡——民間傳唱經過文人的潤飾產生雅化的經典，但過於精緻、制式逐漸落於窠臼，又會朝民間找尋生命力如同「禮失而求諸野」，是以結合文人與民間雅俗的創作成為一個完整的文學太極圖。而因著「詩樂舞」三位一體，延伸到舞蹈，在敦煌舞的發展中，同樣的也有相對的設計：

敦煌舞的美學相對思惟	相對／相反	相反相成、相得益彰、互文見義
「美」也是「舞」的字源之一	羊大為美，羊人為美；優（秀）美、壯美	美
舞譜一	從無到有	現存寫卷／從壁畫、雕塑萃取

舞	文舞、武舞；健舞、軟舞	
「敦煌舞」的舞姿舞容	舞姿－（飛天）、左右上下；旋轉、停格	舞台走圓、隊形八卦圖
敦煌石窟經變圖	西方淨土變（往生）、東方淨土變（生）	都是淨土
陰陽美學	陰陽魚——陽剛、陰柔	太極圓
思想史	儒道互補、格義佛學（道釋互補）	儒釋道三家會通

就文學而言，中國有「移情說」、「距離說」，以某種美感經驗的特徵來確定審美規律，認為美或審美是無功利實用的心理距離，是主觀情感的移入對象，是以日常審美的心理經驗為依據或出發點。〔註46〕以唐朝 220 窟的〈維摩詰經變圖〉而言，圖中的比例不成比例，維摩詰居士和文殊師利菩薩的形像畫得超大，其他菩薩、羅漢、供養人畫得超小，要凸顯的是：維摩詰居士和文殊師利菩薩的崇高偉大與所言之「無上甚深微妙法」，而其他的形像與淺見代表的是渺小。

類似的畫風與技巧在唐朝所在多有，又如唐朝閻立本的《步輦圖卷》〔註47〕，把唐太宗李世民的體型畫得很大，侍者、吐蕃特使及隨從則畫得很小，圖畫比例懸殊別有用意，畫家透過人物的對比，具體而生動地表現出各自的精神氣質、性格身份。

在石窟經經變圖中，有供養者的常民生活，把世俗的物質享受轉移為供養，給諸佛菩薩；而眾生與諸佛菩薩的距離有多遠有多近？諸佛菩薩看似遙不可及，要點香邀請諸佛菩薩雲來集（「爐香乍熱 法界蒙熏 諸佛海會悉遙聞 隨處結祥雲 誠意方殷 諸佛現全身 南無香雲蓋菩薩摩訶薩」），也可以跟諸佛菩薩相即——以心印心，眾生本具佛性，心佛不二，心即是佛，佛即是心，以自性彌陀與諸佛菩薩心心相印，則「即」何有距離？眾生未悟之前與佛若即若離，轉迷成悟之後，眾生即佛，佛即眾生。

就美學範疇而言，「敦煌舞」的編導傳承石窟經變圖與造像可謂「高古」；現代新編的「敦煌舞」在傳承中創新，以見其「奇正」。就表演形式而言，表

〔註46〕參見李澤厚：《美學四講》，（臺北市：三民，2001.10），頁 79～80。
〔註47〕閻立本的，《步輦圖卷》，描繪唐太宗李世民於貞觀十五年，接見來到長安迎娶文成公主的吐蕃特使祿東贊的紀實情景。
　　　　錄自：《大紀元》〈組圖：故宮晉唐宋元書畫展〉，2007.7.20。

演的舞姿舞碼是形而下的形象，表演的精神意涵是形而上的眾生平等、本自具足佛性，也是諸佛菩薩的慈悲，若有一眾生未度者，不入涅槃，會乘願再來，「眾生度盡，方證菩提」。

（一）相反相成

1.反者道之動

在第五章第三節分析〈六供養〉的圓形舞譜時文借「太極圓」中陰陽魚相生的往復循環的，舞譜的韻動，符合《老子》四十章：「反者道之動」的規律，因為物極必反造成運動，因為相反的對立不但不只是抗衡也相對的成就了彼此，彼此既錯綜又相反相成，所以，有一連串的互文見義，而與「西方佛」（往生）、「東方佛的願力」（生），從太極圓陰陽魚、西方阿彌陀佛與東方藥師佛來理解，匯歸到佛家「圓教」的精神。敦煌舞在佛教藝術思想上成現相對的美感，相應道家道法自然的陰陽美學，可謂「反者道之動」。

又如，看似負面形象的道士王圓籙，販賣藏經洞文物，致使敦煌寶藏被輸出至英法諸國，然而也因此，許多敦煌文物被珍藏於國家級的博物館，進而引發百年來的研究風潮，使敦煌學成為世界重要的學術，並造就法伯希和、英斯坦因等各國的漢學家。

再者，就跨越時空而言，中國原有的舞蹈，在遇到來自西域、印度充滿異國風情的「飛天」舞蹈時，碰撞出美麗的火花，因而產生極富特色的胡旋舞、胡騰舞、反彈琵琶。因之，在敦煌舞的表演中看到兼容並包中西舞姿，平等包容的文化。

從「二元對立與互足」的觀點而言，「敦煌舞」中有許多的相反相成的情形，例如：

「體」（佛性）與「用」（舞姿）

肢體語言與非語傳達（神韻）、文字舞譜與譜外之意；

「呼」「吸」與身韻八大元素「提／沉」、「衝／靠」、「涵／腆」、「旁移」，都是「反者道之動」的體現。

舞姿之「欲左先右，欲跳（上）先蹲（下），欲前先退」，如同書法的「藏鋒」，蓄勢待發，養精蓄銳。

舞姿細部動作的「雲手」、「小五花」自轉、圓場等，有左向就有右向、轉右就再轉左的情形，有意思的是不管左轉右轉還是上轉下轉，路線都是走「8」，在先天八卦、後天八卦與〈河圖〉〈洛書〉的圖示中，陰氣 2468「S

形」、陽氣走「反 S 形」1357，合起來就是一個「8」。這在石窟經變圖中舞者的快速旋轉的定格圖中，也隱約可以看到旋轉如風的「8」，同時在舞者與佛經、佛菩薩所在構圖位置與比重、比例的分配中，也呈現大與小的對比，最明顯的是敦煌舞的招牌舞姿「反彈琵琶」、「胡旋舞　旋轉」在大幅的石窟經變圖中實際上畫得很小，因爲畫得很大的是主角諸佛菩薩，但是以目前的演出中「反彈琵琶」、「胡旋舞　旋轉」反而被放大，因爲是敦煌舞的比較好表現的主體。

　　李澤厚說藝術與審美有著「二律背反」的現實的和歷史的過程：藝術「積澱」（「內容」積澱爲「形式」，形成具體的形式；即由「再現」和「表現」到「裝飾」）和「突破積澱」（由裝飾風、形式美再回到「再現」或「表現」）的運動過程；亦即人的情欲、生命由「形式化」又突破形式化的永恆矛盾過程。〔註48〕

　　如同裝飾風、形式美的流行總是圓圈式的循環，（例如：髮型、裙擺流行，從短到長，又從長流行到短，或者從簡單到繁複，繁複又回到簡單），循環的藝術形象不斷地和人的耳目感知、心意相交流，李澤厚說「它們同時在構造人的心理情感本體。」〔註49〕

　　總之「敦煌舞」的研究，從舞蹈的肢體語彙學習出發，在日積月累中化零爲整可以舞出一支到數支節奏、旋律、長度逐漸加深加廣不等的學習。並在與同班的師友學習切磋之後，透過其他舞團的演出與電影的學習之後，萌生爲舞蹈溯源，進而解構、建構的企圖心，也就是由欣賞舞碼的外在形式，進階到從舞姿之源〈石窟經變圖〉入手，「飛天」與諸佛菩薩的形象是近百年來敦煌舞者擷取舞姿語彙的基礎形式，一旦舞至某種程度，自然而然想提升精神與性靈的成長，此時爲自我要求提升內在的層次，這些心路歷程便與與修行結合，其間所遇到的瓶頸往往即轉機，突破之後越能深入修行的肌理乃至核心，提昇修行的層次。

2. 儒釋道三家會通

　　從表層的舞姿深入思考融合多元文化的敦煌舞，呼應從魏晉到宋明理學以來「儒釋道三家會通」的思想，是佛教中國化的結晶。因爲取自壁畫的敦煌舞與敦煌變文、佛經原典、唐代舞蹈有對照關係，印度佛學從衝擊儒道思

〔註48〕李澤厚：《美學四講》，（臺北市：三民，2001.10），頁 168。
〔註49〕李澤厚：《美學四講》，頁 168。

想到融合流布，最後儒釋道三家會通。

　　流傳至今的敦煌舞，中西合璧，動靜皆美，早已融合中西儒釋道三家會通的思想。

　　佛教自漢朝傳入中國，在魏晉時有「格義」佛學，以道家語彙翻譯佛經，加上當時風行「清談」──「三玄・老、莊、易」；其時尚有北朝前秦苻堅特聘鳩羅摩什大師翻譯群經；

　　到了唐朝道佛並重，唐高祖、唐太宗以尊崇老子「李」姓為國姓；唐太宗時，高僧玄奘法師花了十九年西行到天竺那爛陀寺（印度）取經；武后時，特別推重佛教《華嚴經》，當時並盛行天台宗、唯識宗、淨土宗等。

　　隋唐開始科舉取士，其中的「明經科」要求讀熟儒家經典；南宋朱熹把「論語、孟子、大學、中庸」定為「四書」，此後至清末科舉，儒家四書都是舉子必讀的官訂教科書。

　　而早於朱熹的北宋初期理學家提倡的「理學」又名「新儒學」，包含「儒釋道」三家（例如：周敦頤〈太極圖說〉），「儒釋道」三家會通的思想從宗教界，遍及學術界以及藝文界，至宋明理學可謂集大成。

　　「儒釋道」三家會通的思想，影響所及，宋代文壇的巨擘蘇軾之作、明代章回小說中的《西遊記》、《封神榜》，都自然地兼備「儒釋道三家」思想。

　　「儒釋道」三家會通的思想，相應於宗教界中者，例如：

　　儒家，北宋五子「新儒學」運動（「新儒學」又稱「理學」，例如：周敦頤〈太極圖說〉）；

　　道教，北宋道士張伯端〈悟眞篇〉：「教雖分三，道乃歸一」〔註 50〕，魏華存夫人《黃庭經》（始見於東晉《抱樸子內篇・遐覽》和《舊唐書・經籍志》著錄）；

　　佛教，禪宗、法會常誦經典《瑜伽焰口施食要集》、元朝中峰國師《三時繫念》〔註51〕；

〔註50〕劉國樑、連遙註釋：《新譯悟眞篇》，臺北市：三民，2005.1.5。
　　　　張伯端（987～1082年），字平叔，一名用成或用誠（或謂得道後改名用成），號紫陽，因尊為「紫陽眞人」。又人稱「悟眞先生」。為北宋道士，金丹派南宗五祖（南五祖）之第一。
〔註51〕《瑜伽焰口》內文有「陰陽」、「方以類聚　物以群分」出自，《易經・繫辭》，「逍遙」語出，《莊子・逍遙遊》。《三時繫念》，（高雄：裕隆，1992.8）也出現「陰陽」（頁3）、「逍遙」（頁78）等用詞。

至今敦煌舞的發展也是「儒釋道」三家會通的的支流之一。茲因敦煌舞常在佛教法會或慶典中表演，而現代的人間佛教實已融和「儒釋道」三家思想。敦煌舞的演出都是配合佛經所創制的現代佛樂（如：《瑜伽焰口施食要集》、元朝中峰國師《三時繫念》〔註52〕），然後發皇，而且舞如其名，敦煌舞的發展日益「敦」（大也）「煌」（盛也），主因是「踵事增華」（南朝梁·蕭統〈昭明文選·序〉：「蓋踵其事而增華，變其本而加厲；物既有之，文亦宜然。」）因襲前人所為，而更加增添補益。

如此看來，敦煌舞或許可以「踵事增華而繽紛」來形容，因為敦煌舞發展至今，乃歷史多層次之積累與跨界地理分佈，可見其包容性之廣、涵蓋面之大。

（二）歸根復靜

敦煌舞的演出一開始是靜態坐姿或站姿，最後要回到靜坐，要退場——回到靜、空。

1. 色空

《般若波羅蜜多心經》

觀自在菩薩，行深般若波羅蜜多時，照見五蘊皆空，渡一切苦厄。舍利子，**色不異空，空不異色，色即是空**，空即是色；受想行識，亦復如是。舍利子，是諸法空相，不生不滅，不垢不淨，不增不減。是故空中無色，無受想行識，無眼耳鼻舌身意，無色聲香味觸法；無眼界乃至無意識界，無無明亦無無明盡，乃至無老死亦無老死盡；無苦集滅道，無智亦無得。以無所得故，菩提薩埵，依般若波羅密多故，心無罣礙，無罣礙故，無有恐怖，遠離顛倒夢想，究竟涅槃。三世諸佛，依般若波羅密多故，得阿耨多羅三藐三菩提。

星雲大師說：《般若心經》為色和空、有與無建立關係。有、無不是兩個，有不是沒有，沒有不是有，其界限分明。有和無就是色和空，在《般若心經》裡，用「不異」、「即是」把它們調和起來。不異，就是「不是不同」，有和無不是不同。我們往往把有和無視為不同，其實它們並沒有不同，有和無「即是」，所謂「色即是空，空即是色」，「不異」和「即是」把空有的關係說得很

〔註52〕《瑜伽焰口》內文有「陰陽」、「方以類聚　物以群分」出自，《易經·繫辭》，「逍遙」語出，《莊子·逍遙遊》。《三時繫念》，（高雄：裕隆，1992.8）也出現「陰陽」（頁3）、「逍遙」（頁78）等用詞。

微妙。〔註53〕

　　色即是空，空即是色，色不異空、空不異色，講空講有都對。說空是有上的空，說有是空裡的有，空和有是真空不礙妙有，妙有不礙真空；空和有是一物的兩面，不是兩個東西，它們是分不開的，它們是「即是」，它們是「不異」。〔註54〕

　　「即是」，「色不異空」依經文的道理來解釋叫作「萬有不離真如」，亦即萬有不離本體。色是萬有，空是本體，萬有沒有離開本體。而「空不異色」就是「真如不離緣起」。所謂「空」就是真如，「色」就是緣起，真如沒有離開萬有的緣起；也就是本體不離開現象。

　　「色即是空」，也就是萬有依真如而起，萬有當體就是真如。「空即是色」，真如是為萬有所依，真如既為萬有所依，它的當下也就是本體。除了色和空是這樣的關係，五蘊中也不光是「色」如此，「受想行識，亦復如是」，受想行識也是如此。物質的色和空是這樣的關係，而受想行識和空的關係、和本體的關係也是如此。〔註55〕

　　「色」，物質世界中的「六根」是我們「主觀的感受」，「六塵」就是「客觀的境界」。主觀和客觀，在佛教裡面有時候就用「能、所」來說明，能看的眼睛，所看的境界；能聽的耳朵，所聽的聲音；能嘗的舌頭，所嘗的味道。主觀和客觀交會了，結果並沒有標準。能見的眼睛、能聽的耳朵，和所接觸的外境、聲音，都沒有標準。所以《般若心經》告訴我們：這些都是靠不住的。〔註56〕

　　但是佛法在世間不離世間覺，煩惱生菩提，蓮花出淤泥而不染，所以涅槃也從無明而來。

　　《大乘起信論》：「一心開二門」，也就是一個心分出兩條門路，一為「真如門」，一為「生滅門」。「真如」和「生滅」從心而出本來是不二的，亦即「空」、「有」不二。

　　覺悟的真如在此，不覺悟的無明在彼，本來是兩面的，而我們凡夫眾生卻避開真如、避開覺悟，《楞嚴經》所謂「背覺合塵」。若走上無明之路，名為「生滅門」，也就是「生死流轉門」。

〔註53〕星雲大師，《般若心經生活觀》，（臺北市：有鹿文化，2010.5），頁144～145。
〔註54〕星雲大師，《般若心經生活觀》，頁146。
〔註55〕星雲大師，《般若心經生活觀》，頁155。
〔註56〕星雲大師，《般若心經生活觀》，頁181。

《妙法蓮華經》「十二因緣」，因爲無明而行，而生死流轉。從無明一直到老死，老死了又再無明，無明又再老死，從過去到現在、從現在到未來，未來又成爲過去，永遠都是一個環型的狀態，也就永遠不得解脫。〔註57〕是以根本之道便是去除「無明」，斬除煩惱根源。

對學佛的終極目標而言，不只有關閉耳目視窗，清心寡欲，超越跳脫「色」（物質世界）與「空」（精神世界）的對待，最終就是「即」、「不二」。所謂「空境」包含無限，在「沒有」當中，是透過「有」來彰顯「沒有」的眞實意，眾生因此更進一步體會世界宇宙由「變」中求「不變」，由「不變」中欣賞「變」的美麗，至此，生死心已滅，於是眞正的了然寂滅現前。〔註58〕但在尚未證悟之前，要透過實修，修行的法門很多，有八萬四千法門，《楞嚴經》二十五圓通告訴我們可以用耳根、眼根、鼻根、舌根、身根、意根來修。然而不管修任何法門，總要有個依據，譬如：修數息觀，乃依風大來修；念佛——南無阿彌陀佛等佛號，是依聲塵來修；觀世音菩薩則用耳根起修：

《楞嚴經 觀世音菩薩耳根圓通章》

爾時觀世音菩薩，即從座起，頂禮佛足，而白佛言：世尊！憶念我昔，無數恆河沙劫，於時有佛，出現於世，名觀世音。我於彼佛，發菩提心，彼佛教我，從聞思修，入三摩地。初於聞中，入流亡所，所入既寂，動靜二相，了然不生。如是漸增，聞所聞盡；盡聞不住，覺所覺空；空覺極圓，空所空滅；生滅既滅，寂滅現前。忽然超越，世出世間，十方圓明，獲二殊勝。一者上合十方諸佛，本妙覺心，與佛如來，同一慈力。二者下合十方一切六道眾生，與諸眾生，同一悲仰。

爲何觀世音菩薩以耳根修起？

眼根爲何不如耳根？我們的眼睛「後暗前明」，見前不能見後，見明不能見暗；看得到前面、兩邊，看不到後面；有陽光、打開電燈時看得見，但如果天黑又沒開燈，黑漆漆的，眼睛就看不見。

但耳根在電燈打開時聽得見，電燈關掉時也聽得見，無論是明、暗、動、靜、遠、近、前、後、牆外、牆內，只要我們一靜下來都能聽得見，可知耳

〔註57〕參見星雲大師：《般若心經生活觀》，頁184。

〔註58〕參見伊凡：《我看見愛上妳的背後 當楞嚴光明照見你的生生世世 體察悟道有心法》，（臺北縣中和市：曼民文化，2003），頁210。

根聰利，功德比眼根多。

鼻根呢？鼻根「有出有入，而闕中交。」我們在呼吸的時候，鼻子聞得到香、臭的味道，但是在出入息的中間就不知道香、臭，雖然只有一刹那的空檔，可是還有一段時間聞不到味道，相較之下，不如耳根。

舌根呢？言語能夠宣說世間、出世間的智慧，使眾生能夠開悟以離苦得樂，超凡入聖。《楞嚴經》說：「言有方分，理無窮盡。」釋迦牟尼佛說法四十九年，度化無量無邊的眾生。舌根的功能很大。

身根，因緣和合，身根感覺冷暖，知道順境、逆境。

意根，意根能夠含攝三世（過去、現在、未來）、包納十方世界，時間、空間，都在我們的意根中，也因此，要超凡入聖關鍵也在意根。意根清淨就是蓮花，意根不清淨就是淤泥。但意根容易心猿意馬，跑來跑去，不容易修。

六根相形之下，耳根很穩定、很平靜。所以六根雖然各有功德，看來還是耳根最殊勝，因此觀世音佛菩薩傳授耳根修行的法門。

觀音法門從耳根上反聞聞自性，不是聽外面的聲音，而是往自己的內在聽；兩眼內視、兩耳內聽。

一般說來，眾生只知往外聽，不知往內收，只知道往外看，而不知收回內視。所以佛法教導我們，要六根內照，不但是眼根、耳根內照，六根都往裡面收攝。若能依照觀世音菩薩傳授的耳根法門用功，也可以修到的圓通境界證果、成道。

2. 動靜

敦煌舞雖然是動態的表演，但歸根究底是修行之舞，佛教修行最後要「涅槃寂靜」，所以由動反靜，「靜」不只是回到石窟經變的靜態，而是內心的寧靜，也就是宋明理學所謂「理一分殊」「一」，萬殊一本的「一」，心要如何才能清靜下來？

要先發「菩提心」，何謂「菩提心」？怎麼發心立願？

所謂發「菩提心」，即「諸惡莫作、眾善奉行」，時時檢討反省我們心中有沒有：煩惱、貪心、癡心、瞋心、慢心、疑心。如果有，就要改過。經常慚愧懺悔，檢討反省、誦經、持咒、參禪，直到證悟，是爲發「菩提心」。

發「菩提心」可以學習觀世音菩薩發大願，普渡眾生，雖已契悟正念成就佛道，是「南無正法明如來，卻仍倒駕慈航，不捨任何一位眾生。

　　「菩提心」即「菩薩心」，即「上求下化」，上成佛道、下化眾生，希望成就如來的種智，之後繼續不斷的加行，修一切善法，（例如：行六度「布施、持戒、忍辱、精進、禪定、般若。」受戒「五戒、菩薩戒」），斷一切惡，日日時時加行用功，慢慢業障消除，心就會清淨了，逐漸的就會契悟「菩提心」，「菩提心」現前，呼應之前所發的「菩提心」，原來「菩提心」本自具足，只要我們剝除無明，反本歸真，復歸本自清靜的佛性。

　　發「菩提心」有深有淺，可以修種種法門加功用行，也可以一門深入，以降伏煩惱，明心見性，然後持續用功修行，達到最後究竟。

　　再來因為儒釋道三家早已會通，所以用道家的解釋，歸根復靜之「靜」，也就是道家的「道」、「太極」、「原始祖氣」。

　　〈說法真蓮寶誥　寶誥〉說：「心靜神旺」〔註59〕心只要清靜了，精神就旺盛，思慮也清楚，這就是健康，人一旦健康，廣行善或廣結善緣，就更有發揮能力的本錢。

　　老子《清靜經》就說：「清者濁之源，動者靜之基。人能常清靜，天地悉皆歸。」人一旦靜得下來，就會與天地接心，人本就是大自然的一部份，大自然依照大週天運轉，人是小周天，《易經‧乾卦‧象》：「天行健　君子以自強不息。」《莊子》說：「天地與我並生，萬物與我為一」是「天人合一」的思惟，董仲舒有「天人感應」之說，這也呼應與「心佛不二」的思惟。

　　但人生在世，要福慧雙修，修智慧也要修福報，發心立願要實踐，如果沒有健康的形體（形而下），光有智慧（形而上）如何行善救度眾生，所以也要修軀殼，有了健康的身體才能執行菩提心想做的利濟眾生諸善事。要如何才會健康呢？要減少慾望、降低慾望，法鼓山聖嚴法師常說「需要的不多，想要的太多。」

　　《禮記‧樂記》：「人化物也者，滅天理而窮人欲者也。於是有悖逆詐偽之心，有淫洪作亂之事。」因此北宋理學家程頤（伊川先生）提出「天理」觀念，〔註60〕開啟宋明理學家「存天理，去（滅）人欲。」之說

　　然而老子早就傳授養生秘訣「清心寡欲」，《道德經》四十八章「為學日益，為道日損，損之又損，以至於無為，無為而無不為。」

〔註59〕〈說法真蓮寶誥　寶誥〉，《道教課誦本》，（高雄：道德院，2006），頁30。
〔註60〕程頤〈損卦〉卦辭注云：「先王制其本者，天理也。後人流於末者，人欲也，損之義，損人欲以復天理而已。」

老子《清靜經》又說：

> 夫人神好清，而心擾之；人心好靜，而慾牽之。常能遣其慾，而心
> 自靜；澄其心，而神自清。自然六慾不生，三毒消滅。所以不能者，
> 為心未澄，慾未遣也。能遣之者，內觀其心，心無其心；外觀其形，
> 形無其形；遠觀其物，物無其物。三者既無，唯見於空。觀空亦空，
> 空無所空。所空既無，無無亦無。無無既無，湛然常寂。寂無所寂，
> 慾豈能生。慾既不生，即是真靜。真常應物，真常得性。常應常靜，
> 常清靜矣！如此清靜，漸入真道。〔註61〕

老子說慾望太多心就靜不下來，所以只要排除慾望心靈、精神就會清靜，一
旦清靜下來，連帶的就不再滋生多餘的慾望，也就不會招引「三毒」，以佛家
語而言就是「貪、瞋、癡」（加「慢、疑」就是「五毒」），沒有三毒就不會造
惡業，也不會製造冤親債主，之後就不用嘗惡果受惡報。所以《清靜經》最
後結論是：「真常之道，悟者自得。得悟道者，常清靜矣！」悟道的人最後的
境界是清靜。

　　然而這個過程中，老子提到了一個類似佛家「三輪體空」的道理，佛家
的「三輪體空」例如以「布施」而言，沒有「布施者」，沒有「受施者」，沒
有「布施」這件事，如同「菩薩清涼月，**常遊畢竟空**；眾生心垢淨，菩提月
現前」（《華嚴經》）這一首偈頌是說：

　　菩薩就像天上的月亮，常遊於虛空之中。眾生要如何與菩薩感應道交
呢？只要眾生的心清淨，沒有塵垢，菩提月光就會映現在我們的心上。假使
眾生的心不清淨，佛性就會會遮蔽。

　　天上的月亮雖只有一個，但它在不同的時空中，不論江、湖、河、海，
只要有水的地方，都可以顯現月亮。如同偈語所言「千江有水千江月，萬里
無雲萬里天」，此偈藉由月映水中，譬喻菩薩的修行，能因應眾生千差萬別的
根性普應群機，給予不同的感應。〔註62〕

　　回到〈清靜經〉所言若能排除慾望（「能遣之者」）就能「內觀其心，心
無其心；外觀其形，形無其形；遠觀其物，物無其物。三者既無，唯見於空。
觀空亦空，空無所空。所空既無，無無亦無。無無既無，湛然常寂。寂無所
寂，慾豈能生。」

〔註61〕〈清靜經〉，《道教課誦本》，（高雄：道德院，2006），頁 9～12。
〔註62〕〈星雲說偈——心淨月現〉，《人間福報》，2012.8.23。

「心、形、物」皆無，不也是三輪體空，「三輪」是「殊」，「空」是「一」，理一分殊，萬殊一本，一本萬殊、「三輪體空」回到「一」（「第一義」），佛家是謂「中觀」，儒家謂之「中庸」，道家謂之「道」、「太極」。

《道德經》十六章「歸根復命」：

> 致虛極，守靜篤。萬物并作，吾以觀復。夫物芸芸，各復歸其根。
>
> 歸根曰靜，是謂復命。復命曰常，知常曰明。不知常，妄作凶。知
>
> 常容，容乃公，公乃全，全乃天，天乃道，道乃久，歿身不殆。

這一首經文是整部《道德經》的心髓，敘述聖者從靜坐到證道的始末。「致虛極，守靜篤。萬物并作，吾以觀復。夫物芸芸，各復歸其根。」讓心靈進入最深層至極的「虛」與「靜」境界，這時將發現宇宙萬物的造化過程，聖人與芸芸眾生皆可藉由「虛」、「靜」去觀照感知並回歸自我生命的本源，就是「歸根曰靜，是謂復命。」

「歸根曰靜，是謂復命」就是《道德經》第九章：「谷神不死，是謂玄牝。玄牝之門，是謂天地根。」回歸性命的根源必然會來到心物合一的境界「玄牝門，天地根。」

「玄牝」或謂「心、物」兩者同出於道，名狀卻互異，內涵也截然不同。《道德經》第一章：「此兩者，同出而異名，同謂之玄，玄之又玄，眾妙之門。」

道家的修為最後要反璞歸真，清心寡慾。佛家亦然，止靜。

小　結

「敦煌舞」的編導，從靜態的經變圖相擷取，再轉變成動態的舞姿，最後要引領眾生回到靜的狀態，靜定，沉澱自己，寧靜以致遠，常樂我淨，苦寂滅道。

「靜、動、靜」這三個循環的過程配合「敦煌舞」的發展就是：

初期（靜）：清末民初發現靜態的石窟經便圖、石窟造像。

中期（動）：畫家（如：張大千、史葦湘、吳曼英等）入窟臨摹。京劇大
　　　　　　師梅蘭芳，舞蹈家戴愛蓮、高金榮以靜態的臨摹形象編製成
　　　　　　定格的舞姿語彙，再編成動態舞碼。

晚期（由動而靜）：臺灣「敦煌舞」配合佛教法會演出，由靜而動、由動
　　　　　　而靜，由動態表演逐漸進而提升成「修行」法門，舞者不但

「以舞弘法」（提醒信徒「眾生平等，皆有眞如佛性，眾生皆可成佛」），也修行自己（自性彌陀）打坐、禪修，「禪淨密」三修，此生從佛性而來，也將復歸佛性，要撥除無明，撥雲見日，轉迷爲悟，轉識成智。

佛家「三大法印」：「空、無相、無念（作）」。眾生是菩薩的道場，菩薩是由眾生修行而來，修行的過程中有「苦」受（憎惡）也有「樂」受（貪愛），要修到「不苦不樂」受（如如不動），當體即是「空」，「色」、「空」不二，就是「中觀」，因爲「生滅不二」，「此生故彼生，此滅故彼滅」，念念生，念念滅，生滅不住，就是「無常」，因爲是「空性」，當下法法即滅，一切萬法畢竟空寂。

第七章 結 論

第一節 本文研究重點回顧

一、「敦煌舞」是中西佛教藝術思想交流的活化石

「敦煌舞」之所以「踵事增華而繽紛」來形容，因為敦煌舞發展至今，乃歷史多層次之積累與跨界地理分佈，使其包容性之廣、涵蓋面之大。

「繽紛」形容歌舞交雜並進，以觀敦煌舞，對照石窟經變圖（如：西方淨土變、東方淨土變、維摩詰經變）可以想見在法會盛況，飛天乘仙樂從空而降，身上的彩帶隨著祥雲舒卷，在護持壇場的同時口中出妙音，與法師、大眾同誦《阿彌陀經》或誦《藥師經》、《維摩詰經》，伎樂天則配合大眾的梵唄伴奏琵琶、篳篥、笙簫、鼓，一時仙樂飄飄，散佈法喜充滿。

敦煌舞繽紛錯綜跨文化，主要是因為包容的舞種來源多元，所以舞姿舞容舞碼、樂器、服飾、道具繽紛，在歷史的長河之下，逐漸形成跨時空、跨文化的活化石。因敦煌位居中西交通樞紐，舞姿來源可粗分為中原之舞與西域之舞，細分者又可從音樂、服裝、道具等再區別，其脈絡則逐漸匯聚成舞蹈界之千古巨流。

在討論中看到幾個部分：

首先，跨文化的部分可以太極圖陰陽魚的變化，來說明中西舞蹈的映襯與融合之後的和諧。中西文化交流的過程如同太極陰陽二氣的交感，其間因衝擊而衝突，磨合期需要一段時間，才逐漸平衡，也因共存進而共榮，發展成陰陽平衡對襯的美學風格。

中原文化，包含自《詩經》就已存在的「詩樂舞三位一體」的記載，儒

家始祖孔子特別推重周公之「制禮作樂」不無關聯，而《論語》中有關於「舞雩」的紀錄，與《春秋・左秋左傳》、《楚辭・九歌・招魂》、《文心雕龍・祝盟》關於「巫」作為人與神的媒介，祈禱天佑，或祈雨求豐收，或祝禱國運昌隆，或祈求戰爭凱旋而歸，在祭祀大典中有負責做紀錄的「史」，寫下典禮中的「祝」禱內容、過程，以及之後神降旨意於「卜」預測可能的走向，主事者即將進行的決策。

中土的祈神舞，遇到經變圖中供養法會諸佛菩薩的敦煌舞，加上了什麼元素而更豐富呢？

充滿異國風情的西域文化，包含沙漠、綠洲、印度、中東、東歐。敦煌舞中的「天女」，在現在的柬埔寨舞中高棉貴族宮廷舞蹈仍有「天女」的輕歌曼舞，據其舞蹈史，來自古印度婆羅門教神祇濕婆，濕婆主掌豐收（葡萄等農作）、生殖（子孫繁衍）、破壞、舞蹈，對婆門教而言，跳舞也是一種宗教活動。這一點和中國的「巫舞」祈福祝禱的情形相似，隨者印度佛教傳入中土，加上佛經的翻譯，《阿彌陀經》、《藥師琉璃光本願功德經》、《維摩詰經》、《妙法蓮華經》等經典都有舞樂伎供養的內容，於是在石窟經變圖有了相關的畫作。當然，絲路自西漢張騫通西域之後，南疆、北疆可以經西藏到印度，更可遠達中亞、西亞，乃至地中海、東歐，於是阿拉伯波斯、大食等回教世界，也在東西往返交流的文化融合中納進了敦煌舞，而在十三世紀盛行於今土耳其的「迴旋舞」，可能也受到唐代「胡旋舞」的影響，可能是從西方流行到東方，踵事增華之後又流行回西方。

敦煌舞的發展跨時代、跨地域、跨文化進行的「時空美學」，體現中西文化「平等觀」的世界，如同《華嚴經經變圖》〈善財童子五十三參〉，善財童子各處參訪問學，向各行各業各有專長的眾生學習，即使是風月場所的伐蘇蜜多女，有都有可學之處，當今的娑婆世界，何嘗不是重重無盡卻又平等的的華嚴世界——

敦煌舞的演出不但跨越古今中外，更是六祖惠能曾對伍祖弘忍所說的：「人雖有南北，佛性本無南北；獦獠身與和尚不同，佛性有何差別？」《法華經》、《楞嚴經》眾生皆有佛性、清淨如來藏，有朝一日都能成佛，所謂「一佛出世，千佛護持」。〔註1〕所以敦煌舞在法會上的演出何止是供養在蓮花座

〔註1〕 「一佛出世，千佛護持」亦作「一佛出世，千佛擁衛」，參閱，《卍續藏・1260・64冊；列祖提綱錄・卷二》：「金剛心真，華藏界闊。一佛出世，千佛擁衛。

上的佛像，也包含在座不管是否肉眼可見的眾生，大家都是未來佛，大家共同護持弘法利生的事業。例如：梁皇法會，在臺灣每年清明節、七月普渡、水陸法會都會在許多佛教道場盛大舉行拜懺、供佛齋僧。

　　套用杜甫〈贈花卿〉詩讚嘆敦煌舞，可謂「此舞〔註2〕只應天上有，人間難得幾回聞」，《敦煌舞的佛教藝術思想研究》從「南屏敦煌舞團」所學以及記錄的舞譜出發，從時間與空間（縱橫）的視角延伸，一方面再次審視敦煌抄寫本舞譜之斷簡殘編；一方面從歷史、文學尚可能相關的資料，比對現存石窟壁畫、雕塑以及當代的演出舞碼；藉此探究敦煌舞的佛教藝術思想，以及在佛教漢傳的過程中，與儒道思想的交流衝擊乃至融合發展的美學思惟以及宗教情操。

　　搭配佛教梵唄音樂演出的敦煌舞絢麗動人，舞姿語彙豐富繽紛，就舞蹈史的發展而言，比對敦煌舞與中國古典舞、西域民族舞的結構組織，進而分析其多層次的思惟面向，探討其核心內容與精神意涵，可知敦煌舞蹈的肢體語彙早已進行東西多元文化（中國、印度、波斯、希臘羅馬）的思想融合，並逐漸形成獨樹一幟的美學風格。

　　根據石窟經變圖編導的「敦煌舞」繽紛絢麗，常搭配中國傳統音樂〔註3〕的節奏，演奏的樂器常見來自西域的琵琶、古箏、鼓，還有中原早已有之的絲竹。然而若就經變圖的本意是以藝術弘法而言，邏輯上應搭配佛教音樂，但現今搭配的佛曲有許多是新編的梵唄音樂，有些人或許不以為然，但隨著時空的轉變，我認為應該要權衡變通，有確定的古樂可以編舞一脈相承當然很好，如果配合舞台或節目的不同，創新的編曲也可以開創一番新氣象。

　　從歷史的脈絡深廣處挖掘，可追尋敦煌舞在中國古典詩文中的淵源，首先服裝與道具的部分，石窟經變圖中不管是飛天仙女或是舞者都身披飄帶，或說是明清戲曲流行以來戲服的水袖與道具的彩帶，這個淵源與《韓非子·五蠹》「長袖善舞」和《樂府詩》「白紵舞」應有關聯。

　　　一華開敷，萬華周匝。現殊勝因，作奇特事。」
　　　亦作「一佛出世，千佛讚揚」，參閱，《卍續藏·1407·71 冊；虛舟普度禪師
　　　語錄》：「一佛出世，千佛讚揚。十方坐斷，獨露真常。」
〔註2〕原詩作「曲」，此為筆者抽換詞面。
〔註3〕有的稱為國樂，有些來自民間，有些據說是安史亂後散落到民間的宮廷樂師
　　　把宮廷音樂帶到民間。

　　而石窟壁畫經變圖中最令人炫目的莫過於女舞者的快速旋轉如風的舞姿，在中唐白居易和元稹的新題樂府中各有一首〈胡旋女〉，所介紹的胡旋舞值得細加品味。

　　至於「舞台走位、隊形」的變化，在清代所編的《歷代賦匯》中收有唐朝張存則、白行簡、錢眾仲三人所著的三篇〈舞中成八卦圖〉，這個部分與自周朝《易經》、〈河圖〉〈洛書〉以來的八卦方位圖有關。

　　而延續舞蹈的在儒家或道教等宗教上發揮了功能，到了佛教傳入中土之後，也有類似的現象，也就是說敦煌舞與佛教修行密不可分，或透過慶典法會聚集信徒，有「欲令入佛道先以欲勾牽」的用意，也有「廣結善緣共修成佛大道」的勉勵，至於廣結善緣的方式可以透過供養與懺悔，敦煌舞配合〈六供養〉、禮拜《梁皇》《水懺》等懺法，既供養大眾也改往修來，並希望把握時間藉著拜佛、誦經、念佛等諸多修持法門，要求自己克期取證，期盼早日修成正果、共成佛道。

二、在臺灣「敦煌舞」是弘揚「人間佛教」的重要法門

　　自漢朝傳入中國後，在弘揚佛法、傳播佛經的過程中，僧人與佛教徒使用許多世俗的方式擴大宣傳面，有的以文學的小說、戲劇形式；有的透過彈詞、寶卷講唱的方式；有的書於畫卷；有的刻畫在石壁上。以今天的術語而言，佛教就是運用「多媒體」來弘揚佛法，藉由不同的媒材，使社會上各行各業、各年齡層的人都有機會接觸佛法，正符合民初太虛大師倡導「人間佛教」的精神。當今藉由多媒體的整合與運用，有助於敦煌舞的發展更蓬勃，因為動態的舞姿使得靜態的經變壁畫雕塑活靈活現。《六祖壇經》有言：「佛法在世間，不離世間覺。離世求菩提，譬如覓兔角。」紅塵俗世雖有許多煩惱，也是成就菩提道種的因緣，若能在五濁惡世清靜恬淡、精進修行，就能轉迷為悟，轉識成智。

　　以臺灣佛光山的敦煌舞而言，不但使用多媒體（電視、網路、3C 科技產品）現場轉播法會表演，平常也納入各道場「人間大學」（類似縣市政府主辦的「社區大學」）固定排班的課程。

　　徐玉珍設計的敦煌舞碼幾乎都是配合法會梵唄〔註4〕，梵唄本來只有法師

〔註4〕 林冠慈〈海潮音〉：「目前臺灣佛教音樂，基本上以聲樂為主，盛行於各寺廟中，此類聲樂稱為『梵唄』。『梵唄』就是以清淨之心歌頌佛陀的詠歌。臺灣的梵唄分為『鼓山調』、『海潮音』兩派，『鼓山調』屬於南方系統，『海潮音』

（比丘、比丘尼）合唱的各種變化，領唱、重唱、疊唱、和聲（高、中、低聲部），後來加上國樂團的伴奏，音色就更豐富了，之後敦煌舞以之爲伴奏曲編舞，在年度法會時僧俗一齊表現梵唄、歌樂舞，陣容盛大震撼人心，令在場的眾生都接受一場場宗教饗宴的洗禮，無不法喜充滿例如：〈禮敬三寶〉、〈禮五方佛〉、〈六供養〉、〈啓告十方〉；或現代新創的佛曲例如：〈南海普陀〉、〈蓮花處處開〉；或新創的傳統音樂例如：《絲路花雨》電影、舞台劇中的組曲例如：〈琵琶〉、〈荷花〉。

敦煌舞既是洞窟藝術壁畫舞姿，以舞說法，弘揚佛法，220 窟（《阿彌陀經變》、《藥師經變》、《維摩詰經變》）是代表作，而這些經變再以講經文的方式呈現時，乍看是佛教思想的流布，其實已融入漢化過程中的儒家、道家思想而不可也不需切分了。這種自然而然，隨著時間逐漸互相滲透交融、互補或說互文見義的方式，在歷代史書中的《文苑傳》、《藝文志》、《音樂志》多少可以看出其中潛移的軌跡。

一般人與信徒觀賞敦煌舞時，可能如同當代舞蹈家林懷民所言只要覺得高興、感動就好了，不用去了解這個動作是什麼意思。但作爲研究者或舞者如我等，會去拆解舞碼爲一個一個動作爲個別的舞蹈語彙，再試圖了解各個舞蹈語彙排列組合的結構、解構，之後進一步分析每個動作或舞碼背後的思想或美學風格，所幸民初以來已有多位學者開路先導，對於相關文獻的解讀給予提點，例如：陳寅恪〈敦煌本維摩詰經文殊師利問疾品演義跋〉[註5] 劉復（半農）、饒宗頤，是以決定踵繼前賢，再做深入的探究。

「敦煌舞」以舞說法，內涵還包括舞姿基礎的石窟經變圖所源的佛經的探討，一爲生者消災延壽的〈東方淨土變〉，禮拜《藥師經》；二是爲超薦往生者而念佛的〈西方淨土變〉，讀誦《阿彌陀經》、唸〈往生咒〉與念佛，或

屬於北方系統，一般指政府遷台後，大陸抵台之外省僧人所傳的唱腔。也有一說是『海潮音』既非某一地區之名，也非某一唱法，其出處爲，《法華經觀世音菩薩普門品』：『梵音海潮音，勝彼世間音』。主要是指唱頌梵唄時，有如海潮之一波接一波，聲勢懾人，故而名之。『海潮音』在經懺法會中不加伴奏，僅以擊奏法器爲伴奏，曲調加花較多，旋律起伏也大，速度節奏變化也較大。」

錄自：《臺灣大百科全書》文化部，陳郁秀主編：《臺灣百年音樂圖像巡禮》，臺北市：時報出版，1998.12.8。

〔註 5〕陳寅恪：〈敦煌本維摩詰經文殊師利問疾品演義跋〉，《中央研究院歷史語言研究所集刊》2.1（1930）：6～10。

加上「打佛七」，打掉第七意識「末那識」，去除輪迴的根，此外生者也可多念〈往生咒〉，讓煩惱往生。三、修到最後可以超越生死，〈華嚴經變〉，應是《華嚴經·普賢行願品》的本懷，《華嚴經》有理無礙、事無礙、理事無礙、事事無礙，最後理事圓融並開創重重無盡的華嚴世界。

敦煌舞還啓迪了「解行並重」的思考，修行不能只是研讀理論句讀訓詁就奢望能改往修來，還要加倍精進修行以克期取證，那就是《瑜伽師地論第31》所說的「加行」，這就是爲什麼說敦煌舞是「修行之舞」的原因，也就是說敦煌舞姿的核心或說內在精神就是修行。但爲了吸引觀眾來學佛，不得不透過外在的優美舞姿引領群眾一窺堂奧，所以由內往外，從內容涵意彰顯於外的是敦煌舞具有特色的肢體語彙，諸如：〈手印〉、〈思惟菩薩〉、〈反彈琵琶〉、〈S 形三道彎與舞 8 旋轉〉。

敦煌舞的內容涵意延伸到外在優雅的敦煌舞姿，反之被吸引來的人後來成爲信徒，逐漸地由外在的舞姿深入佛菩薩接引眾生的內容含意。當代演出之代表舞碼，取自佛經典故，例如〈千手觀音〉和〈天女散花〉，前者從《法華經·普門品》、《瑜伽焰口施食要集》看到觀世音菩薩的慈悲與智慧；後者從主要從《維摩詰經》看到維摩詰居士和文殊菩薩透過探病的對話引導眾生以病爲師，破除意識與潛意識中的執著。

歸結敦煌舞道法自然的陰陽美學，是本論文的總歸納，可謂「反者道之動」。首先藏經洞因被盜出至英法諸國而被販賣乃至於被珍藏於國家級的博物館，進而引發百年來的研究風潮，從道士王圓籙到法伯希和、英斯坦因以至於各國的漢學家，使敦煌學成爲世界重要學術的聚焦之一。

再者，就跨越時空而言，中國原有的舞蹈，在遇到來自西域、印度充滿異國風情的舞蹈時，有衝突當然也碰撞出美麗的火花，因而產生石窟經變圖中從北涼開始具有時代風格特色的飛天、盛唐時的胡旋舞、胡騰舞。也就是說，在敦煌舞的表演中看到包容的文化，其前提是平等，或許也因此印證地球既是圓的，也是相通的，不只是外形的存在，更是內涵的兼容並包，這種情形要在舞譜與表演中也可以再深究——

舞譜中有許多的相反相成的情形，從「體與用」的觀點而言，有肢體語言與非語傳達（神韻）、文字舞譜與譜外之意來探討；若從「二元對立與互足」觀點來說，舞姿有相對應的動作（例如：欲左先右、欲跳先蹲）。

從表層的舞姿深入思考融合多元文化的敦煌舞，呼應與中國思想史從魏

晉到宋明理學以來「儒釋道三家會通」的融合現象。

　　以舞解舞，追本溯源敦煌舞在舞蹈史長流中的脈絡與發展，使敦煌舞的表演接近原舞重現；之後希望敦煌舞陸續演出的舞碼，能不斷地超越之前的表演，不只是宗教的目的或娛樂的性質，敦煌舞不只是依附在宗教或宴會之中，它可以不斷地以日新又新之姿存在。

第二節　研究觀點的後設思考

　　「敦煌舞」的表演，對舞者和觀眾都是教導與學習，從舞姿深入到佛法，乃至於持續精進的修行。

　　對舞者而言，客觀地採擷靜態的經變圖、相，然後編織為動態的舞蹈也是一種主觀的創造；就觀眾而言，是一種客觀的欣賞也會有主觀的解讀。站在「接受美學」的立場，「作者（編舞者）、作品（舞者的表演）、讀者（觀眾）」形成鐵三角，就觀眾而言，賞心悅目的舞姿是吸引目光的前提，於是敦煌舞者達到了傅毅〈舞賦〉「以舞盡『意』」的初步境界，然後才能發揮弘揚佛法，傳承佛法的宗教目的。

　　以宗教活動而言，敦煌舞的連鎖效應有舞者與觀眾的發展，觀眾中又有信徒與非信徒的影響：

　　如果舞者是佛教徒首先就完成了「以舞供神」的宗教虔誠之舉，如果舞者不是信徒，因為來學敦煌舞而開啟認是佛教的大門。觀眾中，有現場的觀眾與透過電視轉播，長時間放在網路非即時但可能有潛在大量的觀眾群：

　　對非信徒來說，有些是類似進香團的心態來湊熱鬧，但既然來到法會現場或者看電視、上網，正好轉到演出時的頻道，便都是與佛有緣的人，既有可能引動非信徒的慕道之心，有修可能想認識佛教，進而成為信徒開始學佛。

　　對信徒來說，敦煌舞的美麗可能會讓信徒思索舞姿背後代表的經典，興發信徒修行加行的信心，在座的信徒隨著梵唄的佛樂一起共修。對佛教信徒而言，修行要依照《水懺》所謂「改往修來、懺悔發願」，《華嚴經》所教導「事無礙、理無礙、理事無礙、事事無礙」，如同最後要超越生死，理事圓融、開悟成佛。

　　簡單歸納「敦煌舞」的後設思考，套用《易》之三名，謂「簡易、變易、

不易也」。

一、簡易，定格舞姿。

二、變易，變動舞碼。

三、不易，美之為美。

《易緯乾鑿度》：

> 易一名而含三義，所謂**易也**，**變易也**，**不易也**。

又云：

> 易者，其德也；變易者，其氣也；不易者，其位也。

鄭玄依此義作《易贊》及《易論》云：

> 易一名而含三義：簡易，一也；變易，二也；不易，三也。故《繫辭》云：「乾坤其易之蘊邪」又云：「易之門戶邪。」又云：「夫乾確然示人易矣；夫坤隤然示人簡矣。易則易知；簡則易從。」此言**易簡**之法則也。又云：「為道也屢遷，變動不居，周流六虛，上下無常，剛柔相易，不可為典要，唯變所適。」此言**順時變易**，出入移動者也。又云：「天尊地卑，乾坤定矣；卑高以陳，貴賤位矣；動靜有常，剛柔斷矣。」此言其張設布列，**不易**者也。

《易》以陰、陽概括萬事萬物，所謂「一陰一陽之謂道」，其道至為簡易。而陰陽相變，所謂「為道也屢遷」，此即變易之義。變易者，謂現象世界時在變易之中也。然歸納變易之現象，亦可得不易之定理，所謂「動靜有常」，亦即「形而上者謂之道」，此形而上之常道，則不易者也。〔註6〕

套用《易》有三易到「敦煌舞」的後設思考就是：

一、簡易，定格舞姿。就是現存石窟經變圖、經變造像中，諸佛菩薩、天人的身形、手印。

二、變易，變動舞碼。從石窟經變圖、經變造像中擷取的舞姿語彙，除了前輩高金榮、董錫玖等所編製之外，還可以續增。

三、不易，美之為美。敦煌舞姿舞碼與不管如何變化增減（例如：「千手觀音」、「水月觀音」、「反彈琵琶」、「飛天」、「絲路花雨」、「霓裳羽衣曲」），雖然是動態的演出，表現出的不只是力與美，呈現是一種動態的平衡，傳達諸佛菩薩天人要傳達眾生的寧靜之美，在紛擾的紅塵俗世中鼓勵眾生長養菩提心，行菩薩道，邁向成佛大道。

〔註6〕黃慶萱，《周易讀本》，臺北市：三民，1980。

　　敦煌舞的研究方法從「以舞解舞」到文獻學的研讀，最後還是要像《莊子外物》所說「言者所以在意，得意而忘言」，「得意忘言」，「忘」者，失也。心意一旦流通，語言便無大用，直如糟粕。不拘泥於文字言辭，能得其意，則忘其言，這是何等美好的境界！以敦煌舞而言，欣賞的境界自有高遠，「得象（舞）忘言，得意忘象（舞）」。

參考書目

一、**古籍**（依「出版年」排列）

1. 《舞譜殘卷》（《敦煌秘笈留眞新編》卷下，據神田氏影敦煌寫本整裝本影印），臺北市：國立臺灣大學，1947。

2. 《舞譜》，臺北市：新文豐，1986。

3. 《大麴舞譜》，臺北市：新文豐，1986。

4. 《舞譜》，臺北市：新文豐，1986。

5. 《敦煌曲子譜》一卷（影印本），《續修四庫全書·子部·藝術類 1096》，上海：上海古籍，1995。

6. 《敦煌舞譜》二卷，《續修四庫全書·子部·藝術類 1096》（據法國國家圖書館英國國家圖書館藏唐五代寫本影印），上海市：上海古籍，1997。

7. 〔清〕孫詒讓：《墨子閒詁》，臺北市：河洛，1911。

8. 〔清〕姚際恆：《詩經通論》，臺北：廣文，1961。

9. 〔清〕錢大昕：《十駕齋養新錄》，臺北市：臺灣商務，1965。

10. 〔清〕阮元校勘：《十三經注疏》，藝文印書館，1965。

11. 〔明〕陸容：《菽園雜記》，臺北市：廣文，1970.12。

12. 〔宋〕歐陽修、宋祁：《新唐書》，臺北市：臺灣中華，1971。

13. 〔宋〕孟元老：《東京夢華錄》，臺北市：臺灣商務，1971。

14. 〔晉〕劉昫：《舊唐書》，臺北市：臺灣中華，1971。

15. 魏收：《魏書·音樂志》，臺北市：臺灣中華，1971。

16. 魏徵：《隋書·音樂志》，臺北市：臺灣中華，1971。

17. 〔元〕劉瑾：《詩傳通釋》，臺北：臺灣商務，四庫全書珍本／王雲五主編，1972。

18. 〔唐〕元稹：《元氏長慶集》，日本京都市：中文，1972.6。

19. 王先謙注，〔漢〕班固：《漢書》，臺北市：藝文印書館，1972。

20. 〔清〕王韜：《淞隱漫錄・海外壯遊》，臺北市：廣文，1976。

21. 〔清〕王夫之：《禮記章句》，臺北：廣文，1977.7。

22. 〔宋〕郭茂倩：《樂府詩集》，北京市：中華，1978。

23. 〔宋〕陳暘：《樂書》二百卷，臺北：商務，1979。

24. 韋昭註：《國語》，臺北市：廣文，1979。

25. 〔清〕方玉潤：《詩經原始》，台北：藝文，1981。

26. 〔宋〕藏主頤公編：《古尊宿語錄》，臺北：廣文書局，1981 年再版。

27. 嚴靈峰編：《千手千眼大悲心陀羅尼經》，《大般若波羅蜜多經》卷第二百七，臺北市：新文豐，1981。

28. 〔明〕朱載堉：《樂律全書》，臺北：商務，1983。

29. 〔唐〕杜佑：《通典》，臺北：商務，1983。

30. 〔元〕釋覺岸：《釋氏稽古略》四卷，台灣商務，1983。

31. 《大正新修大藏經》，大正藏編修委員會主編，臺北：新文豐出版社，1983 年修訂版。

32. 〔北涼三藏〕曇無讖譯：《大方等無想經・佛說彌勒來時經》，北京：中華出版，1985。

33. 段安節：《樂府雜錄》，北京市：中華，1985。

34. 〔北涼天竺藏〕曇無讖譯：《悲華經》，《中華大藏經》第十六冊，上海：中華書局，1986.4。

35. 〔宋〕普濟：《五燈會元》，臺北：文津出版社，1986 初版。

36. 《明嘉興大藏經》，台北：新文豐出版社，1987。

37. 〔南朝梁〕沙門慧皎撰，〔唐〕《高僧傳》，臺北：廣文書局，1986 再版。

38. 玄奘辯機原著：季羨林等校注：《大唐西域記校注》十二卷，臺北市：新文豐，1987。

39. 北魏楊衒之：《洛陽伽藍記》，上海市：上海古籍，1987。

40. 〔梁〕誌公寶唱等集：《慈悲道場懺法》十卷（又名《啟運慈悲道場懺法》），明版嘉興大藏經，第 1 冊，臺北市：新文豐，1987。

41. 〔南北朝〕畺良耶舍譯：《觀藥王藥上二菩薩經》，臺北市：新文豐，1987。

42. 朱金城箋校：《白居易集箋校》（一），上海：上海古籍，1988.12。

43. 〔明〕朱載堉：《樂律全書》（十五種四十八卷），北京圖書館古籍珍本叢刊，北京市：書目文獻，1988。

44. 《金山御製梁皇寶懺》，台南：台南持明印經會，1989。

45. 〔清〕江慎修：《河洛精蘊》，北京市：學苑，1989。

46. 〔漢〕毛氏傳，鄭氏箋：《毛詩》，山東：友誼，1990.9。

47. 《全唐文》，上海市：上海古籍出版，1990。

48. 〔南北朝〕梁武帝：《慈悲道場懺法》，臺北市：世樺，1990。

49. 迦葉摩騰，竺法蘭同譯；沙門守遂注：《佛說四十二章經》，北京：中華，1991。

50. 〔東漢〕許慎著，〔清〕段玉裁注：《說文解字》，臺北：書銘，1992。

51. 〔元〕《中峰三時繫念·八十八佛洪名寶懺》，高雄市：裕隆，1992.8。

52. 《金山御製梁皇寶懺》，台北：白馬書局（佛教文物流通處），1996。

53. 《西方祈願文》，高雄市：裕隆，1996.12。

54. 《瑜伽焰口施食要集》，高雄市：裕隆，1997.1。

55. 〔清〕陳元龍輯：《歷代賦匯》，北京市：北京圖書館，1999。

56. 《金山御製梁皇寶懺》，台北：世樺出版，2001。

57. 〔漢〕鄭玄疏，唐孔穎達正義，田博元等分段標點：《十三經注疏·禮記》（下），臺北：新文豐出版，2001年。

58. 《大佛頂首楞嚴經》，臺北縣中和市：世樺，2003。

59. 《佛說觀無量壽經》，《淨土五經》，臺北市：大乘精舍印經會，2003。

60. 《佛說阿彌陀經》，《佛光山宗務委員會課誦本》，高雄：佛光出版社，2004.10。

61. 《大乘妙法蓮華經》，台南：和裕，2005。

62. 慧淨法師、淨宗法師編述：《善導大師全集》，台北市：淨宗出版社，2005.7。

63. 唐三藏法師玄奘奉詔譯：《藥師琉璃光如來本願功德經》，台南市：和裕出版社，2008。

64. 《維摩詰所說不可思議解脫經》（出自《大正新脩大藏經》第十四冊，編號 475、537），台南市：和裕出版社，2008。

65. 《地藏菩薩本願經經》，《大正新脩大藏經》第十三冊，編號 412，臺南：和裕，2008，頁 777。

66. 《佛說五王經》，《大正新脩大藏經》第十三冊，編號 523，CBETA 電子佛典，V1.13（Big5）普及版，2009.04.23。

二、今著

1. 《胡適文存》，臺北市：遠東，1953。

2. 王明編：《太平經合校》，北京：中華書局，1960.2。

3. 陳寅恪：《元白詩箋證稿》，臺北市：世界，1963。

4. 傅東華選註：《白居易詩》，〈諷諭樂府〉，臺北市：臺灣商務，1969.6。

5. 凌嵩郎：《藝術概論》，臺北縣板橋鎮：國立臺灣藝術專科學校，1971。

6. 何志浩：《舞蹈通論》第一輯，臺北：國立台灣藝術專科學校藝術叢書，1971。

7. 陳國寧：《敦煌壁畫佛像圖研究》，臺北市：嘉新水泥公司文化基金會，1973。

8. 藤田豐八著、楊鍊譯：《西域研究》，臺北：台灣商務，1974.3。

9. 吳闓生：《詩義會通》，臺北：河洛，1974。

10. 楊家駱主編：《中國音樂史料》第四輯，臺北市：鼎文，1975.5。

11. 劉維崇：《元稹評傳》，臺北：黎明文化，1977。

12. 湯用彤著：《漢魏兩晉南北朝佛教史》，臺北：台灣商務印書館，1979臺五版。

13. 聖嚴法師：《學佛知津》，臺北：東初，1979.3。

14. 常書鴻、李承仙：《敦煌飛天》，北京：中國旅游，1980。

15. 李辰冬：《詩經通釋》，臺北：水牛，1980.11.15。

16. 賴傳鑑編著：《佛像藝術：東方思想與造形》，臺北市：藝術家，1980年8月20日。

17. 向達：《唐代長安與西域文明》，臺北市：明文書局，1981。

18. 吳曼英：《敦煌舞姿》，上海市：上海文藝，1981。

19. 南懷瑾編：《密教圖印集》（一），臺北市：老古，1981.12.1。

20. 裴普賢：《詩經評注讀本》，臺灣：三民，1982～1983。

21. 黃振民編著：《詩經研究》，臺北：正中，1982。

22. 程俊英編：《詩經賞析集》，四川：巴蜀，1982.2。

23. 陳子展：《詩經直解》，上海：復旦，1983。

24. 陳鼓應註譯：《莊子今註今譯》，北京：中華，1983。

25. 孫景琛：《中國舞蹈史（先秦部分）》，北京：文化藝術，1983.10。

26. 范淑芬：《元稹及其樂府詩研究》，臺北市：文津，1984。

27. 朱守亮：《詩經評釋》（上、下），臺灣：學生，1984。

28. 呂澂：《中國佛學源流略講》，里仁，1985.1.30

29. 祥雲法師：《佛教常用「辦器、器物、服裝」簡述》，臺北：普門文庫，1985。

30. 牟宗三：《圓善論》，臺北市：臺灣學生，1985。

31. 林品石：《呂氏春秋今註今譯》，臺北：臺灣商務，1985。

32. 水原渭江：《敦煌舞　譜の解讀研究》，京都市：朋友書店，1985。

33. 常任俠等：《中國舞蹈史初編》，臺北：蘭亭，1985.10.15。

34. 歐陽予倩編著：《中國舞蹈史二編兩種：唐代舞蹈、全唐詩中的樂舞資料》，臺北：蘭亭，1985。

35. 常任俠、王克芬、孫景琛、吳曼英：《中國舞蹈史初編三種：中國舞蹈史、中國古代舞蹈史話、中國歷代舞姿》，臺北：蘭亭，1985。

36. 佛教編譯館主編：《佛教的儀軌制度》，佛教出版社，1986。

37. 楊伯峻：《春秋左傳注》，臺北：漢京，1987。

38. 鄭廉明、陳淑英編輯：《美學百題》，臺北：丹青，1987。

39. 敦煌文物研究所編：《1983 年全國敦煌學術討論會文集・石窟・藝術編》，蘭州市：甘肅人民，1987。
    譚樹桐：〈敦煌飛天藝術初探〉／
    劉恩伯：〈敦煌壁畫與舞蹈〉／
    王克芬：〈敦煌壁畫、龍門唐窟石雕及其它墓室俑畫等文物探索唐代舞蹈的特點〉／
    許琪：〈試論敦煌壁畫舞蹈的動律特點〉／
    葉棟：〈敦煌壁畫中的五弦琵琶及其唐樂附≡曲譜選≒〉／
    何昌林：〈敦煌琵琶譜之考、解、譯附≡敦煌琵琶譯譜≒〉／
    何昌林：〈≡敦煌琵琶譜之考、解、釋≒之補充〉／
    陳應時：〈論敦煌曲譜的琵琶定弦〉／
    彭松：〈≡西涼樂≒尋索〉／
    劉忠貴：〈論論敦煌壁畫中的箜篌〉／

40. 項楚校注：《敦煌文學作品選》，臺北市：新文豐，1988.10。

41. 《敦煌文學作品選》，臺北市：新文豐，1988.10。

42. 費秉勛：《中國舞蹈奇觀》，陝西西安：華岳文藝，1988.12。

43. 程俊英：《詩經譯註》，臺北：宏業，1988.9。

44. 聖嚴法師：《四弘誓願講記》，臺北：法鼓，1988。

45. 林子青：《中國佛教規儀》，台北：長春樹書坊，1988。

46. 蔡俊抄：《禪林集讚》，臺北市：新文豐，1998。

47. 葛兆光：《禪宗與中國文化》，上海：上海人民出版社，1988，1 版 4 刷。

48. 慧廣法師：《懺悔的理論與方法》，高雄：法喜出版社，初版，1989。

49. 趙沛霖編著：《詩經研究反思》，天津：天津教育，1989.6。

50. 《中國美術全集・雕塑編 7・敦煌彩塑》，北市：錦繡，1989.5。

51. 傅偉勳主編：《從傳統到現代——佛教倫理與現代社會》，台北市：東大，1990 初版。

52. 趙樸初、任繼愈等：《佛教與中國文化》，臺北：國文天地雜誌社，1990 初版。

53. 何山：《西域文化與敦煌藝術》，湖南：湖南美術，1990.2。

54. 沈以正：《敦煌藝術》，臺北市：雄獅，1991.12。

55. 莊伯和：《佛像之美》，臺北市：雄獅，1991.12。

56. 徐小蠻：《舞蹈藝術》，上海：三聯，1991.4。

57. 王克芬：《中國舞蹈發展史》，臺北市：南天，1991。

58. 李玉珉、林保堯、顏娟英：《寫給大家的佛教美術》，臺北市：臺灣東華，1992。

59. 李濤：《佛教與佛教藝術》，臺北市：水牛，1992。

60. 業露華撰文；張德寶、徐有武繪圖：《中國佛教圖像解說》，上海市：上海書店，1992。

61. 席臻貫：《古絲路音樂暨敦煌舞譜研究＝A study of music on the silk road and Dunhuang dance staves》，蘭州：甘肅敦煌文藝，1992。

62. 董錫玖編：《敦煌舞蹈》，新疆：新疆美術攝影，1992。

63. 席臻貫：《古絲路音樂暨敦煌舞譜研究＝A study of music on the silk road and Dunhuang dance staves》，蘭州：甘肅敦煌文藝，1992。

64. 印順法師：《佛在人間》，台北市：正聞，1992。

65. 印順法師：《佛法概論》，台北市：正聞，1992。

66. 印順法師：《佛法是救世之光》，台北市：正聞，1992。

67. 印順法師：《學佛三要》，台北市：正聞，1992。

68. 印順法師：《淨土與禪》，台北市：正聞，1992。

69. 胡耀：《佛教藝術》，天津：天津人民出版社，1992 初版。

70. 星雲大師：《星雲法語》，高雄：佛光，1993。

71. 吳大奎、馬秀娟譯注：《元稹、白居易詩》，臺北市：錦繡，1993。

72. 王小盾：《唐代酒令藝術：關於敦煌舞譜、早期文人詞及其文化背景的研究》，臺北市：文津，1993。

73. 高金榮：《敦煌舞蹈》，蘭州：敦煌文藝，1993。

74. 鄒學熹等編著：《易學圖解》，成都：四川科學技術出版發行，1993。

75. 霍然：《唐代美學思潮》，高雄：麗文，1993.10。

76. 丁福保：《六祖壇經箋註》，臺北：文津出版社，1993，2 版 4 刷。

77. 費振剛、胡雙寶、宗明華輯校：《全漢賦》，北京大學出版社，1993.4。

78. 陳洪著：《佛教與中國古典文學》，天津：天津人民出版社，1993 年，1版 1刷。

79. 肅肅、黎明：《佛教典故趣談》，新潮社，1993.12 初版。

80. 郭朋：《中國佛教史》，文津出版社，1993.7 初版 1刷。

81. 江燦騰：《中國佛教史新論》，淨心，1994.4。

82. 林河：《儺史：中國儺文化概論》，臺北市：東大，1994。

83. 黃忠慎：《惠周惕《詩說》析評》，臺北：文史哲，1994.1。

84. 佛光大藏經編修委員會主編：《佛光大藏經》，高雄：佛光出版社，1994年初版。

85. 業露華：《中國的佛教規儀》，台北：南海菩薩雜誌社，1994 初版。

86. 《觀音菩薩經典》，臺北市：全佛文化，1995。

87. 皮朝綱：《禪宗的美學》，高雄：麗文文化事業，1995 年初版 1刷。

88. 王昆吾：《唐代酒令藝術：關於敦煌舞譜、早期文人詞及其文化背景的研究》，上海：知識，1995。

89. 程俊英：《詩經譯注》，上海古籍，1995。

90. 王禮卿：《四家詩恉會歸》，臺北：青蓮，1995。

91. 印順法師：《華雨選集》，台北市：正聞，1995。

92. 張治江、成剛、汪澤源主編：《佛教文化》，高雄：麗文，1995.7 初版。

93. 江燦騰：《台灣佛教百年史之研究》，台北市：南天書局，1996 初版。

94. 釋聖嚴：《律制生活》，台北：法鼓文化，1996 三版。

95. 蘇祖謙、王克芬：《中國舞蹈史》，臺北市：文津，1996。

96. 王昆吾：《隋唐五代燕樂雜言歌辭研究》，北京市：中華書局，1996。

97. 孫作雲：《詩經與周代社會研究》，北京：中華，1996。

98. 慈惠法師：《跨世紀的悲欣歲月，走過台灣佛教 50 年寫真》，佛光文化事業，1996.7 初版。

99. 李四龍：《中國佛教與民間社會》，鄭州：大象出版社，1997，1 版 1刷。

100. 林保堯編：《佛教美術講座》，臺北市：藝術家，1997.12。

101. 陳鼓應註譯：《老子今註今譯及評介》，臺北：台灣商務，1997。

102. 吳根友釋譯：《法句經》，臺北市：佛光文化，1997。

103. 王雷泉釋譯：《摩訶止觀》，臺北市：佛光文化，1997。

104. 董國柱：《佛教十三經今譯》，《觀無量壽經》，哈爾濱市：黑龍江人民，1998。

105. 雒江生編著：《詩經通詁》，西安：三秦，1998.7。

106. 唐莫堯：《詩經新注全譯》，四川成都：巴蜀，1998.8。

107. 李豐楙計畫主持：《藝文資料調查作業參考手冊8》，趙綺芳〈舞蹈類〉，
     臺北：行政院文建會，1998.1。

108. 淨空法師講述；劉承符記錄：《佛說阿彌陀經要解講記》，臺北市：佛陀
     教育基金會，1998。

109. 《太虛大師全書》，太虛大師全書編纂委員會編纂，善導寺佛經流通處發
     行，1998.7。

110. 魏磊：《淨土宗教程》，北京市：宗教文化，1998。

111. 印順法師：《印順法師佛學著作集　妙雲集》上編之四《藥師經講記》，
     印順文教基金會，1998。

112. 敏令赤欽法王：《懺悔三十五佛：顯密共通速證成就法》，台北：唵阿吽
     出版社，1998。

113. 陳郁秀：《臺灣百年音樂圖像巡禮》，臺北市：時報出版，1998.12.8。

114. 張運華：《中國傳統佛教儀軌》，台北：立緒文化，1998。

115. 方立天著：《中國佛教與傳統文化》，上海：上海人民初版社，1998 年，1
     版 3 刷。

116. 佛光山文教基金會主編，《1998 年佛學論文集：佛教音樂》，台北縣：佛
     光，1999 初版。

117. 張振陽、陳秋香：《沙漠明珠──敦煌》（2 冊），臺北市：大地地理，
     1999。

118. 褚伯思：《中國佛教史論》，佛光，1999。

119. 聖嚴法師：《拈花微笑》，臺北市：法鼓文化，1999。

120. 伍曼麗主編：《舞蹈欣賞》，臺北市：五南，1999。

121. 段文傑主編，敦煌研究院編：《敦煌石窟全集》，香港：商務，1999。
     15，飛天畫卷／鄭汝中、台建群主編；17，舞蹈畫卷／王克芬主編。

122. 方立天：《佛教哲學》，臺北：洪葉文化事業，1999 初版 2 刷。

123. 釋大睿：《天台懺法之研究》，台北市：法鼓文化，2000 初版。

124. 印順法師：《以佛法研究佛法》，《妙雲集》下編之三，正聞出版社，2000
     年 10 月新版 1 刷。

125. 陳揚炯：《中國淨土宗通史》，南京市：江蘇古籍，2000。

126. 釋證嚴講述：《四十二章經》，臺北市：慈濟文化，2000。

127. 黃壽祺張善文：《周易譯註》，臺北：頂淵，2000。

128. 高金榮（1935～）：《敦煌石窟舞樂藝術》，蘭州市：甘肅人民，2000。

129. 王延蕙：《六朝詩歌中之佛教風貌研究》，臺北市：萬卷樓，2000.6

130. 全佛編輯部：《佛教的法器》，台北市：全佛文化，初版，2000。

131. 邱敏捷編著:《文學與佛經》,高雄:復文,2001 初版。

132. 聖凱法師:《中國漢傳佛教禮儀》,北京:宗教文化出版社,2001 初版。

133. 財團法人佛光山文教基金會主編,《2000 年佛學研究論文集》,佛光,2001。

134. 曲耀光編:《保護人類生命之源:水》,中國環境科學,2001.3.1。

135. 李玉珉:《中國佛教美術史》,臺北市:東大,2001。

136. 王克芬主編、吳健攝影:《舞蹈畫卷》(敦煌石窟全集:17),香港:商務印書館,2001。

137. 《高柏園禪學與中國佛學》,臺北:里仁書局,2001 初版。

138. 賴信川:《一路念佛道中土》,臺北市:法鼓文化,2001 初版。

139. 周裕鍇:《禪宗語言》,臺北市:世界宗教博物館基金會,2002 初版。

140. 《佛教唸誦集》,南京市:金陵刻經處,2002。

141. 《佛教必備課誦本》,台北市:宏願出版社,2002。

142. 黃連忠:《禪宗公案體相用思想之研究》,臺北:臺灣學生書局,2002 初版。

143. 王克芬著、江東譯:《中華舞蹈圖史》(中英對照),臺北市:文津,2002。

144. 鄭汝中、台建群主編:《飛天畫卷》(敦煌石窟全集:15),香港:商務印書館,2002。

145. 鄭汝中:《敦煌壁畫樂舞研究》,蘭州:甘肅教育,2002。

146. 陳秀蘭:《敦煌變文詞彙研究》,成都:四川民族,2002。

147. 高金榮:《敦煌舞教程=Training course of dunhuang dance》,上海市:上海音樂,2002。

148. 季羨林主編:《敦煌學研究叢書》,蘭州:甘肅教育,2002。

149. 于平:《舞蹈欣賞》,臺北市:五南,2002。

150. 周憲:《美學是什麼》,北京:北京大學,2002。

151. 袁靜芳:《中國漢傳佛教音樂文化》,北京:中央民族大學出版社,2003。

152. 林少雯:《氣功不神秘》第一輯,臺北市:大地,2003.9。

153. 林少雯:《氣功不神秘》第二輯,臺北市:大地,2003.9。

154. 饒宗頤:《饒宗頤二十世紀學術文集卷八·敦煌曲子譜》,臺北市:新文豐,2003。

155. 高國藩:《敦煌學百年歷史述要》,臺北:台灣商務,2003.10。

156. 淨空法師講述:《阿彌陀經四十八願講記》,臺北市:佛陀教育基金會印贈,2003.6。

157. 伊凡:《我看見愛上妳的背後　當楞嚴光明照見你的生生世世　體察悟

道有心法》，臺北縣中和市：曼民文化，2003。

158. 星雲大師：《迷悟之間》（典藏版，12 冊套書），臺北市：香海文化，2004年 9 月 1 日。

159. 沈冬：《唐代樂舞新論》，北京：北京大學出版社，2004。

160. 李嗣涔、鄭美玲：《難以置信 II 尋訪諸神的網站》，臺北市：張老師，2004。

161. 李申、郭彧編：《周易圖說總匯》，上海市：華東師範大學出版，2004.4。

162. 望月信亨著，印海法師譯：《淨土教概論》，台北市：嚴寬祜文教基金會，2004。

163. 林保堯編集：《敦煌藝術圖典》，臺北市：藝術家出版社，2005.1.15。

164. 《大悲神咒出相集解彙編》，台南：和裕，2005 年。

165. 聞章：《周易趣讀》，臺北市：金銀樹，2005。

166. 〔唐〕玄奘口述；〔唐〕辯機筆錄：宋強譯：《大唐西域記》，臺北市：商周，2005。

167. 朱孟庭：《詩經與音樂》，臺北：文津，2005。

168. 黃徵：《敦煌俗字典》，上海市：上海教育，2005。

169. 《道教課誦本》，高雄：道德院，2006。

170. 〔德〕萊辛（G. E. Lessing）著；朱光潛譯：《拉奧孔》，合肥：安徽教育，2006。

171. 史敦宇、金洵繪：《敦煌舞樂線描集》，蘭州市：甘肅人民美術，2007。

172. 王克芬：《簫管霓裳——敦煌樂舞》，蘭州：甘肅教育，2007。

173. 敦煌研究院主編：《解讀敦煌系列》第一輯，上海：上海人民，2007。

174. 柴劍虹、榮新江主編：《走近敦煌叢書》，蘭州：甘肅教育，2007。

175. 黃惇主編：《藝術學研究＝Study of art》，南京：南京大學，2007。

176. 王克芬：《天上人間舞蹁躚》，上海：上海人民，2007。

177. 〔韓〕申明淑：《中國納西族東巴舞譜研究：兼論巫與舞、舞蹈與舞譜》，北京市：學苑，2007。

178. 蔣勳：《身體美學》，臺北市：遠流，2008.6.1。

179. 《佛教文獻與文學 國際學術研討會論文集》，嘉義：南華大學文學系，2008.10.24。

180. 《第三屆漢文佛典語言學 國際學術研討會論文集》，臺北：政治大學中國文學系、法鼓佛教學院，2008.10.31～11.2。

181. 《第十屆宗教心靈改革研討會論文集》，高雄：高雄師範大學國文學系、高雄道德院，2008.11。

182. 《第十一屆宗教心靈改革研討會論文集》，高雄：高雄師範大學國文學系、高雄道德院，2009.11。

183. 喻守真編：《唐詩三百首詳析》，高雄市：復文，2009.9。

184. 星雲大師：《人間萬事》（套書十二冊），臺北市：香海文化，2009.3。

185. 星雲大師：《般若心經的生活觀》，臺北市：有鹿，2010.5。

186. 趙惠玲：《美術鑑賞》（三版），臺北市：三民，2011.9.1。

187. 劉連朋、顧寶田：《新譯　黃庭經　陰符經》，臺北市：三民，2012.1 初版 3 刷。

188. 普光居士編著：《利樂人生的藥師佛》，台北市：佛陀教育基金會，2012年 4 月。

189. 王美緒編著：《圖解心理學》，新北市：華威國際，2012.5。

190. 南懷瑾：《藥師經的濟世觀》，台北市：老古文化，2012.6 臺灣 3 版 15 刷。

191. 史敏：《敦煌舞蹈教程（伎樂天舞蹈形象呈現)》，北京市：世界圖書，2012.07.01。

三、工具書

1. 高觀廬居士編纂：《實用佛學辭典》，佛教書局，1931。
   （高觀廬重編時，以織田得能的《佛教大辭典》的藍本，並參考《翻譯名義集》、《一切經音義》、《三藏法數》、《教乘法數》、丁福保居士的《佛學大辭典》等，選輯精要，刊落繁蕪。）

2. 丁福保主編：《佛學大辭典》（上、下），台北：佛教慈濟文化，1987。
   （丁福保居士的《佛教大辭典》係自日本學僧織田得能的《佛學大辭典》刪減而成。）

3. 唐太宗御撰：《四部備要》，臺北：台灣中華書局，1981 豪華 1 版。

4. 〔清〕永瑢、紀昀等撰：《四庫全書總目提要》，臺北：台灣商務印書館，1983 初版。

5. 釋慈怡主編，《佛光大辭典》，高雄：佛光出版社，1989。

6. 趙永新編：《漢語語法概要＝Essentials of Chinese grammar for foreigners》，北京語言文化大學，1992。

7. 佛光大藏經編修委員會主編，《佛光大藏經》，高雄：佛光出版社，1994 初版。

8. 《新文豐編審部‧續藏經》，臺北：新文豐出版社，1994 臺 1 版 3 刷。

9. 楊家駱主編，中國學術類編，新校本《梁書》附索引，鼎文書局，1996.5.9。

10. 張拱貴主編：《漢語委婉語詞典》，北京語言文化大學，1996。

11. 音樂之友社編，林勝儀譯：《新訂標準音樂辭典》，臺北市：美樂，1999。

12. 李維琦、蔣冀騁：《佛經詞語匯釋》，魏晉南北朝漢譯佛經語言研究叢書，長沙市：湖南師範大學出版社，2004。

四、論文

（一）學位論文

1. 林久惠：《台灣佛教音樂早晚課主要經點的音樂研究》，國立台灣師範大學音樂研究所碩論，1983。

2. 高雅俐：《從佛教音樂文化的轉變論佛教音樂在台灣的發展》，國立臺灣師範大學音樂研究所碩論，1989。

3. 吳藝苑：《慈悲水懺與中國佛教懺悔思想》，國立政治大學中國文學研究所碩論，1993。

4. 劉芳薇：《維摩詰所說經（212236）語言風格研究》，嘉義縣中正大學中文所碩論，1995。

5. 張杏月：《台灣佛教法會──大悲懺的音樂研究》，文化大學藝術研究所碩論，1995。

6. 徐立強：《《梁皇懺》初探》，《中華佛學研究》第二期，臺北：中華佛學研究所，1998。

7. 袁靜芳：〈中國北方佛曲十大韻〉，《1998 年佛學論文集──佛教音樂》，台北：佛光，1999。

8. 張家禎：《大悲懺法之研究》，玄奘人文社會學院宗教學研究所碩論，2001。

9. 王曉茹：《論朱載堉〈樂律全書〉的舞樂思想》，福建師範大學碩論，2007。

10. 蔡麗紅：《明代歌舞的初步研究》，福建師範大學碩論，2007。

11. 陳冠豪：《《思‧想‧起‧舞》一位台灣女性舞蹈家的敦煌想像》，臺南藝術大學音像記錄研究所碩論，2008。

12. 黃凱寧：《臺灣敦煌舞蹈發展之研究》，臺北：中國文化大學舞蹈研究所碩論，2008。

13. 白金銑：《慈悲水懺法研究》，國立臺灣師範大學國文系碩論，2002。

14. 林子娟：《白居易新樂府詩研究》，高雄：高雄師範大學國文學系碩論，2009。

15. 馮微：〈關于戴愛蓮對中國舞蹈藝術貢獻的研究〉，《讀與寫》（教育教學刊），2009.10

16. 彭郁芬、諶瓊華：〈初級敦煌能量舞蹈運動——禪悅舞介紹〉，《大專體育》第 105 期，2009.12.01。

17. 唐蓉：〈對敦煌舞蹈中的眼神主旨作用初探〉，《大舞臺》2010 卷 11 期，2010.11.20。

（二）期刊論文

1. 弘一大師：〈藥師經析疑〉，上海：《佛學半月刊》第九十期《藥師如來專號》，1941。

2. 劉恩伯：〈豐富的古代舞蹈藝術寶庫〉，《敦煌舞蹈》，上海藝文，1981。

3. 李才秀：〈從敦煌壁畫中的舞姿看古代西域與內地的樂舞交流〉，《敦煌舞姿》，上海藝文，1981。

4. 李羨林：〈敦煌舞發展　前途無量〉，《舞蹈論叢》，1983 年第 4 期。

5. 葉寧：〈敦煌舞和敦煌學〉，《舞蹈論叢》，1983 年第 4 期。

6. 葉寧：〈宗教、神話和印度舞蹈〉，《舞蹈論叢》第二輯，1983。

7. 于海燕：〈世界舞蹈文化圈縱橫談〉，《舞蹈欣賞》，1990（3）。

8. 饒宗頤：〈後周整理樂章與宋初詞學有關諸問題——由敦煌舞譜談後周之整理樂章兼論柳永《樂章集》之來歷〉，《中國文哲研究集刊》第 1 期，1991.3。

9. 李天民：〈在臺灣看敦煌舞蹈文化〉，《藝術學報》，1992.12。

10. 高金榮：〈古老舞蹈的新生命——洞窟裡的舞蹈傳奇〉，《表演藝術》第 20 期，1994.6。

11. 林保堯：〈敦煌壁畫與佛教藝術〉，《表演藝術》第 20 期，1994.6。

12. 方初惠：〈瑰麗燦爛的壁畫藝術〉，《表演藝術》第 20 期，1994.6。

13. 韓國鐄：〈敦煌舞的再現——學術和表演合作的結晶〉，《表演藝術》第 20 期，1994.6。

14. 謝生保：〈敦煌壁畫中的唐代「胡風」——之一「胡樂胡舞」〉，《社科縱橫》，1994 年第 4 期。

15. 周玉卿：〈修行之舞的發軔〉，《金色蓮花》，1995.7。

16. 劉一：〈當代中國大陸敦煌舞及其歷史背景試談〉，《金色蓮花》，1995 年 8 月。

17. 王秀珍：〈敦煌壁畫中樂舞的節奏主導者——打擊樂器〉，《金色蓮花》第 31 期，1995.7。

18. 彭敏華：〈從雲朵與飛天談敦煌表演藝術〉，《金色蓮花》第 31 期，1995 年 7 月。

19. 華美娟：〈敦煌瓔珞與演出效果〉，《金色蓮花》第 31 期，1995.7。

20. 潘莉君：〈敦煌舞蹈手姿介紹〉，《舞蹈教育》，1997.12。

21. 陳士強：〈南傳《大般涅槃經》述略·第六誦品〉，法音第 11 期（總第 171 期），1998。

22. 陳昭銘：〈略談有關「琵琶行」的幾個問題〉，《國文天地》15 卷 2 期，1999（民國 88）。

23. 李時銘：〈白居易「琵琶行」中的演奏技法與音樂表現〉，《中華學苑》第 53 期，1999（民國 88）.08。

24. 陳昭銘：〈「琵琶行」中談琵琶〉，《中國文化月刊》第 240 期，2000（民國 89）.03。

25. 陳碧燕：〈聖凡之界？中國佛教寺院之制度音樂與及管理組織〉，《香光莊嚴》第 63 期，嘉義：香光莊嚴雜誌社，2000。

26. 張翠萍：〈敦煌悲天〉，《山西檔案》，2001 年 06 期。

27. 釋永富：〈談佛光山梁皇法會之儀軌與梵唄〉，《宗教音樂》，高雄：佛光山文教基金會，2001.06。

28. 星雲大師：〈中國佛教階段性的發展芻議〉，《星雲大師論文選》，高雄：佛光山《普門學報》第一期，2001.1。

29. 高婉瑜：〈論祭祀詩反映的南北文化——以《周頌》、《九歌》為考察中心〉，《浙江學刊》，2002 年第 1 期。

30. 張瓊方（Chiung-Fang Chang）、頭川昭子（Akiko Zukawa）：〈中國女性古典舞踊作品のイメージと表現〉，《朝陽學報》第 71 期，2002.6。

31. 陳碧燕：〈梵唄與佛教音樂〉，《香光莊嚴》第 72 期，嘉義：香光莊嚴雜誌社，2003。

32. 高雅俐：〈音樂、展演與身份認同：戰後台灣地區漢傳佛教儀式音樂展演及其傳承與變遷〉，台北：國際宗教音樂學術研討會，2004。

33. 聞性真：〈白紵舞小考〉，《舞蹈》叢刊第四輯。

34. 蕭君玲、鄭仕一：〈敦煌舞蹈教學原則暨教學計畫範例設計〉，《美育》，2004.3。

35. 秦澍：〈集敦煌舞風之大成、開中國古典舞先河者——《絲路花雨》〉，《藝術欣賞》3 卷 4 期，2007.8。

36. 楊光：〈《辭海》「胡旋舞」釋文質疑〉，《咬文嚼字》，2006.6

37. 秦澍：〈集敦煌舞風之大成、開中國古典舞先河者——《絲路花雨》〉（The Pioneer of the Chinese Classical Dance: The Chinese Classical Dance Drama〈Silk Doad〉to Centralize and Style the Dan-Huang Dance），《藝術欣賞》3 卷 4 期，2007.8。

38. 〈敦煌石窟之美 5 年後網路重現〉，《人間福報·宗教》，2007.11.27。

39. 觀璟：〈寧夏敦煌報世遺上億大整修〉，《人間福報・宗教》，2007.11.27。

40. 杜承書：〈呼吸中體驗生命〉，《人間福報專欄・雙溪學衡》，2008.9.18。

41. 史敏：〈敦煌壁畫伎樂天舞蹈形象呈現研究──動靜中的三十六姿〉，北京舞蹈學院學報，2007.4。

42. 劉建、酉藝：〈滿壁飛動之動──敦煌伎樂天舞蹈形象呈現研究〉，《北京舞蹈學院學報》，2007.4。

43. 秦太明：〈元稹〈霓裳羽衣譜〉辨析〉，《中國音樂學》，2007.01。

44. 張春燕：〈「佛爲大醫王」──淺談印光大師的醫療觀〉，《弘化》，2008年第6期（總第52期）。

45. 李超：〈舞言舞說・關於現代舞蹈語言的探討〉，北京舞蹈學院學報，2008.3。

46. 馬翔：〈試論唐樂舞元素在當代古典舞中的應用〉，《齊魯藝苑》，2008年第4期。

47. 常虹：〈《詩經》戰爭詩的家國情懷和憂患意識〉，文學教育，2008.12。

48. 王惠民：〈敦煌經變畫研究論著目錄〉，《敦煌研究院》，2009.5.14。

49. 米亞：〈佛教藝術 敦煌舞蹈〉，《人間大學》第4期，2009.6。

50. 聖嚴法師：〈念觀音 求觀音 學觀音 做觀音〉，《人生》第312期，2009.8。

51. 聖嚴法師：〈自利利他的七種觀音法門〉，《人生》第312期，2009.8。

52. 許翠谷：〈有求必應〉，《人生》第312期，2009.8。

53. 張錦德：〈深入《觀音》的世界〉，《人生》第312期，2009.8。

54. 〈維護古壁畫 中國設研究中心〉，《人間福報・宗教》，2009.8.4。

55. 鄧榮坤：〈夢醒敦煌〉，《人間福報・副刊》，2009.7.9。

56. 杜文玉：〈絲綢之路與新羅樂舞〉，新疆佛教網，2009.06.01。

57. 徐豔：〈論朱載堉的「舞學」體系〉，四川教育學院學報，2008年6月。

58. 張婷婷：〈淺談唐代三大胡舞〉，《黃河之聲》，2009.2。

59. 劉虹：〈《田使君美人舞如蓮花北鋌歌》所詠舞蹈之歸屬淺析〉，《南方論刊》，2009年第1期。

60. 陳宜青：〈舞動人生──論《詩經》中的「舞」〉，高師大：紀念林耀曾教授研討會，2009.11.14。

61. 陳宜青：〈嘆爲觀止敦煌舞──以佛光山南屏敦煌舞團爲觀察對象〉，高師大國研所、高雄道德院：宗教心靈改革研討會，2009.11.22。

62. 杜荷：〈佛法大海・飛天〉，《人間福報》，2010.6.11。

63. 陳婷婷：〈簡析唐詩中的唐代教坊樂舞〉，《長春師範學院學報》，2010.11。

64. 王海濤：〈楊玉環加快了中國舞蹈的發展步伐〉，《大舞臺》，2010.7。

65. 解梅、陳紅：〈唐代的胡旋舞略談〉，《蘭臺世界》，2010.7。

66. 唐怡：〈淺談拉班舞譜及其動作分析體系對舞蹈教學的意義〉，北京舞蹈學院學報，2010.04。

67. 李松：〈漢魏六朝美色賦中女性的特徵〉，《文學研究》，2011.08。

68. 陳宜青：〈論「敦煌舞」〈六供養〉呈演圓教之美——以 2011.3.27 佛光山南區「禪淨密」法會之演出爲例〉，臺北市：國家圖書館，鶴山二十一世紀國際宗教研討會，2011.05.08。

五、網站

1. 敦煌研究院（甘肅）http://www.dha.ac.cn/

2. 敦煌研究院（香港商務印書館）
   http://www.dunhuangcaves.com/index_nonflash.html

3. 絲路研究資料集 http://dsr.nii.ac.jp/reference/pelliot/caves.html.zh

4. 新華網甘肅頻道，史敏：〈我的一生都屬于敦煌舞〉
   http://big5.xinhuanet.com/gate/big5/www.gs.xinhuanet.com/wenhuapd/2008
   ~08/14/content_14120609.htm

5. 〔法〕伯希和《伯希和敦煌石窟筆記》，電子書，2007。
   http://book.chaoxing.com/ebook/detail_12068779.html

6. 中央研究院　漢籍電子文獻　瀚典全文檢索系統——十三經
   http://dbo.sinica.edu.tw/~tdbproj/handy1/index.html?

7. 中國哲學書電子化計劃
   http://chinese.dsturgeon.net/text.pl?nodc=48150&if-gb

8. 寒泉——十三經 http://libnt.npm.gov.tw/s25/

9. 佛光電子大藏經 http://etext.fgs.org.tw/search.htm

10. 「法鼓文化心靈電子報」聖嚴法師：〈觀世音菩薩住在何處？〉
    http://www.ddm.org.tw/lianchung/web/aa-5.htm

11. DVD《絲路花雨》，中國西安電影製片廠，1982 年。

12. 南屏敦煌舞團部落格 http://mypaper.pchome.com.tw/nanpingdancer

13. 絲綢之路 http://202.168.193.28/you-and-me/object/silkroad/01all.htm
    http://travel104.myweb.hinet.net/silk/inter.htm

14. 國家圖書館「全國博碩士論文資訊網」http://datas.ncl.edu.tw/theabs/1/

15. 教育部重編國語辭典修訂本
    http://dict.revised.moe.edu.tw/cgi-bin/newDict/dict.sh?cond=%B7w&pieceL
    en=50&fld=1&cat=&ukey=-927562179&serial=2&recNo=37&op=f&imgFo
    nt=1

16. 《中華百科全書》，1983 年典藏版，中國文化大學資訊中心製作
    http://ap6.pccu.edu.tw/Encyclopedia/data.asp?id=2173&nowpage=1

17. 國科會　全唐詩　檢索系統
    http://cls.hs.yzu.edu.tw/tang/database/index.html

18. 高師大電子資料庫　中國期刊網
    http://cnki50.csis.com.tw/kns50/Brief.aspx?ID=CJFD&classtype=&systemn
    o=&NaviDatabaseName=&NaviField

19. 漢典 http://www.zdic.net/zd/zi/ZdicE5Zdic82Zdic9E.htm

20. 國立歷史博物館　唐三彩探險之旅──盛唐風華
    http://webtitle.nmh.gov.tw/3colors/cul_07.htm

21. 儒釋道三家會通《大洞真經》http://www.jnk.org.tw/w01~09.htm

22. 中華電子佛典協會 http://ccbs.ntu.edu.tw/cbeta/index.htm

23. 佛光山全球資訊網 http://www.fgs.org.tw/

24. 人間福報電子報 http://www.wfdn.com.tw/

25. 人間衛視 http://www.bltv.tv/

26. 普門雜誌 http://sql.fgs.org.tw/pumen/

27. 法鼓文化 http://www.ddc.com.tw/index.htm

28. 妙蓮華唱片有限公司 http://www.mlh.com.tw/

29. 如是我聞文化股份有限公司 http://media.fgs.org.tw/Oracle/oraclemain.htm

附　錄

第二章　敦煌舞譜

四庫全書影印版　敦煌舞譜

敦煌舞譜

據法國國家圖書館
英國國家圖書館藏
唐五代寫本影印

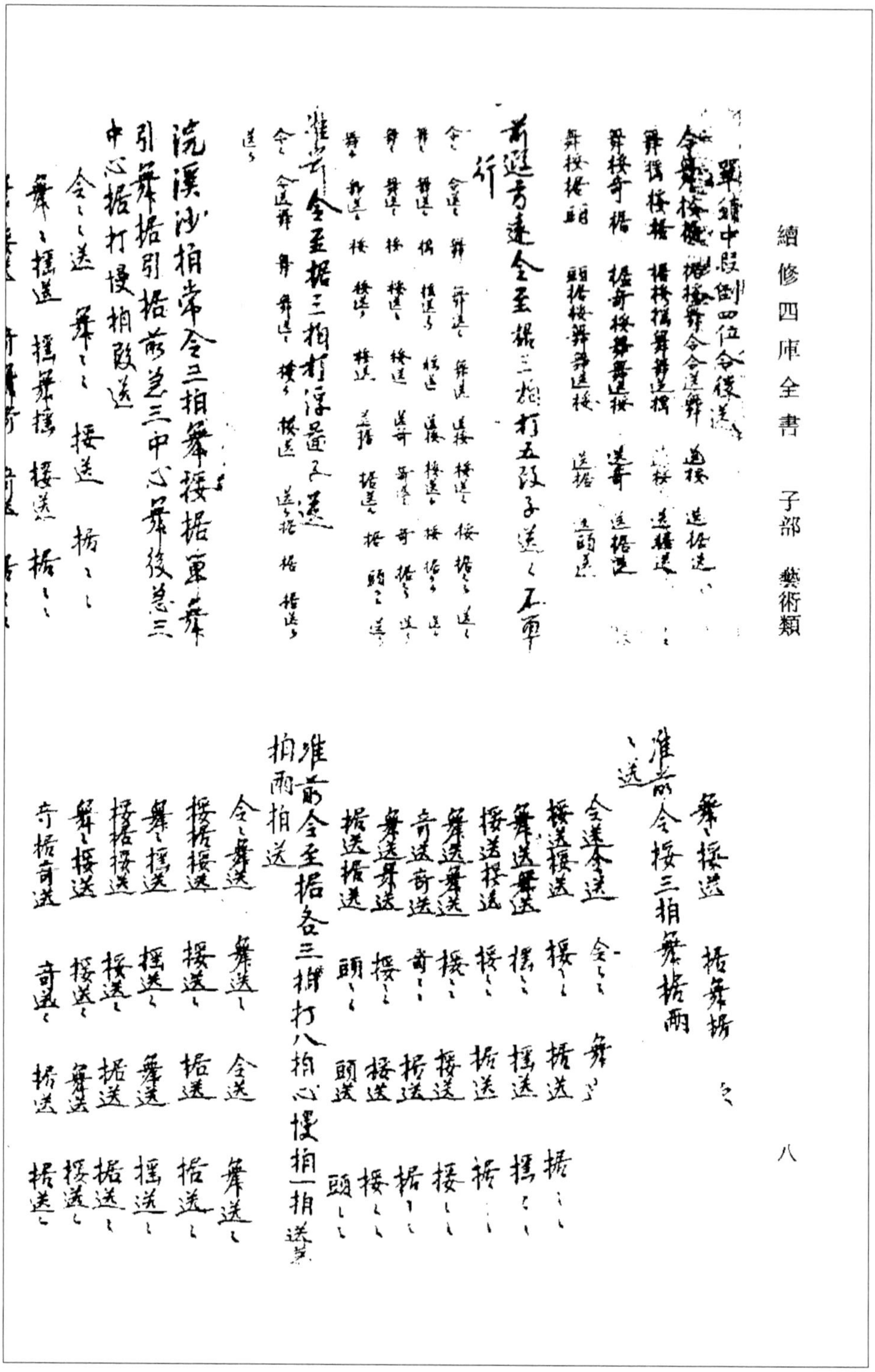

續修四庫全書　子部　藝術類

八

敦煌舞譜

伯三五○一

遣奇邊捨常全兩相舞接據不定捨歡舞
接據看全前後段還可段即可段不可遣段打
拍捨送
　令々舞々　送々　據々　送々　捨捨々　舞
　舞々　據々　送々　捨々　頭々　奇々　舞々
而々　舞々　捨據々　送々　捨々　舞々送
舞々　據捨々　送々　據頭
　接々　送々　作々　頭々
準前全三拍舞接據四年是王志貞前四段打全
兩拍送後四段打全後兩拍送本先相進
據
　送々　令々舞々據々沿罪罥々據々據々
舞々　令々　送々　送々　捨々　舞々
而々　舞々　捨據々　送々　頭々　舞々
舞々　捨送々　送々　據々
送々
南歌子南陽慢二急三慢二令接三拍舞據
送中心當拍兩拍送
金々令送々　送々　接送々據捨
送々　令々　接送捨　捨捨
舞々接　舞接　捨送々
掃隊奇　奇捨　接送接　搖送
　　舞接　接送接　進々

鳾天越子慢四急七慢二急三令全據三拍二

敦煌舞譜

斯五六四三

鳳歸雲拍常令么搖各三拍令

接中心單送裏舞搖頭拍

令送　送令　送舞么送

　接送　送接　令

准前令搖三拍舞據單打浣溪沙拍敀送

令　金送舞　接送

舞搖　接送搖

舞接　搖送搖

准前拍常令至搖各三拍打段前一拍送破曲

子

送令　金送舞

送接　搖送據

舞搖　舞據

悲令　思送接

　　　接據么送搖

舞么搖送
接歐拍送
　接送　舞送　接送么
　搖送么　歐送
　　　歐送么

拍同一拍令據後送

令送金送舞送　接送　搖送

舞么　接么　送接么么搖

舞么接么么　令么

　舞　接送么送

　舞么么　搖么送么送

同前拍令至搖單悲拍敀送思三當別將舞

接據送一拍從金舞後張

金送　么送接么送　拍么送么

舞送　接送　搖送舞么後選

一　　送么選選　搖么送

　　送么選　奇送么

　一　　送么　么送么么

　　　搖么送　頭送舞么

一南陂傷二思三令至搖各三拍令

堅惕拍敀送金前有么是搖三

為思三傷二思三令至搖各一拍

九

續修四庫全書　子部　藝術類　　　　　　　　　一〇

急拍心傳二頭當傷四段巡令

敦煌舞譜

八卦圖

第三章

倫敦博物館的編號 S5643

八卦圖

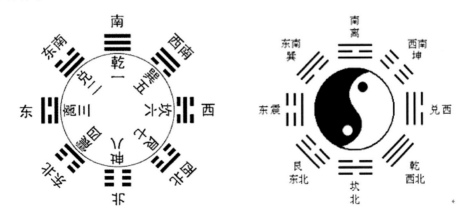

敦煌 112 窟，中唐經變、伎樂菩薩：

156 窟，橫彈二勢：晚唐經變，伎樂菩薩：

盤腿擊鼓勢：榆林 25 窟，經變中的伎樂菩薩：

陳摶老祖的「無極圖」標

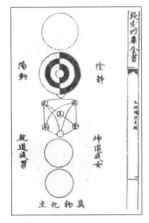

第五章　第三節　二、（二）觀世音菩薩

張大千繪

史敦宇、金洵瑨、吳曼英所繪　敦煌舞譜